Kerstin Hammann

Frauen im rechsextremen Spektrum

Analysen und Prävention

Kerstin Hammann

Frauen im rechtsextremen Spektrum

Analysen und Prävention

Die Deutsche Bibliothek – CIP-Einheitsaufnahme

Hammann, Kerstin:

Frauen im rechtsextremen Spektrum – Analysen und Prävention / Kerstin Hammann. – Frankfurt/Main: VAS, 2002

(Reihe Psychosoziale Aspekte in der Medizin)

ISBN 3-88864-351-1

© **2002 VAS – Verlag für Akademische Schriften**

Umschlagfoto: www.photocase.de

Herstellung: VAS, Wielandstraße 10, 60318 Frankfurt

Vertrieb: Koch, Neff & Oettinger & Co. – Verlagsauslieferung GmbH, Stuttgart

Printed in Germany · ISBN 3-88864-351-1

Inhalt

1 Einleitung

Wenn man in den letzten Monaten die Zeitung aufschlug, konnte man viel zum Thema Rechtsextremismus lesen. Vor allem durch die Gewalttaten aus der rechten Szene wurde dieses Thema so aktuell wie es in den letzten Jahren nicht mehr gewesen war. Überall in der Gesellschaft wird dieses Thema diskutiert, in einer Gesellschaft, der vorgeworfen wurde, daß sie selbst daran schuld sei, da von ihrer Mitte der Rechtsextremismus ausgehe.

In der deutschen Gesellschaft lassen sich überall rechte Ansichten finden, ohne daß man von Rechtsextremismus sprechen kann. Diese Ansichten bilden zwar die Basis für den aufkeimenden Rechtsextremismus, sind aber als Problem nicht so akut wie die rechte Gewalt, die vielen Menschen den Tod bringt.

In den Medien häufen sich Berichte über die Taten der Rechtsextremisten, wobei gesagt wird, daß die Gewalt von rechten Skinhead-Gruppen ausgehe, während die Neonazis eher als „Kopftäter" zu sehen seien.

In der Politik herrscht Einigkeit, daß der Rechtsextremismus zu bekämpfen sei. Das Motiv zur Bekämpfung scheint allerdings fragwürdig. Wie in den Medien häufig berichtet wird, sind es nicht die Opfer, die im Vordergrund zu stehen scheinen, sondern das Ansehen Deutschlands im Ausland, das die Politiker zum Handeln zwingt.

Im europäischen Vergleich kann man feststellen, so berichten die Medien, daß es auch in anderen Ländern Rechtsextremismus gibt. Das wirft die Frage nach der Besonderheit des deutschen Typus auf. Die Medien antworteten hierzu, daß es in anderen europäischen Ländern kein solches Ausmaß an Gewalt wie in Deutschland gebe.

Es muß also zuerst etwas gegen die Gewalt und die Bedrohung durch die rechte Szene getan werden, damit nicht noch mehr Menschen zu schaden kommen. Was aber kann man dagegen und gegen die Anfänge tun? Und wodurch entstehen eigentlich solche Einstellungen?

Auf die vorgestellten Themenbereiche und auf die aufgeworfenen Fragen werde ich im Laufe dieser Arbeit noch einmal zurückgreifen. Diese Arbeit widmet sich hauptsächlich der Frage nach der Beteiligung von Frauen im rechtsextremen Spektrum in Deutschland. Dies ist ein Thema, das von den Medien selten aufgegriffen wird, was den Anschein vermittelt, daß Frauen in diesem Zusammenhang vergessen werden. Inwiefern Frauen in der rechtsextremen Szene präsent sind, wie die „rechte Frau" in der Ideologie dargestellt wird und wie rechte Frauen sich selbst darstellen, werde ich anhand mehrerer Punkte herausarbeiten. Hierbei ergänze ich frauenspezifische Merkmale durch allgemeine Erläuterungen, da diese ohne den Kontext nicht verständlich einzuordnen wären.

Im ersten, theoretischen Teil soll zunächst eine Begriffsklärung vorgenommen werden, um wesentliche Inhalte der rechten Ideologie darzustellen. Um dies zu spezifizieren, wird in einem weiteren Kapitel genauer auf die Ideologie eingegangen, um das rechte Frauenbild zu beleuchten und in den Kontext der rechten Ideologie einzuordnen. Hierzu dient ein Blick auf das Männerbild und das allgemeine Menschenbild der rechten Ideologie.

Um die Aktivitäten und Funktionen der Frauen näher zu betrachten, werden Organisationen und Frauen vorgestellt, die die rechte Szene repräsentieren.

Im einem nächsten Schritt wird untersucht, was die Anziehungskraft des Rechtsextremismus ausmacht. Anhand dessen werde ich darlegen, welche Reize es speziell für Frauen gibt, sich in diesem Spektrum zu engagieren.

Diesem Kapitel, in dem Interviews mit rechtsextremen Frauen hinzugezogen werden, wird im nächsten Kapitel eine Reihe wissenschaftlicher Erklärungsansätze gegenübergestellt.

An die historische Analyse schließt sich der nächste Teil der Arbeit, eine Beleuchtung von Maßnahmen, an. Hier werden mögliche Handlungsstrategien dargestellt. Diese sollen auf ihre Funktionalität und Durchführbarkeit hin betrachtet werden.

Um das Bild über rechte Frauen und ihre Wahrnehmung durch die Gesellschaft abzurunden, wurde von mir eine kleine Untersuchung durchgeführt, die im anschließenden Kapitel vorgestellt wird.

Das abschließende Kapitel faßt die wichtigsten Aussagen zusammen.

Der Rechtsextremismus ist ein komplexes Thema mit vielen Facetten. Diese Arbeit ist ein Versuch der Darstellung eines Teils dieses Spektrums, nämlich der Teilnahme von Frauen.

Die verwendeten Zeitungs- und Internetartikel sind in der Literaturliste durchnumeriert und werden im Text nur mit Vermerk auf die Art der Quelle mit dazugehöriger Nummer erwähnt.

Der Interviewleitfaden, die Interviews sowie die für die Untersuchung verwendeten Zeitungsartikel, in denen Frauen erwähnt sind, befinden sich im Anhang. Weiterhin sind im Anhang Anmerkungen zu finden, die zu Personen, Parteien und Gruppierungen, die im Text nicht näher beschrieben werden, nähere Informationen liefern. Dies wird mit einem Vermerk auf den Anhang kenntlich gemacht. Die Anmerkungen wurden nicht als Fußnoten angelegt, sondern als eine Art „kleines Lexikon" in alphabetischer Reihenfolge, da dies gewährleistet, Informationen jederzeit zu finden.

2 Definition der Begriffe

Um zu verstehen, worum es sich bei dem Begriff „Rechtsextremismus" handelt, ist zunächst die Definition bestimmter Begriffe wichtig.

2.1 „Rechtsextremismus" versus „Rechtsradikalismus"

In der Literatur ist seit einiger Zeit vermehrt von „Rechtsextremismus" und weniger von „Rechtsradikalismus" zu lesen.

Im Lexikon findet man unter dem Stichpunkt „*extrem*" zwei Adjektive, nämlich „*äußerst, übertrieben*" (Knaurs Lexikon 1985, S. 243). Zum Stichpunkt „*radikal*" läßt sich folgendes finden: „*radix* = *Wurzel, 1) von Grund auf, gründlich, entschieden*". „Radikalismus" wird mit den Worten „*kompromißloses Verfechten einer Idee oder Sache*" beschrieben (ebenda, S. 736). Diese Definitionen zeigen, daß es sich bei dem Wort „Radikalismus" nicht unbedingt um ein Wort mit negativer Bedeutung handelt, wobei dies aber von dem Wort „extrem" gesagt werden kann. Somit ist es schlüssiger, von „Rechtsextremismus" als von „Rechtsradikalismus" zu sprechen.

Birzer weist darauf hin, daß der Verfassungsschutz (s. Anhang I) seit 1973 den Begriff des „Extremismus" wählt, „*(...) da nur diese Tendenzen verfassungsfeindlich im Rechtssinne seien; >>radikale<< Bestrebungen bewegen sich demgemäß noch innerhalb des Verfassungsrahmens.*" (Birzer, in: Mecklenburg 1996, S. 75).

Anhand dessen soll in dieser Arbeit der Begriff des „Rechtsextremismus" benutzt werden. Die Bezeichnungen „rechtsextrem" und „rechts" werden allerdings synonym im Sinne der nachstehenden Definitionen benutzt. Gewalt spielt hier zunächst keine Rolle, da sie nicht von allen Organisationen im rechten Spektrum direkt angewendet wird. Sie gehört allerdings, wie noch zu sehen sein wird, zum Rechtsextremismus dazu.

Weiterhin darf ein Aspekt nicht vergessen werden, den Knapp zu bedenken gibt: „*Der Begriff „Rechtsextremismus" ist zwiespältig, weil er innerhalb des herkömmlichen Rasters politischer Topographie so etwas wie einen äußersten Rand zu markieren vorgibt. Die Grenzziehung erlaubt eine Trennung zwischen der sich demokratisch verstehenden Mehrheitskultur und ihren „randständigen" Feinden. Verstellt wird damit der Einblick in das affektive und symbolisch-ideologische Kontinuum, das den „Rand" in mancher Hinsicht mit der Mitte der Gesellschaft verbindet.*" (Knapp, in: Welzer 1993, S. 208).

Vergessen werden darf somit nicht, daß es eine „rechte Mitte" gibt.

Birzer warnt vor dem Mißbrauch des Wortes Rechtsextremismus dahingehend, daß er sagt, daß man durch eine vorschnelle Bezeichnung von Personen oder Organisationen als rechtsextrem ein Etikett verteilt, das sie stigmatisiert und dadurch zu Unrecht ausgrenzen kann. Er plädiert für eine genaue Grenzziehung (vgl. Birzer, in: Mecklenburg 1996, S. 72). Wie man diese Grenze ziehen kann und welche Elemente die rechte Ideologie ausmachen, soll anhand der folgenden Erläuterungen verdeutlicht werden.

Diese Arbeit beschäftigt sich mit Frauen, die rechtes Gedankengut vertreten und sich in der rechtsextremen Szene engagieren. Es soll nicht darum gehen, alle, die Vorurteile haben, miteinzubeziehen, da diese zum menschlichen Leben gehören. Es geht hier um eine Ideologie, die mehr miteinbezieht. An manchen Stellen allerdings ist die Verbindung zur gesellschaftlichen Mitte sehr prägnant (s. 5.3.1).

2.2 Grundlagen der rechtsextremen Ideologie

Der Begriff Rechtsextremismus wird in der Literatur häufig mit verschiedenen Schwerpunkten versehen. Dies, so Bitzan, liegt daran, daß der Begriff weder im Alltag noch in der Wissenschaft einheitlich definiert ist (vgl. Bitzan 2000, S. 19). An dieser Stelle sollen die wichtigsten Punkte herausgegriffen werden, um darzustellen, welche Facetten dieser Begriff beinhaltet. Zur Charakterisierung dienen folgende Merkmale:

„*1. **Nationalismus** in aggressiver Form, Feindschaft gegen Ausländer, Minderheiten
2. **Antisemitismus und Rassismus**, biologistische und sozialdarwinistische Theorien
3. **Intoleranz**, Glaube an Recht durch Stärke, elitär-unduldsames Sendungsbewusstsein und Diffamierung Andersdenkendender
4. **Militarismus**, "**Führertum**", Unterordnung
5. **Verherrlichung des NS-Staats** als Vorbild-Negierung/ Verharmlosung der NS-Verbrechen
6. Neigung zu **Verschwörungstheorien**
7. latente Bereitschaft zur **gewaltsamen Propagierung** und Durchsetzung der erstrebten Ziele*"
(Internet 1, Rechtschreibung u. Grammatik im Original, Anm. K.H.).

Unter Punkt 5 ist der „*Geschichtsrevisionismus*" beschrieben, der sich vor allem in der „Holocaustleugnung" äußert, die einen wichtigen Teil in der rechten Politik einnimmt (Stöss 1989, S. 29).

Niebergall stützt sich in ihrer Definition auf Heitmeyer. Sie begreift Rechtsextremismus als aus zwei Faktoren bestehend:

„*1. Ideologie der Ungleichwertigkeit (Fremdenfeindlichkeit, Minderheitendiskriminierung, allgemeines Ungleichwertigkeitsdenken, Führer- und Gefolgschaftsideologien, Anerkennung nationaler Sekundärtugenden)
2. Gewaltakzeptanz und - bereitschaft.*"
(Niebergall, in: Engel u.a. 1995, S. 87).
Allerdings beschreibt sie nicht, was unter nationalen Sekundärtugenden zu verstehen ist.

Diese Ausführung läßt sich durch die Definition von Bitzan vervollständigen. Sie versteht weiterhin das „Hierarchie- und Elite-Denken", die „positive Vorstellung von einer *homogenen Volksgemeinschaft (...)*" und die „*Ausgrenzung der als „anders" Definierten bis hin zur Vernichtungsbereitschaft*" als rechte Tendenzen (Bitzan 2000, S. 20). Die Vermischung der Völker wird von der rechten Ideologie als „Gefahr" angesehen, die das deutsche Volk durch „Überfremdung" bedroht (vgl. Holzkamp, in: Nestvogel 1994, S. 236). Es ergibt sich dadurch ein übersichtliches System aus scheinbar „naturgegebenen Ordnungen" , das auf dem „Recht durch Stärke" basierend geglaubt wird (Dettling/ Goltz, in: Wlecklik 1995, S. 39 u. Benz, in: Benz 1994, S. 17).

Weiterhin läßt sich zur Ideologie feststellen, daß sie „*(...) ein Gemisch* (ist, K.H.) *aus konservativen, völkischen, nationalistischen, militaristischen, antidemokratischen, antikommunistischen, antisozialistischen, antisemitischen, ausländerfeindlichen und teilweise auch ökologischen Parolen.*"
(Pommerenke, in: Becker u.a. 1994, S. 91).
Mit Fröhling läßt sich der Punkt der antiparlamentarischen Haltung konkretisieren. Er sagt, daß der Rechtsextremismus zum Ziel hat, die demokratischen Rechte und Strukturen zu beseitigen oder zumindest nachhaltig einzuschränken (vgl. Fröhling, in: Mecklenburg 1996, S. 84). Stöss beschreibt dies mit dem Begriff „*Demokratiefeindschaft*", die durch die Ablehnung des Grundgesetzes gekennzeichnet ist (vgl. Stöss 1989, S. 18).

Bitzan fügt dem noch einen anderen Aspekt hinzu, indem sie sagt, daß die Misogynie, also die Frauenverachtung, ein Bestandteil des Rechtsextremismus ist (vgl. Bitzan 2000, S. 20 ff.). Dies wird in Kapitel 3 deutlich werden.

Festzustellen ist, daß Frauen diese Ideologie genauso mit tragen wie Männer. „*Wenn es um Ablehnung von Multikultur, Angst vor Überfremdung und 'Rassenmischung" geht, stehen sie den Männern in puncto Radikalität nicht nach.*" (Fromm 1994, S. 186). Diese Radikalität verdeutlicht die Militanz der rechten Szene. An den vielen Beschreibungen des Begriffes kann man erkennen, daß der Begriff Rechtsextremismus sehr vielschichtig ist und in ihm viele Aspekte, wie die Ideologie der Ungleichheit, Gewaltbereitschaft, Intoleranz, eine antidemokratische Grundhaltung und die Verherrlichung des NS-Staates, zum Tragen kommen.

Aspekte, die von besonderer Wichtigkeit sind, sollen nun ausführlicher beleuchtet werden.

2.2.1 Rassismus und Antisemitismus als Ausgrenzungs- mechanismen

Wie oben erwähnt, nehmen diese beiden Aspekte innerhalb des Rechtsextremismus einen großen Raum ein. Was wird nun genau unter diesen Begriffen verstanden?

Rommelspacher beschreibt Rassismus als Vorstellung, die sich „(...) *auf die ökonomische, kulturelle und politische Dominanz bezieht, die die Länder Westeuropas im Zuge des Kolonialismus gegenüber nahezu der ganzen übrigen Welt glaubten, etablieren zu können.*" (vgl. Rommelspacher, in: Wlecklik 1995, S. 20). Diese Tradition, so Rommelspacher weiter, ist noch immer lebendig und prägend. Weiterhin schreibt sie, daß in der Wissenschaft der Begriff Rassismus als „*kolonialer Rassismus*" benutzt wird. Dies basiert auf der Geschichte des Kolonialismus, der Anlaß zur Entwicklung einer Rassenlehre bot, die von „*der Überlegenheit der Weißen*" ausgeht und somit „*Ausbeutung und Versklavung*" legitimiert (vgl. Rommelspacher 1995, S. 13).

Aber nicht nur diese Legitimation ist hier von Bedeutung, sondern ebenso die Annahme, sich durch Rassismus schützen und dadurch die eigene nationale Identität bewahren zu können (vgl. Bitzan 2000, S. 82).

Heß zitiert Memmi, der den Begriff Rassismus im biologischen Wortsinn gebraucht und somit den Rassisten als einen Menschen definiert, „(...) *der biologischen Unterschieden zwischen den Menschen den höchsten Rang einräumt*" und diese Unterschiede als Rechtfertigung für Aggressionen benutzt (vgl. Heß, S. 18/19). Heß definiert demgemäß Rassismus folgendermaßen:

„*Rassismus erweist sich als der systematischere Ausdruck, biologistisch argumentierend, auf ein dogmatisches Denksystem bezogen, welches Menschengruppen strikt und konstant ausgrenzt.*" (ebenda, S. 20).

Rassismus ist diesen Ausführungen zufolge als „biologischer Rassismus" zu verstehen.

Allerdings ist der Begriff „Rassismus" irreführend, da es menschliche Rassen, dies hat die Wissenschaft nachgewiesen, in diesem Sinne gar nicht gibt. Demirovic weist darauf hin, daß es somit „*Rassismus ohne Rassen*" gibt, der Rassen zunächst herstellen muß, um von der Minderwertigkeit von Menschen, mit z.B. anderer Hautfarbe, sprechen zu können. Diesen Rassismus nennt Demirovic „*Neorassismus*" (vgl. Demirovic, in: Klawe u.a. 1993, S. 150).

Die modernen Rassentheorien der Rechten gehen von der Ungleichheit der Menschen aus (vgl. Pinn, in: beiträge 1990, S. 148). Weiterhin besagen diese Theorien, daß körperliche Merkmale, wie die Hautfarbe oder die Form des Kopfes, auf die Intelligenz der Menschen schließen lassen würden. Dadurch wird die „Rassenzugehörigkeit" als bestimmend für das Verhalten und die Leistungsfähigkeit angesehen und als Instrument der Abwertung benutzt (vgl. ebenda, S. 149).

Debbing und Sengül weisen darauf hin, daß Rassismus zum gesellschaftlichen Alltag gehört und sich nicht unbedingt in Gewalt und Aggression äußern muß, sondern sich ebenso in der Duldung von Ausgrenzung und in Vorurteilen zeigt. Diese Form von Rassismus zeigt sich in allen rechten Organisationen, Gewalt ist hierbei meist ein Kennzeichen der Skinhead-Gruppen (vgl. Debbing/Sengül, in: Engel u.a. 1995, S. 176).

Beachtet werden muß aber, daß es nicht nur rechte Gruppen von Skinheads gibt (vgl. Farin u.a. 1993). In dieser Arbeit sind die verschiedenen Richtungen der Skinhead-Bewegung allerdings nicht von Bedeutung. Die hier erwähnten Gruppen sind als rechtsextrem zu verstehen. (Zur Entstehung der Skinhead-Bewegung und weitere Informationen im Anhang I).

Zusammenfassend läßt sich feststellen, daß der Rassismus auf der Annahme beruht, daß es menschliche Rassen gibt und somit andere auszugrenzen hilft bzw. eine Rechtfertigung für Aggressionen darstellt. Weiterhin kann man darüber hinaus feststellen, daß Rassismus erlerntes und kein angeborenes Verhalten ist, da sonst schon Kinder diese Haltung zeigen müßten.

Wie aber sieht es nun mit dem Antisemitismus aus? Dieser Begriff ist, wie der Begriff des Rassismus, nicht korrekt, da mit dem Begriff „Semiten" nicht nur Juden, und schon gar nicht alle Menschen jüdischen Glaubens, sondern ebenso Araber gemeint sind. Somit wäre es sinnvoll, in diesem Zusammenhang von einem Phänomen mit dem Namen „*Antijudaismus*" zu sprechen (Rommelspacher 1995, S. 13). Der Antisemitismus bzw. Antijudaismus basiert, so Rommelspacher, auf dem Vorwurf der Christen an die Juden, sie hätten die falsche Religion. Mit der Neuzeit änderte sich dies. Die Juden wurden zu einer Rasse gemacht, und es wurden ihnen negative Eigenschaften, wie Skrupellosigkeit, zugesprochen, die biologisiert, „*vererbbar und unveränderlich*" gemacht wurden (ebenda, S. 13 u. vgl. Kammer/Bartsch 1999, S. 196). Der Antisemitismus ist als eine Form des Rassismus anzusehen, der sich auf eine Gruppe konzentriert, „*(...) der biologische Gemeinsamkeiten zugeschrieben werden, um sie dann zu verfolgen und zu vernichten.*" (Pinn, in: beiträge 1990, S. 148). Somit stellt er eine Art der Legitimation zur Vernichtung dar, wobei die „Rasse" eine maßgebliche Rolle spielt.

Zusammenfassend läßt sich feststellen, daß Rassismus und Antisemitismus die Ausgrenzung anderer Menschen aufgrund der Biologie und der fiktiven Erstellung von Rassen gemeinsam haben. Beide stellen somit Legitimationsformen zur Abwertung dar.

2.2.2 Fremdenfeindlichkeit: Ablehnung und Abwertung des Fremden

Fremdenfeindlichkeit ist ein weiterer wichtiger Aspekt der rechtsextremen Ideologie. Heß definiert Fremdenfeindlichkeit als „(...) *Ausgrenzung und Diskriminierung von
Menschen und Menschengruppen (...), die durch bestimmte Kriterien als „fremd" stigmatisiert sind."*
(Heß 1996, S. 21). Menschen werden somit aufgrund ihrer Herkunft, ihrer Religion
oder ihrer Kultur abgelehnt und abgewertet. Dadurch stellt sich für die Unterdrücker
ein Gefühl der Überlegenheit her (vgl. Internet 9). Wie sich Fremdenfeindlichkeit
äußern kann, beschreibt Heß folgendermaßen:
„*Fremdenfeindliche Diskriminierung kann sowohl durch Ausschluß von bestimmten Dienst
leistungen oder Positionen erfolgen als auch durch verbale und körperliche Aggression."*
(Heß 1996, S. 22).
Sie stellt weiterhin fest, daß es sich hierbei um einen sozialen Prozeß handelt und
nicht um eine aus der Natur gegebene Sache (ebenda, S. 22).
Lillig konkretisiert die Gruppe der Menschen, gegen die sich die Fremdenfeindlichkeit richtet. Er nennt „(...) *Armutswanderer und Flüchtlinge (...), sowie (..) Menschen anderer kultureller Herkunft (...)."* (Lillig 1994, S. 94).

Wie Rassismus und Antisemitismus ist Fremdenfeindlichkeit nicht wissenschaftlich begründbar, sondern entsteht aus sozialen Prozessen heraus und dient der
Diskriminierung von Menschen, die aufgrund ihrer Fremdheit und Andersartigkeit
abgewertet werden. Die Fremdenfeindlichkeit beinhaltet nicht nur die Rasse, sondern
auch Religion und Kultur. Alles Fremde wird somit abgelehnt und abgewertet.

2.2.3 Nationalismus: Mechanismus zur Ein- und Ausgrenzung

Ein weiteres wichtiges Element des Rechtsextremismus ist der Nationalismus, der
von rechten Gruppen vertreten wird. Was Nationalismus ist, darüber gibt der Große
Brockhaus Auskunft. Es soll nicht der genaue Text wiedergegeben werden, da dies
durch die vielen Abkürzungen das Lesen erschwert. Vielmehr soll der Text zusammengefaßt werden:
Nationalismus ist eine Ideologie, die den Gedanken der Nation und der auf ihr ge-
gründeten Staaten nach innen und außen hin notfalls militant vertritt. Weiterhin setzt
er sich aus vielen Komponenten zusammen, die je nach Ausgangslage variieren. So
beinhaltet er die Verabsolutierung nationaler Interessen, die Geringschätzung fremder Völker und die Verbindung von Nationalbewußtsein mit Elite- und Sendungs-
bewußtsein, wobei die Merkmale nicht immer gleichzeitig und gleich intensiv auftreten müssen.
Außerdem kann er nur von bestimmten Gruppen oder der ganzen Gesellschaft ge-
tragen werden, wobei er so der gewaltsamen Integration und der aggressiven Expan-
sion dient. Vor allem in der Zeit vor dem Ersten Weltkrieg erlangte der Nationalis-

mus eine große Bedeutung, was danach im Nationalsozialismus und Faschismus in aggressiver Form gipfelte. (Vgl. Der Große Brockhaus 1979, S. 125).

Auch heute noch stellt der Nationalismus ein wesentliches Merkmal der rechten Ideologie dar. Lillig faßt dies folgendermaßen zusammen: *„Nationalistische Tendenzen äußern sich z.B. in den Forderungen nach einem großdeutschen Reich, im Überlegenheitsgefühl gegenüber anderen Nationen, in einer aggressiven nationalen Arroganz und dem Ausmaß an Stolz, den man für seine Nation empfindet. "* (Lillig 1994, S. 90).

Dies zeigt, daß Nationalismus ein weiteres Instrument zur Ausgrenzung ist, welches heute noch für den Rechtsextremismus von Bedeutung ist.

2.2.4 Volksgemeinschaft: „Rasse und Blut"

Die „Volksgemeinschaft" ist ein wesentlicher Bestandteil des Nationalismus. Die „Volksgemeinschaft", die schon im Dritten Reich eine große Rolle spielte, nimmt auch heute noch einen großen Stellenwert in der rechten Ideologie ein, was in Kapitel 3 verdeutlicht wird. Zur Definition der „Volksgemeinschaft" sei folgendes zitiert: *„Es handelt sich hier um einen ideologisch aufgeladenen Begriff der Gemeinschaft, der von den Nationalsozialisten als Gegensatz zu der als künstlich und "undeutsch " empfundenen "Gesellschaft" konstruiert wird. In der Volksgemeinschaft, so die NS-Propaganda, sollten Deutsche auf Gedeih und Verderben unter Beschwörung des "Blutes" miteinander verbunden sein, einhergehend mit der Ausgrenzung von "Artfremden ". Volksgemeinschaft soll auch als Opfergemeinschaft verstanden werden. An die Stelle des Klassenkampfes tritt der Rassenkampf. (...) "* (Internet 1).

In diesem Zusammenhang spielt die „Volksgesundheit", auf die durch „Rassenhygiene ", *also die Nichtvermischung der Rassen, geachtet werden muß, eine wichtige Rolle (Bitzan 2000, S. 280).*

2.3 Zusammenfassung

Die rechte Ideologie besteht, wie gesehen, aus unterschiedlichen Versatzstücken, denen allen gemeinsam ist, daß sie die Aufwertung des eigenen Volkes zum Ziele haben. Elemente wie Rassismus, Antisemitismus, Fremdenfeindlichkeit und Nationalismus streben auf eine „gesunde Volksgemeinschaft", eine unvermischte Gemeinschaft, hin. Hierzu dient die Ideologie der Ungleichwertigkeit, woraus Überlegenheitsgefühl und Intoleranz gegenüber Fremden resultiert.

Rassismus, und als Teil dessen der Antisemitismus, dient zur Konstruktion von Rassen, wodurch Ausgrenzung anhand von Hierarchisierung vollzogen wird. Wie Fremdenfeindlichkeit sind diese beiden Konstrukte nicht wissenschaftlich begründbar.

Nationalismus ist ein weiteres Element, das zur Ausgrenzung anderer Völker
sowie zur Aufwertung des eigenen Volkes dient. Als Bestandteil ist die „Volks-
gemeinschaft" zu sehen, deren Erhalt das Ziel der rechten Ideologie ist.
Weiterhin sind Gewaltbereitschaft und Gewaltakzeptanz, eine antidemokratische
Grundhaltung und die Verherrlichung des NS-Staates, sowie die Verharmlosung der
NS-Verbrechen als Bestandteile rechtsextremer Ideologie zu sehen.

3   Das Bild der Frau im rechten Spektrum

Der Rechtsextremismus beinhaltet, wie gesehen, die Ungleichheit der Menschen.
„Dieses Wertesystem, (...), ist auch wesentlich für das geschlechtsspezifische Rollenverständnis", da
es nicht nur zuläßt, Menschen aufgrund ihrer Herkunft, sondern auch aufgrund ihres
Geschlechts, schlechter zu behandeln (Birsl, in: Aus Politik und Zeitgeschichte 1992,
S. 23). Kuhn betont dieses Propagieren der *„Ungleichheit der Geschlechter"*, in der ein *„tief
verwurzelter Antifeminismus"* enthalten ist (Kuhn, in: Wlecklik 1995, S. 13).
Frauen werden anhand der Ideologie aufgrund ihres Geschlechts andere Fähigkeiten und Eigenschaften als Männern zugeschrieben (vgl. Internet 9). Welche Eigenschaften sind dies? Um diese Frage zu beantworten, soll an dieser Stelle auf das ideologische Frauenbild eingegangen werden. Weiterhin sollen verschiedene Facetten des
Bildes der Frau beleuchtet werden, um es aus mehreren Blickwinkeln darstellen zu
können. Zur Einordnung wird ein Vergleich mit dem Männer- und Menschenbild der
rechten Ideologie herangezogen.

Exkurs: Der Wandel des Frauenbildes
Um zunächst einmal zu klären, wie das Frauenbild sich innerhalb der letzten Jahr-
zehnte verändert hat, soll an dieser Stelle kurz auf den Wandel eingegangen werden.
Feldmann-Neubert, die den Wandel des Frauenleitbildes untersucht hat, schreibt,
daß in der Literatur folgende den Frauen zugeordnete Eigenschaften zu finden sind:
Passivität, Emotionalität, Leidensfähigkeit, Altruismus und Personenbezogenheit.
Der Mann hingegen wird mit folgenden Worten beschrieben: Aktivität, Initiative,
Ehrgeiz, Dominanzverhalten, Rationalität, Abstraktionsfähigkeit und intellektueller
Leistungsfähigkeit (vgl. Feldmann-Neubert 1991, S. 33).
Feldmann-Neubert bemerkt hierzu, daß die heutige Sozialisation noch immer auf
diese Eigenschaften hin erzieht (vgl. ebenda, S. 35). Weiterhin passen diese Stereo-
type in die rechte Ideologie hinein, wie später noch zu sehen sein wird.
Wie aber hat sich nun der Wandel vollzogen?
Nach Feldmann-Neubert kann man den Wandel folgendermaßen skizzieren: Zu-
nächst gab es die Berufstätigkeit der Frau als vorläufige Rolle, die sich an der Familie
orientierte (vgl. S. 138 u. 168). Danach läßt sich eine Unzufriedenheit der Hausfrauen
feststellen, die im Beruf als Erfüllung mündet (vgl. S. 189 u. 220). Es entsteht eine
Doppelorientierung, die zu einer Doppelbelastung führen kann (vgl. S. 49 u. 254).
Zur Belastung wird sie dadurch, daß es immer noch eine defizitäre Sozialisation und
die Familienorientierung der Frau gibt (vgl. S. 49). Es läßt sich dem hinzufügen, daß

eine unzureichende Hilfestellung seitens der Politik und der Gesellschaft, wie beispielsweise fehlende Ganztagskindergärten, festzustellen ist.

Um nun zu sehen, welche Rolle diese Entwicklung innerhalb der rechten Szene
spielt und an welchem Punkt der Entwicklung das rechte Frauenbild stehen geblieben
ist, soll dieses im Folgenden eingehend beleuchtet werden.

3.1   Aspekte der rechten Ideologie zum Frauenbild

Nach Ansicht von Pierre Krebs (s. Anhang I) ist eine Rückkehr zum „(...) ursprünglichen, ganzheitlichen, paradigmatisch bei den Germanen realisierten Zustand (...)" geboten, da
dies der Natur, also den Genen, entspräche (vgl. Pinn, in: beiträge 1990, S. 143/144).
Wie dieser Zustand aussehen soll und wie er begründet wird, soll im Folgenden
anhand verschiedener Schwerpunkte erläutert werden.

Die geschlechtsspezifische Arbeitsteilung zum Erhalt des Volkes

Beschrieben wird dieser „germanische" Zustand mit der natürlichen geschlechtsspezifischen Arbeitsteilung, die aus dem „naturhaften Dualismus" resultiert, der Mann
und Frau unterschiedliche Aufgaben zuteilt (Pinn 1990, S. 146 u. vgl. Wölflingseder,
in: Bitzan 1997, S. 58). Das rechte Frauenbild orientiert sich an traditionellen Ge-
schlechtsrollenerwartungen, d.h. „(...) Selbstentwertung als Frau, Unterstützung und Aufwertung des Mannes und seiner Taten." (Holzkamp, in: Nestvogel 1994, S. 234). Die Frau
steht somit in der Hierarchie der rechten Ideologie unterhalb des Mannes, wobei
diese Unterordnung ebenso innerhalb der Familie gefordert wird, die nach der
Ideologie patriarchalisch geordnet sein soll (vgl. Fromm 1994, S. 179).

Außerdem gilt die Frau als Naturwesen und somit als der Natur verbunden, womit
begründet wird, daß die Gemeinschaft, Geburt und Erziehung von Kindern ihre
Aufgaben seien. Frauen sollen, so die Ideologie, viele Kinder gebären (vgl. Awagalla,
in: Bitzan 1997, S. 52 u. Renz, in: Wlecklik 1995, S. 52). Damit sind sie für die „Art-
erhaltung" zuständig und sollen das Volk schon durch die Kinderaufzucht erziehen,
wodurch sie für „Zucht, Tugend und Ordnung" verantwortlich sind (Bitzan 2000, S. 253).
Die Familie ist demnach der „(...) Ort der frühen Einübung von Macht und Unterwerfung
zwecks nationalem Staatserhalt" (Jansen, in: Hellfeld, S. 81). Voraussetzung hierfür ist,
daß die Mutter als Mittelpunkt nicht aber als Oberhaupt der intakten Familie fungiert
(vgl. Sturhan in: Bitzan 1997, S. 120).

Die Reproduktionsfähigkeit der Frau ist somit für die rechte Ideologie von großer
Bedeutung (vgl. Fröchling, in: Mecklenburg 1996, S. 106). Frauen haben nach der
Ideologie die Pflicht, „(...) den Fortbestand der weißen Rasse zu gewährleisten", was als weib-
liche Lebensaufgabe gesehen wird (Fichte, in: Bitzan 1997, S. 141). Die „traditionelle
Hausfrauen- und Mutterrolle" steht somit im Vordergrund (vgl. Bitzan 2000, S. 50).

Die Ideologie bindet Frauen somit an das Haus. Dadurch hat Öffentlichkeit in
diesem Lebensentwurf keinen Platz (vgl. Fromm 1994, S. 179). Frauen sollen unpolitisch sein und werden, so Rommelspacher, damit gleichzeitig machtlos gemacht (vgl.

Rommelspacher 1995, S. 127). Die Ungleichheit der Geschlechter, so bemerkt Kurth, wird dadurch gefestigt, wenn nicht sogar ausgebaut (vgl. Kurth, in: Bitzan 1997, S. 19).

Des weiteren werden Frauen in der rechten Ideologie als gleichwertig, aber nicht gleichartig betrachtet (vgl. Bitzan 2000, S. 129). Mehr noch: Frauen seien „*gleich-berechtigt, aber nicht gleichgemacht*", was von der Ideologie betont wird (Dörr, in: Wlecklik 1995, S. 46/47). Die geforderte Unterordnung allerdings widerspricht der Aussage über die Gleichberechtigung.

Zusammenfassend läßt sich festhalten, daß Frauen auf ihre Biologie und die Mutterschaft reduziert werden (vgl. Bitzan 2000, S. 121). Sie müssen im öffentlichen und politischen Bereich als „*(...) Gehilfin des Mannes eher im Hintergrund stehen*" (Fröchling, in: Mecklenburg 1996, S. 106). Insgesamt wird den Frauen die Fähigkeit, eigene Entscheidungen zu treffen, abgesprochen. Sie erhalten einen Objektstatus, wodurch sie auf den Mann fixiert sein und ihm folgen sollen (vgl. Kurth, in Bitzan 1997, S. 24 u. Bitzan 2000, S. 179 f.).

Das Frauen- und Familienverständnis wirkt „*starr und unantastbar*" (Birsl, in: Aus Politik und Zeitgeschichte 1992, S. 25). An der „*biologischen Bestimmung*" und den „*ewigen Naturgesetzen*" kann aus Sicht der rechten Ideologie nichts verändert werden (Jansen, in: v. Hellfeld 1989, S. 80 u. Knapp, in: Welzer 1993, S. 230).

Weibliche Tugenden: Die Frau als Gefühlswesen

Zu beobachten ist, daß sich die eingangs des Kapitels erwähnten weiblichen Attribute in der rechten Ideologie wiederfinden lassen. Auch hier spielen die angeblich weiblichen Eigenschaften wie Emotionalität und Fürsorglichkeit eine wichtige Rolle (vgl. Siller, in: deutsche jugend 1991, S. 29).

Daß man Frauen bestimmte Tugenden zuordnet, zeigt sich anhand der Berufe, die den Frauen von der Ideologie zugestanden werden, welche im sozialen oder pflegerischen Bereich liegen (vgl. Renz, in: Wlecklik 1995, S. 51). Durch die weiblichen Tugenden soll Frauen eine Bedeutung in der Gesellschaft zukommen, indem sie zur Rettenden, Gebärenden, Wärmespendenden und Fürsorgenden gemacht werden (vgl. ebenda, S. 53).

Frauen werden somit als Menschen ohne körperliches Aggressionspotential gesehen, und sollen eher ein Korrektiv zur männlichen Gewalt bilden, indem sie trösten, schlichten und geprügelte Männer pflegen und umsorgen (vgl. Siller, in: deutsche jugend 1991, S. 30 u. Erb, in: Benz 1994, S. 113 u. Möller in: Engel u.a. 1995, S. 74). Weiterhin sollen Frauen, so die *Deutsche Frauenfront* (s. 4.4.1), deren Frauenbild nationalsozialistisch geprägt ist, edel und tatkräftig sein und sich „*(...) für die Sache des deutschen Volkes (...)*" aufopfern (Internet 3).

Hier ist wieder erkennbar, daß Frauen nur dann für die „Volksgemeinschaft" wichtig sind, wenn sie sich für das „Volk" aufopfern und individuelle Haltungen hintanstellen.

Ausschluß von der Ideologie nicht entsprechenden Frauen
Dies bezieht sich aber nicht auf alle Frauen. Gemeint sind hiermit, so stellen Dettling und Goltz fest, weiße, deutsche und heterosexuelle Frauen, die nicht jüdisch und nicht behindert sind (vgl. Dettling/Goltz, in: Wlecklik 1995, S. 37). Somit wird hier noch einmal selektiert, wobei die Religionszugehörigkeit und die Gesundheit eine wichtige Rolle spielen.

Zusammenfassung
Der Ideologie geht es um die Erhaltung der Rasse, wozu die geschlechts-spezifische Arbeitsteilung und die Propagierung der Mutterschaft dienen. Die Frau wird auf die Mutterschaft reduziert, da sie in der rechten Ideologie als Natur- und Gefühlswesen gilt. Das rechte Frauenbild bezieht sich somit auf „weibliche" Eigen-schaften wie Passivität und Altruismus (s. S. 10). In dieses Bild werden aber nur Frauen einbezogen, die dem Bild der Ideologie entsprechen.
Diese Aspekte der Ideologie lassen sich im Folgenden immer wieder finden.

Um das rechte Frauenbild anhand zweier Beispiele noch deutlicher zu machen, und um zu zeigen, wie das Bild in der Praxis angewendet wird, soll kurz auf das Parteiprogramm der Republikaner (zur Partei s. Anhang I) und anschließend auf die Haltung einer rechten Theoretikerin zu diesem Thema eingegangen werden.

3.1.1 Das rechte Frauenbild am Beispiel des Parteiprogramms der Republikaner

Im Parteiprogramm der Republikaner von 1987 findet sich das ideologische Frauenbild wieder:
„(...) Es ist doch insbesondere der Frau gegeben, durch Wärme und Hingabe ein Klima zu schaffen, in welchem Familie und Kinder gedeihen können. Hier liegt die besondere und von keinem `Hausmann´ oder Kollektiv erfüllbare Berufung der Frau. (...) Diejenige Frau, welche sich gleichzeitig in Ehe, Familie und Beruf zu bewähren sucht, leidet oft an einer Mehrfach-belastung und Selbstüberforderung. Sie fühlt sich ebenso unerfüllt - was zu psychischen Schäden führt - wie diejenige Frau, welche im Beruf alleinige Befriedigung sucht."
(Fromm 1994, S. 180).
Im Programm von 1990 ist von Gleichberechtigung der Frau die Rede, allerdings im Rahmen ihrer Fähigkeiten, welche durch das vorangegangene Zitat deutlich be-schrieben werden. Frauen sollen somit ihren Platz nicht in männlichen Domänen fin-den, denn die „(...) heutige Gleichmacherei von Mann und Frau lehnen wir ab. (...) Es ist anzu-streben, daß die Frau in politischer wie sozialer Hinsicht gleichwertig, aber keinesfalls gleichartig zu behandeln ist." (ebenda, S. 181). Heiliger stellt fest, daß Gleichberechtigung für die Re-publikaner dann erreicht ist, wenn Frauen sich an die tradierten Werte und Rollen-erwartungen halten und dadurch in der Gesellschaft anerkannt werden (vgl. Heiliger, in: Wlecklik 1995, S. 117). Dieses Frauenverständnis, so Fromm, ist typisch für die rechte Ideologie. „Es basiert auf der Rehabilitierung tradierter Werte, deren Wurzel ein

biologistisch begründetes Verständnis von der Ungleichheit der Menschen ist" (S.181). Dem ist hinzuzufügen, daß es sich hier um die gewollte Ungleichheit der Geschlechter handelt (vgl. Renz, in: Wlecklik 1995, S. 52). Frauen sollen wieder ihrer natürlichen Bestimmung nachgehen und *„(...) nicht versuchen (..), den Männern nachzueifern, da sie sich dadurch von sich selbst entfremden würden."* (ebenda, S. 55).

Bei der Lektüre des Programms gewinnt man den Eindruck, daß die rechte Ideologie „nur das Beste" für die Frauen möchte. Die Ideologie gaukelt eine Welt vor, in der alles und jeder seinen Platz hat und in der nichts verändert werden darf, weil dadurch Schaden entstünde.

Anhand dieser Aspekte läßt sich die Rollenerwartung erkennen, die in rechten Parteien eine Rolle spielt. In diesem Abschnitt des Parteiprogramms wird gefordert, daß Frauen sich auf die Mutterschaft konzentrieren. Eine Doppelbelastung durch Familie und Beruf sowie die alleinige Konzentration auf den Beruf sei schädlich. Die Partei der *Republikaner* (s. Anhang I) vertritt somit die Ideologie der Ungleichheit und bezieht dies auf die Geschlechter, wodurch sich ein verschobener Begriff der Gleichberechtigung ergibt.

3.1.2　Das Frauenbild aus Sicht einer rechten Theoretikerin

Sigrid Hunke, Ideologin in neurechten Gruppen wie dem *Thule-Seminar* (s. Anhang I u. Kap. 4.5.1), beruft sich auf die „Naturgesetze" der Arbeitsteilung, von denen die Frau sich nicht entfremden dürfe (vgl. Bitzan 2000, S. 105).

Weiterhin sagt Hunke, daß Männer und Frauen gleichwertig seien, aber nicht die gleichen Aufgaben zu erfüllen hätten, sondern sich in ihren Tätigkeiten ergänzen sollten, indem sie ihre Aufgaben innerhalb, er außerhalb des Hauses erfülle. Damit, so Hunke, hätten die Frauen ihren Platz in der Gemeinschaft, seien für sie wichtig, so wie sie es bei den Germanen gewesen seien (vgl. ebenda, S. 106-108). In Hunkes Vorstellung sind germanische Männer und Frauen als „ganzheitliche" Menschen anzusehen. In der germanischen Gemeinschaft habe es geschlechtsspezifische Arbeitsteilung gegeben, die Hunke auch für das heutige Zusammenleben fordert. Weiterhin betont Hunke, daß in der germanischen Gemeinschaft Männer und Frauen die gleichen Rechte und Pflichten sowie die gleiche „Gesinnung" hatten. Frauen dieser Gemeinschaft seien selbständig gewesen, hätten ihre eigenen Entscheidungen getroffen, aktiv am gemeinschaftlichen Leben teilgenommen und dadurch „politische Rechte" besessen (vgl. ebenda, S. 106/107).

Hunkes Aussagen unterscheiden sich dahingehend von der Ideologie, indem sie Forderungen aufstellt:

„1. Freimachen von dualistischem Denken zugunsten eines Ganzheitsdenkens

„2. die fixierten, als Maßband selbst auf andere Rassen und Kulturen angewendeten Begriffe von `männlich´ und `weiblich´, die für sich als falsch besetzt erwiesen haben, aus dem Verkehr ziehen";

„3. (der Mann) muß sich entschließen, wie sein Urahn vor tausend Jahren die Frau nicht

schlechthin durch die Brille des Geschlechts zu sehen und als ein für ihn und in Bezug auf ihn existierendes Wesen zu definieren, sondern sie als Menschen weiblichen Geschlechts von eigener Daseinsbestimmung und Würde anzunehmen.""
(ebenda, S. 109).
Eine weitere Forderung, die Hunke von anderen abhebt, ist die nach der Selbstbestimmung der Frau, ob sie Kinder haben möchte oder nicht (vgl. Jung, in: Bitzan 1997, S. 37).
Hunke vertritt somit eine progressivere Haltung als in der rechten Ideologie üblich, dennoch kommen auch bei ihr Elemente der rechten Ideologie wie Betonung der Gemeinschaft mit der geschlechtsspezifischen Arbeitsteilung und der Bezug auf die „Naturgesetze" und Germanen vor (s. 4.5.1).

Zusammenfassend läßt sich sagen, daß Frauen nach der Ideologie für die Familie zuständig sind und nicht berufstätig sein sollen. Auf diese beiden wichtigen Punkte der Ideologie soll nun genauer eingegangen werden.

3.1.3   Die Frau als Mutter und Erhalterin des Volkes

Michael Kühnen (s. Anhang I) beschreibt die Rolle der Frau als Mutter folgendermaßen:
„Ihre (der Frau) eigentliche Aufgabe für die Gemeinschaft ist und bleibt Geburt und Aufzucht von Kindern, und da mindestens drei Kinder pro Familie zur Volkserhaltung überlebensnot wendig sind und das Kind die Mutter zur gesunden Lebenserhaltung in den ersten sechs Lebensjahren dringend braucht, ist der Lebensmittelpunkt der Frau die Familie. (...)"
(Renz, in: Wlecklik 1995, S. 51).
Die Mutterrolle wird im rechten Spektrum somit hervorgehoben und als für die Volksgemeinschaft wichtig angesehen. Siller beschreibt die Rolle folgendermaßen:
„Von der Gebärfähigkeit der Frau wird auf die Zuständigkeit für Kind, Hausarbeit, Familie und daraus auf Berufsverzicht und Unterordnung im Beruf geschlossen."
(Siller, in: deutsche jugend 1991, S. 26).
Die Mutter, die für die Kinder und damit gleichzeitig für das Volk sorgt, spielt somit eine wichtige Rolle. Sie soll ihre Aufgaben für Volk und Vaterland erfüllen, indem sie Kinder zur Welt bringt, aufzieht und erzieht, was nach der Ideologie ihrer Grundfähigkeit entspricht (vgl. Bitzan 2000, S. 133/134).
Die Mutterfigur wird weiterhin zu Zwecken der Werbung in der Ideologie überhöht dargestellt und als Lebensaufgabe den Frauen schmackhaft gemacht (vgl. ebenda, S. 132). Nur Mütter seien dem Volk verbunden, „(...) was sie adelt und heiligt" (ebenda, S. 334). Abtreibungen kennzeichnen somit die schlechte Mutter und Kinderlosigkeit ist ebenso verpönt (vgl. ebenda, S. 135 u. 151). Die Familie wird von der Ideologie somit als Keimzelle des Volkes angesehen und als schützenswert erachtet (vgl. ebenda, S. 157). Die Aufgaben der Mutter und die Aussagen zum Schutz vor Vermischung, die im Folgenden dargestellt werden, verdeutlichen diese Haltung.
Zu den Aufgaben der Mutter zählt nach diesem Verständnis die Vermittlung

zwischen den Generationen, wobei die eigenen Interessen zurückzustellen sind, da sie nur für ihre Kinder da sein soll (vgl. ebenda, S. 131 u. 139). Die gute Erziehung findet innerhalb der Familie statt, die „völkisch-national" eingestellt sein soll, damit das Kind richtig erzogen und geprägt wird, bevor es in der Schule durch andere, nicht nationale und völkische Gedanken, „verdorben" wird (vgl. Bitzan 2000, S. 144). Die Erziehung soll so angelegt sein, daß Kinder völkisch und antidemokratisch erzogen werden (vgl. ebenda, S. 289). Die Aufgabe der Mutter ist es, das traditionelle, konservative Erbe weiterzugeben (vgl. Kurth, in: Bitzan 1997, S. 18). Eine weitere Aufgabe der Mutter ist der Schutz der Kinder, da „(...) *sie den gesunden Nachwuchs des deutschen Volkes darstellen sollen.*" (Bitzan 2000, S. 190). Somit bekommt sie die Verantwortung für die „*Reinerhaltung des Blutes*" zugeteilt, was heißt, daß sie dafür verantwortlich ist, daß das Kind gesund und vor allem „deutsch" ist (vgl. ebenda, S. 274). Denn „*Rassenschande ist Volksverrat*" und somit verpönt (ebenda, S. 286). Um das Blut reinzuerhalten, wird aus rechten Kreisen gefordert, Sterilisationen bei Frauen vorzunehmen, die dem ideologischen Anspruch auf Gesundheit, z.B. durch eine Behinderung, nicht gerecht werden (vgl. Birsl, in: Aus Politik und Zeitgeschichte 1992, S. 24).

Die Ideologie fordert außerdem den Schutz der deutschen Mütter vor „Vermischung", was heißt, daß Menschen aus anderen Kulturen ihnen nicht zu nahe kommen dürfen (vgl. Demirovic, in: Klawe u.a., S. 151). Die „reinrassige" Vermehrung des deutschen Volkes war auch Anliegen der Lebensbornheime im Dritten Reich (s. Anhang I).

Das Argument, welches hinter diesen Forderungen steht, beschreibt Jansen mit folgenden Worten: „*Mit der Zerstörung der Familie und der Mutterrolle in ihrem Zentrum habe schließlich schon immer die Zerstörung von Staat und Gesellschaft begonnen.*" (in: v. Hellfeld 1989, S. 77).

Zusammenfassend schreibt Jansen: „*Die Frau dagegen wird verantwortlich gemacht für die Weichenstellung der Lebensschicksale in der Familie, dem Ort der frühen Einübung von Macht und Unterwerfung zwecks nationalem Staatserhalt.*" (in: v. Hellfeld 1989, S. 81).

Die Akzeptanz des rollenspezifischen Verhaltens wird weiterhin von den Frauen gefordert und ist insofern wichtig, als daß sie den „*gesunden Staat*" garantieren (Fromm 1994, S. 182).

Die Mutterschaft spielt in der rechten Ideologie eine große Rolle, wie dieses Unterkapitel und die Einführung in die „Geschlechterideologie" gezeigt haben (s. 3.1).

Folgende Beispiele rechter Autorinnen zeigen, daß die Mutterschaft nicht nur von der Ideologie gefordert wird, sondern daß sie ebenso in der Praxis eine Rolle spielt.

Die Frau als Mutter aus der Sicht rechter Autorinnen
Viele Autorinnen, die für Zeitschriften rechter Organisationen schreiben, machen in ihren Aufsätzen deutlich, daß sie die Mutterschaft als die eigentliche Aufgabe der Frau ansehen (vgl. Bitzan 2000, S. 132). Die Autorinnen der *FAP-Frauenschaft* (s. Anhang I) beispielsweise stellen die Mutterrolle als Selbstverständlichkeit dar (vgl. ebenda, S. 133). Frauen, so läßt sich daraus ableiten, werden nicht gefragt, ob die

Mutterschaft zu ihrer Lebensplanung gehört. Weiterhin fordern die Autorinnen Frauen dazu auf, auch unverheiratet Mutter zu werden, um die Geburtenrate zu steigern (vgl. ebenda, S. 152). An dieser Bemerkung läßt sich erkennen, daß das Volk im Vordergrund steht, nicht das Individuum.

Weiterhin gibt es die Forderung, Zweckehen einzugehen und diese notfalls einer glücklichen Ehe vorzuziehen (vgl. ebenda, S. 176). Die Vermehrung des Volkes steht im Vordergrund. Daraus ergibt sich die Forderung, private Interessen zurückzustellen und der „Bewegung" unterzuordnen (vgl. ebenda, S. 182).

Zusammenfassend läßt sich festhalten, daß die Mutterschaft, die für den Erhalt des Volkes wichtig ist, durch die Ideologie über die Interessen der Frauen gestellt wird. Rassenhygiene, völkisch-nationale Erziehung und der Schutz der Mutter sind als Mittel zur Erreichung des Ziels, die Erhaltung des Volkes zu sehen. Das Volk, nicht das Individuum, steht im Mittelpunkt.

3.1.4 Die Frau und der Beruf: Beibehaltung und Einschränkung der Ideologie

Der zweite wichtige Aspekt, der unter 3.1 angesprochen wurde, ist die Berufstätigkeit von Frauen. Zur Verdeutlichung soll nun auf diesen Punkt genauer eingegangen werden.

Generell wird die Berufstätigkeit mit Blick auf die natürliche Rolle der Frau als Mutter von den Rechtsextremisten abgelehnt (vgl. Sturhan, in: Bitzan 1997, S. 120). Dies wurde schon durch den Ausschnitt des Parteiprogramms der Republikaner deutlich, in dem von Mehrfachbelastung durch Familie und Beruf und deren Schädlichkeit die Rede ist (s. 3.1.1). Frauen wird hierbei unterstellt, sich nur in der Rolle der Mutter voll ausgefüllt fühlen zu können. Weiterhin hat es den Anschein, als unterstelle man den Frauen die Unfähigkeit, ihr Leben selbst in die Hand zu nehmen und zu entscheiden, was richtig für sie ist. Begründet wird dies mit der Kulturgeschichte, in der Frauen sich Eigenschaften, wie Emotionalität, angeeignet hätten, die nicht für die Berufswelt taugen würden (vgl. Bitzan 2000, S. 167).

Insgesamt wird in der rechten Szene Berufstätigkeit für Frauen nicht akzeptiert, da die Aufgabe als Mutter im Mittelpunkt steht. „Es geht nicht um die Frauenbefreiung als Ziel, sondern um die >>deutsche Sache<<." (Renz, in: Wlecklik 1995, S. 58). Berufstätigkeit würde dieses Vorhaben einschränken, wenn nicht sogar zerstören. Aber, und hier wird das Ganze eingeschränkt, „(...) vor und nach dieser Phase ist Berufsarbeit erlaubt." (Jansen, in: v. Hellfeld 1989, S. 82). Gemeint ist hier die Spanne von der Geburt bis zum Auszug der Kinder aus dem Elternhaus. Mütter, die während dieser Phase arbeiten gehen, werden als schlechte Mütter angesehen, weil sie Selbstverwirklichung anstreben, anstatt sich auf die Erziehung der Kinder zu konzentrieren (vgl. Bitzan 2000, S. 134). Dies ist der Ideologie nach ein Verhalten, mit dem Berufstätige die Familie gefährden (vgl. Sturhan, in: Bitzan 1997, S. 108).

Eine weitere Einschränkung macht Ursula Müller (s. 4.5.2), indem sie sagt, daß in „Notzeiten" der Überfremdung, gemeint sind der Zuzug von Menschen aus anderen Ländern und das demokratische System an sich, Frauen arbeiten gehen sollen. Wenn dieses „Problem" allerdings gestoppt sei, sollen sich die Frauen wieder auf die Mutterrolle konzentrieren (vgl. Bitzan 2000, S. 126).

Allgemein wird von der Ideologie eine Unvereinbarkeit von Mutterschaft und Berufstätigkeit propagiert (vgl. ebenda, S. 161). Nur selten lassen sich Stimmen finden, die sich gegen eine vehemente Kritik an berufstätigen Frauen wenden. So wird in einem Leserbrief der *Kampfgefährtin* (s. 4.4.1) angemahnt, daß man zunächst die Ursachen, wie die finanzielle Lage der Mutter, beachten muß, bevor man sie kritisiert (vgl. ebenda, S. 162). Die Heimarbeit wird in diesem Leserbrief als Möglichkeit in Betracht gezogen, um finanziell schlechter gestellten Müttern die Möglichkeit zu geben, zu arbeiten und gleichzeitig für die Kinder da zu sein (vgl. ebenda, S. 163).

Die Frage, ob Mutterschaft mit Berufstätigkeit vereinbart werden kann oder nicht, scheint in der rechten Szene offen zu sein (vgl. Bitzan 2000, S. 290). Allerdings, und dies muß festgehalten werden, kann man eine Diskrepanz des durch die Ideologie geforderten mit der Realität feststellen. So arbeiten einige Frauen, die Mütter sind und rechten Gruppierungen oder Parteien angehören, für eben diese, wodurch der Widerspruch deutlich wird (vgl. Sturhan, in: Bitzan 1997, S. 112).

Festzuhalten ist, daß die natürliche Arbeitsteilung fest in der Ideologie verankert zu sein scheint. Aufgrund der Ideologie wird argumentiert, daß Frauen nicht für die Berufsausübung taugen. Der Beruf ist dennoch erlaubt, allerdings dahingehend eingeschränkt, daß er die Mutterschaft nicht gefährden darf. Berufstätigkeit wird somit als vorläufige Rolle von einigen rechten Personen Frauen zugebilligt. Kann ein solches Bild einen Reiz auf Frauen ausüben? Und wie sehen Selbstbilder rechter Frauen aus? Weisen sie Unterschiede zum Frauenbild der rechten Ideologie auf? Diese Fragen werden unter Punkt 3.6 behandelt. Vorab soll bemerkt werden, daß rechte Frauen diesem „friedlichen" Bild der Weiblichkeit, wie es von der rechten Ideologie entworfen wird, in der Realität nicht unbedingt entsprechen.

3.2 Zur Einordnung des Frauenbildes in die rechte Ideologie

Um vergleichen zu können, wie Frauen im Gegensatz zu Männern und im Vergleich zu anderen Menschen in der rechten Ideologie dargestellt werden, soll nun kurz auf das Männerbild und das Menschenbild der Ideologie eingegangen werden.

Das rechte Männerbild: Dominanz und Hierarchie
Das rechte Männerbild ist von Dominanzvorstellungen über andere, in der Hierarchie unter den Männern stehende Menschen, also auch Frauen geprägt. Der Mann wird mit Worten wie *„Kraft, Härte, Aggressivität, Ausdauer, Durchsetzungsvermögen (und) Kameradschaft"* beschrieben (Fröchling, in: Mecklenburg 1996, S. 106 u. s. S. 10). Durch seine „natürliche" Aufgabe, die Versorgung der Familie, hat der Mann das Bedürfnis nach *„Eroberung und Beherrschung"*, was sich häufig in Gewalttätigkeit äußert (vgl. Kurth, in: Bitzan 1997, S. 19 u. Internet 9).

Ihm werden von der Ideologie weiterhin höhere geistige Fähigkeiten als der Frau zugeschrieben (vgl. Awadalla, in: Bitzan 1997, S. 46). Dies alles verleiht Männern Macht, sie tragen Verantwortung, müssen durchsetzungsfähig sein, sowie Vernunft, Logik, Kompetenz und emotionale Unempfindlichkeit repräsentieren (vgl. Rommelspacher 1995, S. 127 u. Siller, in: deutsche jugend 1991, S. 29). Der Mann, so formulierte es Kühnen (s. Anhang I) 1985, sei mehr „Kulturwesen" als „Naturwesen" und somit für die *„Ausgestaltung der kulturellen Gemeinschaften"* zuständig (Renz, in: Wlecklik 1995, S. 51). Er steht in der Öffentlichkeit, Politik und Kultur sind Männersache (vgl. Fröchling, in: Mecklenburg 1996, S. 106).

In einigen rechten Jugendcliquen ist seitens der männlichen Jugendlichen das Verhalten *„(...) von einem demonstrativen Männlichkeitsgebaren und einem extrem machohaften Auftreten geprägt."* (Lutzebaeck u.a., in: Engel u.a. 1995, S. 111). Die oben beschriebenen Eigenschaften, die den Männern durch die Ideologie zugeordnet werden, werden somit von ihnen ausgelebt (vgl. Botzat u.a., in: Engel u.a. 1995, S. 221).

Vergleichend läßt sich festhalten, daß der Mann von der rechten Ideologie als „Kulturwesen" gesehen wird, während der Frau die Rolle des „Naturwesens" zugeschrieben wird. Frauen und Männer werden somit unterschiedlich dargestellt, wobei die Frau in der Hierarchie unterhalb des Mannes steht.

Das rechte Menschenbild: Hierarchie und Naturgesetze
Um den Blick auf das Verständnis der rechten Ideologie vom Menschen zu vervollständigen, soll nun kurz auf das rechte Menschenbild, daß sich auf „Weiße" bezieht, eingegangen werden.

Der Mensch wird in der rechten Ideologie nicht als Individuum, sondern als Teil eines Kollektivs gesehen, welches durch die Naturgesetze nicht veränderbar ist (vgl. Fröchling, in: Mecklenburg 1996, S. 105). Es ist eine statische Vorstellung, die durch nichts verändert werden kann. Weiterhin kann das rechte Menschenbild als *„zutiefst pessimistisch"* bezeichnet werden, da es hier kein friedliches Miteinander geben kann, sondern nur Konkurrenz, die aus dem *„Kampf aller gegen alle"* besteht, wobei der

Stärkere siegt (ebenda, S. 105).

Hieraus resultiert eine Vorstellung der idealen Zugehörigkeit zum Volk: *„Erbbiologische Hochwertigkeit, Tapferkeit, Ehrliebe, heroische Lebensauffassung, Opfermut, Neigung zu asketischem Lebenswandel, Härte gegen sich selbst und gegen Feinde, Würde, klare Erkenntnis der bedrohlichen Situation, in der sich das Volk befindet, Eidtreue<< und die >>Bereitschaft, die nationale Ehre über die persönliche Sicherheit zu stellen."* (ebenda, S. 105/106).

Bei der Lektüre des Zitats wird deutlich, daß dieses Bild auf den Mann zugeschnitten ist, da der Frau, wie gesehen, andere Attribute zugeschrieben werden. Weiterhin erinnert dieses Bild an den „politischen Soldaten" des Dritten Reiches, zu dem die Jungen in der Hitlerjugend gemacht werden sollten.

Anders sieht es beim Bild von behinderten Menschen aus. Bitzan stellt hierzu fest, daß sie als nicht lebensfroh und nicht begabt dargestellt werden und nicht in das Bild des „gesunden und schönen deutschen Volkes" passen und diesem nur zur Last fallen würden (vgl. Bitzan 2000, S. 273 u. 279).

Ebenso passen deutsche Frauen, die mit Ausländern verheiratet sind, nicht in dieses Bild, weil sie *„(...) ihr Erbgut der Vermischung und damit dem Zerfall und der Krankheitsanfälligkeit preisgeben (...)"* (ebenda, S. 273).

Die rechte Ideologie ordnet die Menschen in Kategorien, „brauchbar" und „unbrauchbar", ein. Weiterhin werden sie in eine Hierarchie eingeordnet. Dies kann man sich anhand der obigen Ausführungen so vorstellen, daß der Mann oben steht und die Frau eine Stufe darunter. Erst sehr viel später kommen die „unbrauchbaren" Menschen, die der Definition nach nicht der „ideologischen Rasse" angehören (s. 3.1). Dadurch kann anhand der Ideologie Völkermord durchaus legitimiert werden.

3.3 Wie sehen rechte Männer rechte Frauen?

Um diese Frage zu beantworten, wurde die Literatur nach Aussagen rechter Männer über rechte Frauen durchgesehen.

Christian Malcoci (s. Anhang I) kritisiert das Frauenbild, das in rechten Frauenzeitschriften propagiert wird, welches sich auf das Bild der Frau im Nationalsozialismus stützt (vgl. Knapp, in: Welzer 1993, S. 226 u. s. 3.4). Seiner Meinung nach sollen sich die Autorinnen mit Problemen wie Berufstätigkeit und Erziehungsfragen, z.B. dem Schutz vor demokratischen Einflüssen, befassen (vgl. Bitzan 2000, S. 238). Er bleibt, wie auch Kühnen, im Fahrwasser der Ideologie, indem er von der Gefahr der Doppelbelastung durch Familie und Beruf spricht. Kühnen (s. Anhang I) stellt die Frau, wie schon beschrieben, zwar als Teil der Volksgemeinschaft dar, schränkt sie aber als „Naturwesen" ein und beschreibt ihre Aufgabe als Lebenserhalterin des Volkes (vgl. Knapp, in: Welzer 1993, S. 235 u. s. 3.2 u. 3.1.3).

Die Art, wie sich Frauen an der Politik beteiligen dürfen, bestimmen in rechten Gruppierungen und Parteien Männer (vgl. Renz, in: Wlecklik 1995, S. 58). Denn, so die Ideologie, nur männliches Handeln kann etwas bewegen, weibliche Einflüsse wirken störend (s. 3.1 u. vgl. Heiliger, in: Wlecklik 1995, S. 117). Einige derjenigen Frauen, die Mitglieder bei den *Republikanern* (s. Anhang I) sind, verstehen sich als Opfer dieser Haltung (vgl. Büchner, in: Das Argument 1994, S. 61).

In vielen rechten Jugendcliquen innerhalb der Skinhead-Szene (s. Anhang I) scheint Sexismus als normal angesehen zu werden. Köttig beschreibt dies folgendermaßen:

> *„Mädchen und junge Frauen gering zu achten, sie auf unterschiedliche Weise zu verletzen, gehört zum Lebensalltag der Jungen und wird von einigen sogar als erstrebenswerte >>Lebensphilosophie<< bezeichnet."*

(Köttig, in: Bitzan 1997, S. 149).

Anhand der Aussagen eines Mädchens aus der Skinhead-Szene kann man erkennen, daß die Jungen und jungen Männer sich nicht für die weiblichen Mitglieder interessieren - außer zu sexuellen Zwecken (vgl. ebenda, S. 162). Vergewaltigungen werden als selbstverständlich von den Männern und Jungen angesehen, da die Frau „(...) *als Sexualobjekt für potentiell alle Cliquenmitglieder betrachtet"* wird (Möller, in: Engel u.a. 1995, S. 74). Frauen sind somit zum „Spaßhaben" da, und sie haben sich unterzuordnen (vgl. Internet 3). Diese Forderung nach Unterordnung ist, so Bitzan, vor allem in Skinhead-Gruppen ausgeprägt (vgl. Bitzan 2000, S. 175).

Daß Frauen aber auch außerhalb der Skinhead-Szene und Jugendcliquen als „Freiwild" angesehen werden, zeigen sexistische Darstellungen in diversen Zeitungen, so beispielsweise in der *Nationalzeitung* der *Deutschen Volksunion* (DVU, s. Anhang I u. vgl. Sturhan, in: Bitzan 1997, S. 109). Frauengruppen wie die *Deutsche Frauenfront* (s. 4.4.1) wehrten sich gegen solche Darstellungen, wodurch sie als Bedrohung von den Männern empfunden wurden. „*Darauf lassen bevormundende Zurechtweisungen genauso schließen wie sexistische Kommentare oder die Anschuldigung, die Frauen seien >>Emanzen<<."* (Fichte, in: Bitzan 1997, S. 145). Daran läßt sich erkennen, daß sich rechte Männer angegriffen fühlen, sobald Frauen vom Bild der rechten Ideologie abweichen. Dies taten einige Frauen mit der Forderung, an gewalttätigen Aktionen teilnehmen zu wollen (s. 4.4.1). Dies wird als „unnormal" angesehen, wahrscheinlich weil die männliche Beschützerrolle dadurch verloren geht (Niebergall, in: Engel u.a. 1995, S. 95 u. Lutzebaeck u.a., in: Engel u.a. 1995, S. 113).

Frauen sind somit weder aus der Sicht der Ideologie noch aus der Sicht der Männer gleichberechtigt. Ihnen werden bestimmte Aufgaben zugeteilt, denen sie sich zu widmen haben und die sie erfüllen sollen. Weiterhin spielt Sexismus im rechten Spektrum eine große Rolle und schränkt die Frauen dahingehend ein, daß sie sich gegen Vorurteile in den eigenen Reihen wehren müssen.

3.4 Vergleich des heutigen rechten Frauenbildes mit dem nationalsozialistischen Frauenbild

An dieser Stelle soll anhand der Darstellung des nationalsozialistischen Frauenbildes geprüft werden, ob sich das Bild der „deutschen Frau" mit der Zeit geändert
hat, welche Unterschiede es zum heutigen Bild gibt und welche Gemeinsamkeiten
bestehen.

Das nationalsozialistische Frauenbild: Mutterschaft und Unterordnung
Die nationalsozialistische Gesellschaft war patriarchalisch aufgebaut. Aus diesem
Grund wurden Frauen so erzogen, daß sie nicht über Handlungen der Männer nach-
dachten, keine Fragen stellten und das Patriarchat nicht in Gefahr brachten (vgl.
Rohr 1992, S. 9). Die Unterordnung unter den Mann hatte somit Priorität (vgl. Kock
1994, S. 53). Allenfalls als Kameradin, die den Mann unterstützt, wurde die Frau
akzeptiert (vgl. Bitzan 2000, S. 116). Goebbels (s. Anhang I) formulierte dies folgendermaßen: „*Der Mann ist der Organisator des Lebens, die Frau seine Hilfe und sein Aus-
führungsorgan.*" (Sigmund 1998, S. 11). Frauen waren Männern durch die NS-Ideologie
somit nicht gleichgestellt, durften nicht denken, sondern nur auf Befehl des Mannes
handeln, was durch die Ideologie der „*natürlichen Ungleichheit*" der Geschlechter
untermauert wurde (vgl. Hübner-Funk, S. 273). Ein Zitat von Rosenberg (s. Anhang
I) macht diese Haltung deutlich: „*Über eines muß jedoch Klarheit bestehen: Richter, Soldat
und Staatslenker muß der Mann sein und bleiben.*" (Sigmund, S. 9).

Die Leitbilder zur weiblichen Erziehung, so Rohr, waren vielmehr folgende: schon
Mädchen sollten zum Bravsein, zum Durchhalten, zum unbedingten Gehorsam und
zur Verpflichtung zum Opfer und zu freudigem Verzicht erzogen werden (vgl. S. 36-
38). Vor allem aber wurde die Mutterschaft im Nationalsozialismus als weibliche Aufgabe propagiert, zu der jedes Mädchen erzogen werden sollte (vgl. Gamm 1984, S.
298/ 299). Damit war es Aufgabe der Frau, auf die „*Reinheit des deutschen Blutes*" zu
achten und „*(...) den Fortbestand der `wertvollen und starken Blutbestandteile des deutschen
Volkskörpers` zu sichern*" (ebenda, S. 299 u. Rosenthal 1986, S. 55).

Um dies zu gewährleisten, waren kinderreiche Ehen vonnöten (vgl. ebenda, S.
123). Die Frau als Mutter war somit „*(...) die Hüterin der Rasse, häuslicher Tugend und
Sitte*" (Sigmund 1998, S. 12). Vor allem die Erziehung der Kinder wurde ihr ange-
tragen, wodurch sie die nationalsozialistische Weltanschauung weitergeben sollte
(vgl. Kock 1994, S. 60). Wie wichtig die Mutterschaft und der „Volkserhalt" für die
Nationalsozialisten war, zeigt die Planung und Errichtung der schon erwähnten
Lebensbornheime (s. Anhang I). Die Berufstätigkeit hingegen sollte hintangestellt
werden (vgl. Rosenthal 1986, S. 123). Die Ableistung sozialer Dienste war für Mädchen, dies stellt Keim fest, erlaubt, allerdings mußten sie unentgeltlich geleistet werden (vgl. Keim 1997, Band 2, S. 65).

Es läßt sich feststellen, daß Frauen erzogen werden sollten, die auf die Vermehrung des deutschen Volkes achteten und sich dafür aufopferten (vgl. ebenda, S. 65).
Dies war der weibliche „*Dienst für Volk und Vaterland*" (Rosenthal 1986, S. 123).

Vergleich der beiden ideologischen Bilder

Zu erkennen ist, daß das ideologische Frauenbild des heutigen Rechtsextremismus viele Parallelen zum nationalsozialistischen Bild aufweist. In beiden Ideologien gibt es Hierarchien, in die die Menschen eingeordnet werden. Die Frau steht in der Hierarchie beider Ideologien unterhalb des Mannes. Vor allem aber die Wichtigkeit der Mutterschaft wird im Hinblick auf Frauen in beiden Ideologien betont. Durch dieses Beharren auf die Mutterschaft kommt es in beiden Ideologien zu einer Einschränkung der Berufstätigkeit von Frauen, welche somit nicht gerne gesehen wird. Weiterhin ist es Aufgabe der Frauen, den Inhalt der jeweiligen Ideologie durch Erziehung von Kindern weiterzugeben.

Es ist festzustellen, daß in bezug auf Frauen sich die Ideologien nicht wesentlich unterscheiden, wodurch davon ausgegangen werden kann, daß die NS-Ideologie in diesem Punkt von heutigen Rechtsextremisten übernommen wurde.

Zur Relevanz des nationalsozialistischen Frauenbildes in heutiger Zeit

Die *Deutsche Frauenfront* (s. 4.4.1), wie auch die *FAP-Frauenschaft* (s. Anhang I), propagierten das nationalsozialistische Frauenbild. So sah sich die *Deutsche Frauenfront* in der Tradition des *Bundes Deutscher Mädel* (BDM, s. Anhang I) und verherrlichte das damalige Bild, indem sie die Mädchen des BDM als Kämpferinnen und zukünftige Mütter heroisierte (vgl. Bitzan 2000, S. 116). Aber auch die *NS-Frauenschaft* (s. Anhang I) wurde als Vorbild verwendet (vgl. ebenda, S. 225).

Hieran ist erkennbar, daß der Nationalsozialismus auch heute noch Einfluß auf die rechte Szene hat.

3.5 Das rechte Frauenbild in der Forschung und in den Medien

Das Bild der Frau aus der ideologischen Sicht wurde nun eingehend behandelt. Wie aber sieht es mit dem Bild der rechten Frau in der Forschung und in den Medien aus, welches den Eindruck über rechte Frauen in der Öffentlichkeit prägt?

In der Forschung: einseitige Darstellungen

In der Forschung werden rechte Frauen häufig gemäß des Bildes der Ideologie dargestellt, ohne auf andere Facetten einzugehen. Es wird meist davon ausgegangen, *„(...) daß der aktuelle Rechtsextremismus sich durch ein homogenes biologistisches und traditionalistisches Frauenbild auszeichne"* (Bitzan 2000, S. 11). Veränderungen werden somit nicht wahrgenommen, und es ist anzunehmen, daß Interviews mit rechten Frauen in diesen Fällen nicht einbezogen werden. Bitzan stellt weiterhin fest, daß in vielen wissenschaftlichen Arbeiten rechte Frauen als *„Heimchen am Herd"*, als unterwürfig und als mit der Rollenverteilung der rechten Ideologie einverstanden beschrieben werden (vgl. ebenda, S. 9).

Büchner nimmt weiterhin an, daß man durch die Nichtdarstellung der Rolle von Frauen in rechten Gruppen versucht, die Frauen vom Vorwurf freizusprechen, aktiv am Rechtsextremismus teilzuhaben (vgl. Büchner, in: Das Argument 1994, S. 59). Die unterschiedlichen Facetten der Lebenskonzepte werden in dieser Arbeit unter dem Punkt „Selbstbilder" behandelt, wobei gezeigt wird, daß die Realität von dem Bild der Ideologie durchaus abweicht (s. 3.6).

In den Medien: Aufzeigen von extremen Bildern

Oftmals ist in den Medien zu beobachten, daß extreme Bilder dargestellt werden. So lassen sich in einigen Zeitschriften Artikel finden, die die rechte Frau als *„dienerische Hausfrau"* darstellen, während andere das der *„zum Horrorbild stilisierte Fascho-Schlägerin"* zeichnen, die als eiskalt, unmenschlich und überaus brutal dargestellt wird (Bitzan 2000, S. 60 u. vgl. Huth, in: Bitzan 1997, S. 218). Letzteres Bild, so Meyer, wird vor allem auf weibliche Gewalt gegen Ausländer bezogen (vgl. Meyer, in: Otto u.a. 1993, S. 211).

Eine weitere Darstellungsweise zeigt die Frauen als Opfer der Männer, als Mittäterinnen, die nicht aus eigenem Antrieb und politischer Einstellung heraus handeln (vgl. Huth, in: Bitzan 1997, S. 218/219). Sie werden zu Mitläuferinnen gemacht, was sie aber größtenteils nicht sind, wie im folgenden Kapitel gezeigt wird. Nur selten lassen sich Berichte finden, die versuchen, die verschiedenen Facetten aufzuzeigen und die Differenzen der in unterschiedlichen Gruppen zu findenden Frauen herauszuarbeiten und darzustellen, daß rechte Frauen nicht unbedingt dem Bild der Ideologie entsprechen (vgl. Bitzan 2000, S. 60 u. Jungk, in: Engel u.a. 1995, S. 238/239 u. Huth, in: Bitzan 1997, S. 222).

In der Sendung „Panorama", die in der ARD läuft, wurden im Sommer zwei Berichte zum Thema Rechtsextremismus ausgestrahlt. In der ersten Sendung (13.07.2000, 21.15-22.00Uhr) wurden Mädchen aus der *Skinhead-Szene* (s. Anhang I) interviewt, die sich begeistert zur Gewalt gegen Ausländer äußerten. So sagten sie, daß sie bei gewalttätigen Auseinandersetzungen dabei waren und kommentierten dies mit folgenden Worten: „Ja, das war geil!". Des weiteren vertreten sie die Auffassung, daß es den Geprügelten selbst zuzuschreiben sei, wenn dies mit ihnen passiere, sie bräuchten nicht hier zu sein, und wenn sie sich abschieben lassen würden, dann bräuchte man sie nicht zu schlagen oder umzubringen. In der zweiten Sendung (24.08. 2000, 21.00-21.45 Uhr) wurden Funktionäre der rechten Szene vorgestellt, darunter auch eine Frau. Somit scheinen rechte Frauen mittlerweile in das Bewußtsein der Öffentlichkeit zu dringen. Kurz und knapp vorgestellt wurde Ursula Müller, die schon seit Jahren ihr Grundstück der *NPD* (s. Anhang I) für interne Veranstaltungen zur Verfügung stellt und sich um Rechtsextremisten im Gefängnis kümmert, damit keiner von ihnen die „Gesinnung" verliert (s. 4.5.2).

Die einseitigen Darstellungen zeigen Extreme auf. Die Bilder, die die Forschung entwirft, wirken oftmals wie ein Versuch des Alibis. Selbstbilder gehen in der Forschung kaum in die Betrachtungen mit ein, in den Medien dafür um so mehr. Hier werden rechte Mädchen vor allem als „gewaltgeil" dargestellt, was publikumswirksam ist, das Bild rechter Frauen aber verzerrt.

3.6 Selbstbilder rechter Frauen im Widerspruch oder im Einklang mit dem rechten Frauenbild

Der Begriff „Selbstbilder" wurde in diesem Zusammenhang gewählt, um zu verdeutlichen, daß es ein Bild aus verschiedenen Facetten gibt, das von rechten Frauen gelebt wird und mitunter deutliche Unterschiede zum ideologischen Frauenbild aufweist.

Insgesamt sind die Selbstbilder rechter Frauen sehr unterschiedlich. Sie variieren von Gruppe zu Gruppe und auch oft von Frau zu Frau. *„Innerhalb des rechtsextremen Spektrums herrscht kein homogenes Frauenbild."* (Bitzan 2000, S. 292).

Wie sehen die Selbstbilder nun aus? Um dies zu beantworten, sollen verschiedene Punkte herausgearbeitet werden.

Einstellungen zum Beruf und Forderung nach Selbstbestimmung

Die Selbstbilder orientieren sich zum größten Teil nicht am ideologischen Frauenbild, welches Berufstätigkeit weitestgehend ausschließt. Dies macht ein Zitat deutlich:

„Wir haben in dem Sinne kein Frauenbild. Jede Frau kann bei uns machen, was sie will. Wie gesagt, bei uns sind die meisten berufstätig, und ich studiere, und ich möchte auch nicht, wenn ich mit meinem Studium fertig bin, dann die Hausfrau spielen, die zu Hause am Herd steht und den ganzen Tag kocht. Jede Frau soll ihr Leben so bestimmen, wie sie es möchte. Ich weiß auch noch nicht, ob ich unbedingt Kinder haben möchte oder nicht."

(Bitzan 2000, S. 9).

Dieses Zitat sagt das Gegenteil von dem aus, was bisher über das ideologische Frauenbild gesagt wurde. Die Berufstätigkeit ist hier im Vordergrund, und Kinder stehen nicht unbedingt im Mittelpunkt des Interesses. Dies läuft der Ideologie zuwider. Das ideologische Bild ist somit nicht mehr zeitgemäß und nicht „überlebensfähig". Es wird von den Frauen nach ihren Vorstellungen verändert, indem sie Forderungen stellen und ihre eigenen Lebenskonzepte entwerfen (vgl. Knapp, in: Welzer 1993, S. 229 u. Fromm 1994, S. 184). Renz beschreibt diesen Sachverhalt folgendermaßen:

„Einige Frauen sind nicht länger bereit, sich dem propagierten Weiblichkeitsmythos ohne weiteres unterzuordnen. Zunehmend werden unter ihnen Forderungen nach Gleichberechtigung in der Partnerschaft, Jobsharing und Beteiligung am politischen Kampf laut."

(Renz, in: Wlecklik 1995, S. 56).

Diese Forderungen rechter Frauen stehen, wie schon der Wunsch nach Berufstätigkeit, im Widerspruch zur Ideologie. Viele Frauen fordern das Recht, selbst entscheiden zu können, wie sie ihr Leben gestalten und wehren sich gegen den Vorwurf, berufstätige Frauen seien keine „richtigen Frauen" (vgl. Bitzan 2000, S. 126). Der Wunsch nach Selbstbestimmung wird von ihnen betont (vgl. ebenda, S. 241). Hunke (s. Kap. 3.2.2 u. 4.5.1) bemerkt in diesem Zusammenhang, daß sich nicht jede Frau in die Rolle der Mutter hineindenken und sich in ihr wohl fühlen kann, und es somit zulässig sein sollte, daß sie sich in einer anderen Weise für die „Volksgemeinschaft" engagiert (vgl. Fantifa Marburg, in: Mecklenburg 1996, S. 745).

Forderungen nach Teilhabe an der Politik

Die Annahme Uschi Gerholds - sie schreibt für die Zeitschrift *Deutsche Stimme* der *NPD* (s. Anhang I) -, daß Frauen aufgrund ihrer Eigenschaften wie Kompromißfähigkeit besser für die Politik geeignet seien (vgl. Bitzan 2000, S. 119), zeigt den Gegensatz des ideologischen Bildes zum Selbstverständnis der Frauen.

Die Möglichkeit politischer Mitarbeit für Frauen wird vom *Republikanischen Bund der Frauen* (RBF, s. 4.4.2) gefordert:

„Zielsetzung des RBF ist es, >>das politische Selbstbewußtsein der Frauen zu stärken, sie zur Mitarbeit und Übernahme von Verantwortung auf sämtlichen Gebieten der Politik zu ermutigen. Wir sind der Überzeugung, daß Frauen in gleichem Maße wie die Männer die Möglichkeit geschaffen werden muß, sich aktiv an der gesamten politischen Willensbildung, nicht nur bei Themen der Frauen- und Familienpolitik, zu beteiligen und eigene Vorstellungen und Lebenserfahrungen einzubringen.<< (Grammatik im Original, d. Verf.)."

(Sturhan, in: Bitzan 1997, S. 122/123).

Diese Forderung widerspricht der Ideologie dahingehend, daß sie Frauen in die Öffentlichkeit bringen will, was sich von der ideologischen Annahme, die Frau gehöre ins Haus, abhebt. Allerdings werden diese Forderungen nicht von allem Frauen vertreten (s. 5.3.2).

Einstellungen zur Geschlechterhierarchie und Arbeitsteilung

Die Unterordnung unter den Mann wird innerhalb der Frauengruppen nicht häufig gefordert (vgl. Bitzan 2000, S. 130). Im Gegenteil läßt sich des öfteren die Forderung an die Männer finden, sich im Haushalt und an der Kindererziehung zu beteiligen, um den Frauen mehr Freiraum für Beruf und Politik zu geben (vgl. ebenda, S. 139 u. Bitzan, in: Bitzan 1997, S. 14/15). Diese Forderung basiert auf der Vorstellung der germanischen Gemeinschaft (s. 3.2.2), in der sich Frauen und Männer die Aufgabe der Erziehung geteilt haben sollen, und wird auf dem Hintergrund, Kinder durch die Anwesenheit der Väter strenger erziehen zu können, gestellt (vgl. Jung, in: Bitzan 1997, S. 31 u. Bitzan 2000, S. 139). Das Bild der Germanen spielt beispielsweise bei den *Thule-Organisationen* (s. Anhang I) eine große Rolle. Die Frauen dieser Gruppen fordern von den Männern, die Frauen gleichberechtigt zu behandeln und sie in die Gemeinschaft aufzunehmen, um eine starke, sich gegen alles andere abgrenzende Gemeinschaft zu formieren (vgl. Bitzan 2000, S. 111). Dies könne nur geschehen, wenn die ursprünglichen Verhältnisse, das Miteinander und nicht Gegeneinander der Geschlechter, wiederhergestellt seien und Frauen und Männer ihre sich ergänzenden Rollen wieder wahrnähmen (vgl. Fantifa Marburg, in: Mecklenburg 1996, S. 746). Diese „Gleichwertigkeit", die u.a. von der *Deutschen Frauenfront* gefordert wurde, müsse von den Männern anerkannt und von den Frauen bewiesen werden (vgl. Sturhan, in: Bitzan 1997, S. 108).

Die Stellung der Frau in der Gemeinschaft ist allerdings nicht als Hauptziel rechter Frauen anzusehen, sondern die völkische Sache, für deren Erreichen sie sich unterordnen:

„Denken und Verhalten der Männer werden dabei nicht in Frage gestellt (Wir arbeiten mit unseren Männern und nicht gegen sie). (...) Die zugewiesene Position der schwächeren,

unterlegenen Frau wird von den meisten angenommen und auch nach außen vertreten." (Internet 3).

Festzuhalten ist, daß demnach Frauen in bezug auf Männer gleichberechtigt sein wollen, sich der „Sache" aber dennoch unterordnen.

Gewaltbereitschaft und Tatbeteiligung

Ein weiterer Punkt, der nicht in das ideologische Bild paßt, ist die Gewaltbereitschaft von Frauen vor allem in der Skinhead -Szene (s. Anhang I u. vgl. Bitzan 2000, S. 125 u. Siller, in: Engel u.a. 1995, S. 59). Auch in der *Deutschen Frauenfront* (s. 4.4.1) und in der *FAP-Frauenschaft* (s. Anhang I) wurde das Bild der Kämpferin propagiert, aber dahingehend eingeschränkt, daß „naturgemäß" der häusliche Bereich das Refugium der Frauen sei (vgl. Bitzan 2000, S. 129).

Der „Straßenkampf" ist vielen rechten Frauen wichtig, sie wollen ebenfalls für „ihre" Sache auf die Straße gehen und sich dies nicht von den Männern verbieten lassen (vgl. ebenda, S. 233). Sie legen Wert darauf, als *„Kampfgefährtinnen"* ernst genommen zu werden (vgl. Fichte, in: Bitzan 1997, S. 145). Sie kopieren damit den „Männlichkeitskult", der Stärke und Gewaltbereitschaft bzw. Gewalttätigkeit beinhaltet, weil sie den Weiblichkeitsstereotypen (s. S. 10) entkommen wollen, welche vor allem bei den weiblichen Skinheads abgelehnt werden (vgl. Möller, in: Engel u.a. 1995, S. 76). Gewaltanwendung hingegen wird von rechten Frauen als Überlegenheit angesehen und gerechtfertigt (vgl. Niebergall, in: Engel u.a. 1995, S. 93). Rechte Männer hingegen sehen es nicht gerne, wenn Frauen sich an gewalttätigen Auseinandersetzungen beteiligen (s. 3.3 u. vgl. Bitzan 2000, S. 235/236). Dies wiederum wird von einigen Frauen, die dies selbst bestimmen wollen, als *„Dummgebabbel"* angesehen (ebenda, S. 248).

Es ist aber auch zu beobachten, so Guggenbühl, daß bei Gewalttaten Mädchen und Frauen im Hintergrund stehen, die Täter bewundern, sie anstacheln und als Animateurinnen fungieren, aber nicht selbst gewalttätig in Erscheinung treten (Guggenbühl 1995, S. 83/84). Aussagen von Mädchen lassen darauf schließen, daß sie diese Gewaltanwendung genießen (vgl. 3.5).

Meist verbietet die Rollenzuweisung innerhalb der Gruppen Frauen und Mädchen die Teilnahme an Gewalttaten (vgl. Möller, in: Engel u.a. 1995, S. 74). Zu beobachten ist weiterhin, daß manche versuchen, die Täter von der Gewalt abzuhalten (vgl. Lutzebaeck u.a., in: Engel u.a. 1995, S. 114). Gewalttätigkeit ist somit kein Merkmal aller rechter Frauen. Viele rechte Frauen fallen eher durch Verbreitung von Propagandamaterial oder durch Sachbeschädigung auf (vgl. Huth, in: Bitzan 1997, S. 216 u. Bitzan 2000, S. 25).

Festzuhalten ist, daß die Forderung mancher Frauen, an gewalttätigen Aktionen teilzunehmen, dem Bild der Ideologie widerspricht, welches Frauen als Gefühlswesen darstellt (vgl. 3.2). Eine Frage, die offen bleiben muß, ist, ob rechte Frauen an Morden mit rechtsextremem Hintergrund aktiv oder als Zuschauerinnen beteiligt sind. Darüber gibt die Literatur keine Auskunft.

Die Familie als Aufgabe

Für manche rechte Frauen hingegen ist die Familie der Mittelpunkt,. Sie halten es für ihre Pflicht, „gute Deutsche" zu erziehen und widersetzen sich dem ideologischen Bild nicht (vgl. Bitzan 2000, S. 61). Sie stützen sich *„(...) auf ihre >>natürliche<< Rolle als Hausfrau und Mutter (..), damit das deutsche Volk nicht aussterbe. In der Übernahme ihrer weiblichen Rolle halten sie sich durchaus für gleichberechtigt."* (Heiliger, in: Wlecklik 1995, S. 116). Die Familie und das Zurückstellen eigener Interessen nehmen hier einen hohen Stellenwert ein (vgl. Bitzan 2000, S. 118). Dies ist vor allem bei älteren Frauen zu beobachten, die zum Teil noch im Dritten Reich aufwuchsen (vgl. ebenda, S. 226-228). Birsl stellt hierzu weiterhin fest, daß das Aufgreifen dieser Gedanken, im Unterschied zum Alter, nichts mit der Schichtzugehörigkeit zu tun hat (vgl. Birsl, in: Aus Politik und Zeitgeschichte 1992, S. 27).

In einigen Zeitschriften, wie dem *Mädelbrief*, der Zeitschrift der *FAP-Frauenschaft* (s. Anhang I), wird die *„Wichtigkeit des Familienlebens"* propagiert (Bitzan 2000, S. 114). Die Mädchen und Frauen sollen somit dahingehend beeinflußt werden, *„Hüterin des Volkstums"* zu sein und sich ihren *„wesensmäßigen Lebensaufgaben"* zu widmen (ebenda, S. 115 / 116).

Diese Einstellungen entsprechen somit der Ideologie (s. 3.1).

Zusammenfassende Bemerkungen zur Heterogenität der Selbstbilder

Die Heterogenität der Selbstbilder wurde eingangs dieses Unterkapitels angesprochen. Um diesen Sachverhalt zusammenfassend zu verdeutlichen, wurden folgende Zitate ausgewählt:

„Keine der fünf Frauen war eine Mitläuferin, keine war dem in der Linken verbreiteten Vorurteil entsprechend dumm und naiv (...)."
(Fantifa Marburg, in: Mecklenburg 1996, S. 748).

„Die unterschiedlichen propagierten Frauenbilder stehen in der Regel ebenso unverbunden nebeneinander wie die realen Lebensmodelle und innerorganisatorischen Verhaltensweisen der Frauen im rechten Lager. Die Vielfalt wird praktiziert und erntet bis auf Ausnahmen keinen Widerspruch."
(Bitzan, in: Bitzan 1997, S. 244).

„ "Die" rechte Frau existiert nicht, es gibt viele rechte Frauen, die entweder verdeckt oder öffentlich sichtbar ihre rechte Ideologie leben: in jedem Alter, mit verschiedenen Lebensformen, unterschiedlichem Äußeren, mit unterschiedlichen Meinungen zu bestimmten Themen eben vielfältig und teilweise auch nicht gleich als rechte Frau identifizierbar."
(Internet 3).

Ein einheitliches Selbstbild gibt es, wie man sehen kann, nicht. Es herrscht kein Konsens innerhalb der einzelnen Gruppen. Auffällig ist aber die häufige Forderung nach Berufstätigkeit, was im Kontrast zum ideologischen Frauenbild steht. Dieses ist aber, wie gesehen, noch nicht gänzlich „aus der Mode" gekommen und spielt an einigen Stellen in die Selbstbilder hinein. In welcher Weise Selbstbilder und ideologisches Frauenbild als Anziehungskraft wirken, wird in Kapitel 5 behandelt.

3.7 Zusammenfassung

Die rechte Ideologie reduziert Frauen aufgrund ihrer Reproduktionsfähigkeit auf „Naturwesen", weist ihnen den Platz innerhalb des Hauses zu und macht sie für die Erziehung der Kinder und den „Volkserhalt" verantwortlich. Als „Gefühlswesen" könne dies nur ihre „Bestimmung" sein. Der Beruf sei somit nicht als Lebensinhalt einer Frau zu sehen. Vor der Mutterschaft und nach dem Auszug der Kinder aus dem Elternhaus sei allerdings nichts dagegen einzuwenden. Das neue rechte Frauenbild deckt sich in diesem Punkt, der Mutterschaft als weibliche Lebensaufgabe, mit dem nationalsozialistischen Bild der Frau. Wie gesehen werden nicht alle Frauen in das ideologische Bild einbezogen, sondern nur weiße, gesunde Frauen, die nicht jüdischen Glaubens sind. Daß das ideologische Bild in der Praxis eine Rolle spielt, zeigen das Programm der *Republikaner* und die Aussagen von Sigrid Hunke.

Auch rechte Männer sehen die Mutterschaft als Lebensaufgabe der Frau an. Die Hierarchisierung der Geschlechter tritt vor allem in den Skinhead-Gruppen in Form von Sexismus zu Tage.

Das rechte Männerbild, das durch Dominanz, Macht und Verantwortung gegenüber der Familie gekennzeichnet ist, bildet das Gegenstück zum Frauenbild. Der Mann wird als „Kulturwesen" gesehen, wodurch ihm der Platz in der Öffentlichkeit zugeteilt wird.

Das Menschenbild verdeutlicht, daß nicht das Individuum im Mittelpunkt steht, sondern die „Volksgemeinschaft", der das Individuum dienen soll. Weiterhin ordnet die Ideologie Menschen in Kategorien und Hierarchien ein.

Die Aussagen zu den Selbstbildern rechter Frauen zeigen, wie unterschiedlich diese sind und wie sehr sie sich vom ideologischen Bild abheben können. Indem Berufstätigkeit von vielen Frauen in den Mittelpunkt gerückt wird, sie Teilhabe an der Politik fordern und Gewaltbereitschaft signalisieren, widersprechen sie der Vorstellung der „natürlichen Arbeitsteilung" und somit der rechten Ideologie. Bei den Selbstbildern gibt es somit viele verschiedene Aspekte, die zeigen, daß die Einstellungen in rechten Gruppen in diesem Punkt nicht homogen sind.

Durch die einseitige Darstellung rechter Frauen in den Medien und in der Forschung werden die verschiedenen Selbstbilder nicht gezeigt. Rechte Frauen lassen sich allerdings weder als nur gewalttätig noch als „Heimchen am Herd" bezeichnen.

Aspekte des ideologischen Bildes und der Selbstbilder finden sich in rechten Frauengruppen wieder, wie sich im folgenden Kapitel zeigen wird.

4 Rechte Gruppierungen und Parteien

In diesem Kapitel sollen die Aktivitäten der Frauen im rechten Spektrum anhand ihrer Funktionen innerhalb rechter Organisationen vorgestellt werden. Um weibliche Aktivität weiterhin zu verdeutlichen, werden rechte Frauengruppen und einzelne Frauen vorgestellt. Begonnen werden soll mit Erläuterungen zu Mitgliederzahlen rechter Gruppierungen.

4.1 Allgemeine Bemerkungen zu den Mitgliederzahlen

Die Gesamtzahl rechter, organisierter Personen läßt sich nicht genau festlegen. Oft gibt es Mehrfachmitgliedschaften, wie sich an den Beispielen Michael Kühnen und Christian Worch zeigt (beide s. Anhang I), oder auch am Beispiel Ursula Worchs, die unter Punkt 4.5.3 vorgestellt wird. Insgesamt ist jedoch von einem Anstieg auszugehen.

Zur Gesamtzahl der in rechten Gruppen organisierten Personen wird geschätzt, *„(...) daß 45000 Mitglieder in 75 rechtsextremen Gruppen und Parteien aktiv sind. Im engeren Sinne neonazistische Gruppierungen (...) umfassen etwa 2500 Mitglieder. Allerdings ist inzwischen ein so feinmaschiges und flächendeckendes Netz von Kameradschaften entstanden, daß die bloße Zahl der organisierten Rechtsradikalen nichts über die wahre Anhängerschaft aussagt.“* (Bründel/Hurrelmann u.a. 1997, S. 265). In Zeitungsberichten wird von 9000 Skinheads und 2200 Neonazis ausgegangen (vgl. Zeitung 8). Die Anzahl der Skinheads kann allerdings aufgrund fehlender Strukturen in dieser Szene nicht genau bestimmt werden (s. Anhang I). Die Gesamtzahl der rechtsextremen Frauen und Männer wird von anderer Stelle auf rund 47.000 Personen im Jahr 1997 geschätzt (Internet 14). Der Verfassungsschutz (s. Anhang I) geht für das Jahr 1999 von 134 rechtsextremen Organisationen aus und beziffert die Anzahl der Mitglieder auf 51.400 (Internet 16). Allerdings wird hier nicht geschlechtsspezifisch differenziert.

4.2 Zum Frauenanteil innerhalb der Gruppen und bei Tatbeteiligungen

Der Anteil von Frauen und Mädchen beträgt nur wenige Prozent innerhalb der Gruppen. Genaue Zahlen gibt es jedoch nicht. So variieren sie in den einzelnen Untersuchungen. Allgemein, so Fromm, scheint die Tendenz allerdings zu steigen: *„Rechtsextreme Organisationen werden zwar immer noch von Männern dominiert, doch der Frauenanteil liegt inzwischen bei einem Viertel bis einem Drittel der Mitglieder, und die Tendenz ist steigend."* (S. 185).

Eine Angabe, die für Anfang der 90er Jahre gemacht wird, liegt bei 4,5 Prozent Frauen in insgesamt 82 rechten Organisationen mit 41.900 Mitgliedern (vgl. Pommerenke, in: Becker u.a. 1994, S. 92). Andere Schätzungen wiederum gehen von einem Anteil von 20 Prozent in der Neonazi-Szene aus (vgl. Sturhan, in: Bitzan 1997, S. 111). Hierbei sind allerdings Frauen aus der Skinhead-Szene ausgeblendet.

Anhand weiterer Zahlen ist erkennbar, daß sich schon innerhalb weniger Jahre ein Anstieg des Frauenanteils abzeichnete. So wurde der Anteil schon 1993 auf zirka ein Drittel geschätzt (vgl. Internet 3). Doch diese Zahlen zeigen nicht, innerhalb welcher Gruppen die Zahl der Mädchen und Frauen ansteigt. So läßt sich nicht mit Sicherheit sagen, ob auch die Zahl der Mädchen und Frauen innerhalb der Skinhead-Gruppen ansteigt (vgl. Birsl, in: Falter u.a. 1996, S. 52).

Für die *Republikaner* (s. Anhang I) allerdings liegen genaue Zahlen vor. Bei dieser Partei waren 1993 *„17,8 Prozent aller Bundespräsidiumsposten mit Frauen besetzt"*, 1995 waren es 23,3 Prozent (ebenda, S. 120).

Wie hoch der Frauenanteil in rechten Gruppen ist, scheint allerdings vom Faktor der Ausrichtung abzuhängen. Ottens stellt fest, daß Untersuchungen zeigen, daß der Anteil der Frauen sich nach der Ausrichtung der Gruppe richtet. In weniger extremen Gruppen wurde ein Frauenanteil von 19 Prozent beobachtet, in extremeren Gruppen „nur" ein Anteil von 7 Prozent (vgl. Ottens, in: Bitzan 1997, S. 168).

Der Anteil von Frauen bei der Teilnahme an Aktionen rechter Gruppen beträgt etwa 10 Prozent (vgl. Siller, in: deutsche jugend 1991, S. 34). Die Teilnahme an Gewalttaten wird mit etwa drei Prozent beziffert, wobei der Anteil der weiblichen Tatverdächtigen laut Polizeistatistik bei 4,8 Prozent liegt (vgl. (vgl. Siller, in: Engel u.a. 1995, S,47 u. Köttig, in: Bitzan 1997, S. 151).

In einer anderen Statistik für das Jahr 1993 wird die Zahl der weiblichen Tatverdächtigen bundesweit mit 6,1 Prozent angegeben, was eine Anzahl von 182 Frauen ausmacht und somit ungefähr der Beteiligung von Frauen an der allgemeinen Kriminalität entspricht (vgl. Kubink 1997, S. 121). Eine geringe Verurteilung von Frauen durch ein Gericht scheint die geringe Teilnahme zu verdeutlichen. So wurden zwischen 1977 und 1990 nur zwei Frauen verurteilt (vgl. Sturhan, in: Bitzan 1997, S. 111). Ob es sich nun allerdings so verhält, daß rechte Frauen weniger Straftaten begehen, oder ob sie nicht auffällig werden, wäre nachzuprüfen.

Der genaue Anteil ist somit nicht erfaßt und variiert von Gruppe zu Gruppe, kann aber anhand der Zahlen auf 20 bis 30 Prozent geschätzt werden.

4.3 Funktionen der Frauen in rechten Gruppen

Frauen nehmen im rechten Spektrum eine Vielzahl von Funktionen ein, die im Folgenden beschrieben werden sollen. Die Funktionen zeigen das Engagement und die Eingebundenheit rechter Frauen in der Szene und verdeutlichen, daß Frauen nicht „immun" gegen Rechtsextremismus sind, sondern aktiv mitwirken.

Frauen als Kontaktpersonen und Lehrende

Frauen sind vor allem im Organisationsbereich tätig und erledigen zahlreiche Aufgaben. Sie „(...) *rekrutieren Nachwuchs für die faschistische Szene, verteilen Flugblätter, organisieren Treffen(...)"*, knüpfen Kontakte, mieten Räumlichkeiten für Treffen, melden Aufmärsche an oder stellen Konten und Postfachadressen zur Verfügung (Fantifa Marburg, in: Mecklenburg 1996, S. 743 u. vgl. Dettling u.a., in: Wlecklik 1995, S. 34 u. Internet 6). Sie fungieren des weiteren als Kurierinnen und Chauffeurinnen oder bespitzeln die linke Szene (Internet 6). Auch als Anwältinnen sind sie tätig und verteidigen straffällig gewordene rechte Personen (vgl. ebenda).

Die meisten rechten Frauen sind „*geschulte Strateginnen"* und Theoretikerinnen, die von der Ideologie überzeugt sind, diese verteidigen und verbreiten (Schmitz, in: Engel u.a. 1995, S. 253 u. vgl. Renz, in: Wlecklik 1995, S. 113). So arbeiten sie beispielsweise in Schulungszentren und bilden Mitglieder verschiedener Gruppen aus (Internet 6).

Sie sind somit als aktiver Teil des rechten Spektrums und nicht nur als Mitläuferinnen anzusehen (vgl. Schmitz, in: Engel u.a. 1995, S. 263).

Frauen in rechten Verlagen und als Autorinnen

Ein anderer Bereich, in dem Frauen tätig sind, sind Verlage, die rechte Schriftstücke publizieren. Hier sind sie beispielsweise Mitarbeiterinnen und schreiben für Verlage oder für Zeitschriften wie *Europa vorn* oder *Elemente* (beides s. Anhang I u. vgl. Mecklenburg 1996, S. 398 u. 406-410). Allerdings sind diese Verlage und auch die Zeitschriften meist in Männerhand, und es handelt sich nur um eine geringe Anzahl von Frauen, die hier arbeiten (vgl. ebenda, S. 398-438). In der Literatur wird nur eine Frau genannt, die Inhaberin eines Verlags ist. Es handelt sich hierbei um den *Gesamtdeutschen Verlag Anneliese Thomas* (s. Anhang I) in Köln (vgl. ebenda, S. 410). Die wenigen Autorinnen verfassen Propagandamaterial und sind somit „*Produzentinnen von Ideologie"* (Bitzan 2000, S. 79 u. vgl. Sturhan, in: Bitzan 1997, S. 110).

Zeitschriften werden ebenso nur selten von Frauen herausgegeben, so beispielsweise das Skinzine (das ist die allgemeine Bezeichnung für Zeitschriften der Skinhead-Szene) *Volkstreue*, das von Nicole Nowicki bis zur Indizierung herausgegeben wurde (vgl. Fantifa Marburg, in: Mecklenburg 1996, S. 749).

Frauen in rechten Gruppen und Parteien

In rechten Parteien, wie der *NPD* (s. Anhang I), spielen Frauen ebenso eine Rolle. So lassen sie sich zu internen Wahlen aufstellen, allerdings meist ohne Erfolg (vgl. Hundseder, in: Benz 1994, S. 241). So unterlag Ellen-Doris Scherer, die sich nach einer internen Diskussion über Frauen in der Parteispitze zur Wahl aufstellen ließ, Günther Deckert, der Parteivorsitzender bis 1995 war (vgl. ebenda, S. 241/242 u. Mecklenburg 1996, S. 452).

Bei den *Republikanern* (s. Anhang I), aber auch den anderen rechten Parteien, sind Frauen häufig Funktionärinnen (vgl. Schmitz, in: Engel u.a. 1995, S. 250). Oftmals sind sie hier als Schriftführerinnen oder als Referentinnen tätig (vgl. Sturhan, in: Bitzan 1997, S. 112 u. 117). Gerade bei den *Republikanern* ist es für Frauen möglich, eine schnelle politische Karriere zu machen. Genaue Informationen, warum sich dies so verhält, ließen sich in der Literatur nicht finden. Als mögliche Faktoren lassen sich partei-internen Strukturen und eine geringe Anzahl derer, die ein Amt übernehmen wollen, denken. Für eine schnelle Karriere von Frauen spricht auch, *„(...) daß Frauen bei den Republikanern zu 20 Prozent in Führungspositionen vertreten sind"*, beispielsweise als stellvertretende Vorsitzende im Bundesvorstand oder in Landesvorständen (Ottens, in: Bitzan 1997, S. 168 u. vgl. Birsl, in: Aus Politik und Zeitgeschichte 1992, S. 27).

In anderen rechten Gruppen, wie beispielsweise der *Bürgerrechtsbewegung Solidarität* (s. Anhang I) und der *Europäischen Arbeiterpartei* (s. Anhang I), sind Frauen Bundesvorsitzende (vgl. Internet 1).

In Lebensschutzgruppen beteiligen Frauen sich als militante Abtreibungsgegnerinnen, die sich *„(...) anmaßen, über wertes und unwertes Leben zu entscheiden"*, wobei der Bewertungsmaßstab der rechten Ideologie entspricht (Dettling u.a., in: Wlecklik 1995, S. 34 u. s. 3.1). Diese Gruppen sprechen sich gegen Abtreibungen bei weißen, gesunden deutschen Frauen aus. Entsprechend der Ideologie werden nicht deutsche, nicht gesunde und nicht weiße Frauen aus den Überlegungen ausgeschlossen (vgl. ebenda, S. 34/35).

Die Beteiligung von Frauen ist auch bei der Gründung von spirituellen Gruppen ersichtlich. Sigrun Schleipfer, sie nennt sich mittlerweile Sigrun von Schlichting, gründete zusammen mit ihrem Mann Adolf Schleipfer den *Armanen-Orden* (s. Anhang I). Außerdem gründete sie die *„(...) Arbeitsgemeinschaft naturreligiöser Stämme Europas e.V. (ANSE), ein Dachverband für neuheidnische Gruppierungen (...)."* (Fantifa Marburg, in: Mecklenburg 1996, S. 751). Ob es noch weitere Frauen gibt, die rechte spirituelle Gruppen, oder solche mit anderen Belangen, gründeten, war aus der Literatur nicht ersichtlich.

Frauen in der Skinhead-Szene

In der *Skinhead-Szene* (s. Anhang I) sind Frauen ebenso aktiv. Ihre Aktivitäten liegen hier allerdings weniger im organisatorischen Bereich oder in der Ausübung von Funktionärsaufgaben. Vielmehr sind sie z.B. Sängerinnen in Bands, wo sie rassistische und rechtsextremistische Texte singen und dadurch deren Inhalt verbreiten (vgl. Fichte, in: Bitzan 1997, S. 136).

Wenn sie es jedoch schaffen, und das gelingt nur wenigen, können sie sich durchaus im Vorstand der jeweiligen Gruppe etablieren, was aber meist am Antifeminismus der Gruppen scheitert (s. 3.3 u. vgl. ebenda, S. 139).

Zusammenfassung

Bitzan beschreibt die Funktionen der Frauen in der rechten Szene folgendermaßen: Sie findet den „(...) *Begriff der Mittäterin passend, wenn es um das Mitwirken an der eigenen unterdrückten Position geht, der Begriff der Komplizin, wenn es um die aktive Beteiligung von Frauen an von Männern konzeptionierten Ausbeutungsverhältnissen gegenüber Dritten geht, und der Begriff der Täterin, wenn es um eine unabhängig vom Interesse oder ohne Druck von Männern verübte Tat geht.“* (Bitzan 2000, S. 78). Die Frauen selbst verstehen sich als „(...) *Kämpferinnen im politischen Sinne und „Kameradinnen!“ der Männer (...)“* (ebenda, S. 123).

Insgesamt kann man sehen, daß Frauen sich in einer Vielzahl von Funktionen finden lassen, die sie freiwillig ausfüllen. Somit können sie nicht nur als Mitläuferinnen, sondern durchaus als aktiver Teil der rechten Szene angesehen werden.

Die Verbindung zur rechten Ideologie läßt sich deutlich erkennen. Frauen verbreiten die Ideologie durch Schulungen oder als Autorinnen. Diese Funktionen scheinen für Frauen schnell erreichbar zu sein. Es läßt sich vermuten, daß diese Funktionen von der Ideologie für Frauen „genehmigt“ sind, da sie in den erzieherischen Bereich fallen, der den Frauen durch die rechte Ideologie zugeteilt wird (s. 3.1.3).

4.4 Beispiele zu Frauenorganisationen im rechten Spektrum

Um die rechte Ideologie in Verbindung mit rechter Praxis zu bringen und um zu zeigen, wie sich Frauen in der rechten Szene etablieren, daß sie hier mitwirken und somit nicht außerhalb des Rechtsextremismus stehen, sollen im Folgenden Beispiele zu weiblichen Aktivitäten in der rechten Szene aufgeführt werden.

Im rechten Spektrum gibt es eine fast unüberschaubare Fülle von noch bestehenden und nicht mehr aktiven Parteien und Organisationen. In vielen, wie *NPD* und *Skinhead-Gruppen* (s. Anhang I), gibt es, wie bereits erwähnt, Frauen, die mitwirken.

In diesem Kapitel sollen Gruppierungen vorgestellt werden, in denen hauptsächlich bzw. nur Frauen aktiv sind oder waren. Exemplarisch wurden hierfür drei Gruppierungen ausgewählt, wovon eine allerdings nicht mehr existiert, aber dennoch als wichtige Frauenorganisation im rechten Spektrum gesehen werden kann. Eine andere ist Teil einer Partei und ein gutes Beispiel dafür, wie Frauen sich in einer rechten Partei organisieren. Die dritte Gruppierung zeigt eine Möglichkeit zur Eigeninitiative der Frauen innerhalb der Skinhead-Szene.

4.4.1   Die Deutsche Frauenfront

Die *Deutsche Frauenfront* (DFF) ist ein Beispiel für den Zusammenschluß von Frauen in der rechten Szene, der durch die Initiative von Männern entstand. Die Aktivitäten und Einstellungen der Gruppierung verdeutlichen die Haltung der Frauen in der rechten Szene.

Allgemeines zur Organisation

Die *Deutsche Frauenfront* (DFF) wurde am 21. Januar 1984 als selbständige Nachfolgeorganisation des *Mädelbundes der Aktionsfront Nationaler Sozialisten* (Mädelbund der ANS, s. Anhang I) gegründet, der 1983 zusammen mit der *Aktionsfront Nationaler Sozialisten* (ANS, s. Anhang) verboten wurde (vgl. Carl, in: Mecklenburg 1996, S. 947 u. Knapp, in: Welzer 1993, 218/219). Initiator für die Gründung der DFF war Michael Kühnen (s. Anhang I u. vgl. Dörr, in: Wlecklik 1995, S. 47). Warum die DFF auf männlich Initiative hin gegründet wurde, läßt sich nur vermuten. Gründe hierfür könnten die Definition der Frau als „Naturwesen", die die „Kulturwesen" nicht stören sollen, oder die Möglichkeit, weibliche Mitglieder gesondert zu schulen, gewesen sein (s. 3.1 u. 4.3).

1985 wurde die DFF, nachdem ihre Aktivitäten zunächst einschliefen, im Rahmen der *Gesinnungsgemeinschaft der Neuen Front* (GdNF, s. Anhang I), der Nachfolgeorganisation der *ANS*, neu gegründet (vgl. Mecklenburg 1996, S. 235). Die erste Vorsitzende war Ursula Müller (s. 4.5.2), die 1988 allerdings wegen eines Konflikts zur „*Homosexualitätsdebatte*" über den homosexuellen Kühnen (s. S. 35) ausgeschlossen wurde. Müllers Nachfolgerin wurde Ursula Worch (s. 4.5.3 u. vgl. Mecklenburg 1996, S. 235 u. Fantifa Marburg, in: Mecklenburg 1996, S. 747).

Seit 1991 ist die DFF nicht mehr aktiv. Ihre Aktivitäten endeten schon 1989 mit dem Rücktritt der „Führerin" Ursula Worch (vgl. ebenda, S. 236). Zwar wurde die DFF danach noch einmal wiederbelebt, auch die Zeitschrift *Kampfgefährtin* wurde wieder veröffentlicht, allerdings dauerte es nicht lange bis zum erneuten Ende der DFF (vgl. Knapp, in: Welzer 1993, S. 233). Die genauen Gründe hierfür sind unklar. Allerdings können die Spaltungen (s. S. 34/35) und der Tod Kühnens 1991, der die DFF maßgeblich unterstützte, als Gründe angesehen werden, da sie trotz aller Autonomiebestrebungen von seiner Person nicht unabhängig war (vgl. Bitzan 2000, S. 250-252). Ein weiterer Grund könnte darin liegen, daß Esther Wohlschläger, die angebliche Verlobte Kühnens, die nach dem Rücktritt Ursula Worchs die DFF leitete, nach Kühnens Tod nicht die Kraft aufbrachte, die DFF weiterhin zu leiten, worauf deren Aktivitäten einschliefen (vgl. ebenda, S. 251). Zuvor aber wurden die Frauen aus der *Deutschen Alternative* (s. Anhang I) und der *Freiheitlichen Deutschen Arbeiterpartei* (s. Anhang I) 1990 in die DFF eingegliedert (vgl. Mecklenburg 1996, S. 232 u. 235). Davor wurden bereits die Frauen und Mädchen der *Nationalen Alternative* (s. Anhang I) Mitglieder der DFF (vgl. ebenda, S. 286). Die Folgen dieser Eingliederungen sind nicht bekannt, es kann aber davon ausgegangen werden, daß sie durchgeführt wurden, um die Anzahl der Mitglieder der DFF zu vergrößern und die Gruppierung hierdurch zu stärken. Eine weitere Vermutung ist, daß dies ein Versuch

war, in die zerklüftete Landschaft der rechten Szene mehr Struktur zu bringen.
Die Mitgliederzahl der DFF ist schwer zu beziffern. Nach Angaben der Gruppierung waren es Ende 1990 50 Frauen (vgl. Mecklenburg 1996, S. 236). Gegründet
wurde sie allerdings mit einer Mitgliederzahl von 100 bis 150 Frauen (vgl. Internet 6).
In den regionalen Gruppen, den „Gauen", scheint die Anzahl relativ klein gewesen
zu sein (vgl. Knapp, in: Welzer 1993, S. 227).

Das Alter der aktiven Frauen kann durch Angaben in den gruppeneigenen
Zeitschriften genauer bestimmt werden, wobei nach Knapp festzustellen ist, daß
schon 14-15 jährige Mädchen rekrutiert wurden und das Alter der Autorinnen
zwischen Mitte 20 und 60 Jahren lag (vgl. ebenda, S. 227). Es ergibt sich somit das
Bild einer altersinhomogenen Gruppe.

Die DFF bekräftigte in ihren Aussagen ihre Eigenständigkeit, deren Verteidigung
als ein Ziel angesehen werden kann (vgl. ebenda, S. 220).
„Die DFF sieht sich als >>autonome<< Gruppierung der >>deutsch-alternativen Opposition<< (...)."
(Dörr, in: Wlecklik 1995, S. 48).
Ein weiteres Ziel war es, rechte Frauen zu organisieren und das ideologische Frauenbild (s. Kap. 3) zu propagieren (vgl. Fantifa Marburg, in: Mecklenburg 1996, S. 747).

Das Gedankengut: „völkische Sache" und „Deutschtum"
*„Die ideologische Triebfeder der DFF, die sich selbst zum Nationalsozialismus bekennt, ist
nicht nur ein Naturalismus, sondern ein darüber hinaus weisendes organisches und
metaphysisches Denken."*
(Birsl, in: Aus Politik und Zeitgeschichte 1992, S. 25).
Weiterhin ordneten sich die Frauen der DFF freiwillig der *„völkischen Sache"* und dem
„Deutschtum" unter, betonten aber, daß dies die einzige Sache sei, der sie sich unterordnen (Knapp, in: Welzer, S. 220). Dies deckt sich mit der von der Ideologie geforderten Einordnung in die „Volksgemeinschaft" (s. Kap. 3 u. S. 24). Die „völkische
Sache" beinhaltete für die DFF vor allem, daß lediglich Ehen mit *„Mitgliedern verwandter Nationen"* zugelassen wurden und die Legalisierung der Euthanasie und aktive
Sterbehilfe befürwortet wurde (Dörr, in: Wlecklik 1995, S. 48). Welche Nationen dies
sind, läßt Dörr offen. Anzunehmen ist, analog der Vorstellung in der nationalsozialistischen Ideologie, daß es sich um europäische, eingrenzend um nord- und
mitteleuropäische, Nationen handelt, deren Bevölkerung dem Bild des „arischen"
Menschen entsprechen. Diese Vorstellung beinhaltet die „Blutreinheit", was bedeutet, daß „arische" Menschen weder Juden, Sinti und Roma noch Nicht-Weiße seien
(vgl. Kammer/Bartsch 1999, S. 25-27).

Das ideologische Frauenbild: Die Mutterschaft
Das ideologische Frauenbild (s. Kap. 3) läßt sich somit im Verständnis der DFF
wiederfinden. Die Gruppierung propagierte die Mutterschaft als weibliche Lebensaufgabe, und zur Durchsetzung dieser wird die Gleichstellung von Hausfrauen und
Müttern zu Berufstätigen gefordert (vgl. Bitzan 2000, S. 250).

Im Gegensatz hierzu stehen Aussagen, die die Selbständigkeit der Frauen in den
Vordergrund stellen, auf dem Hintergrund der „natürlichen Gesetze" aber wiederum

eingeschränkt werden: *„Wir sind selbständige Frauen und Mädchen, und wir wollen unseren Weg selbst bestimmen."* (Knapp, in: Welzer 1993, S. 220). In einem Schreiben bekräftigt Ursula Müller die Absicht der Frauen, sich weder als *„Klosterfrau noch Heimchen am Herd"* betrachten zu lassen (ebenda, S. 220).

Die Gleichstellung der Geschlechter allerdings wurde abgelehnt, da dies *„naturwidriger Feminismus"* sei (Dörr, in: Wlecklik 1995, S. 48). Die „Gleichartigkeit" wurde somit abgelehnt, die „Gleichwertigkeit" aber gefordert (vgl. Sturhan, in: Bitzan 1997, S. 108 u. Kap. 3). Das Vorbild war die *NS-Frauenschaft* (s. Anhang I), deren Aufgabe es war, Mütter zu erziehen und die „Reinheit des deutschen Geistes und Blutes" zu gewährleisten (vgl. Mecklenburg 1996, S. 236 u. Kammer/Bartsch 1999, S. 172). In Anlehnung an die *NS-Frauenschaft* wurde die Frau von der DFF als *„edle, reine, tatkräftige Frau und Mutter"* propagiert (Internet 3).

Die Stellung zur Gewalt und daraus entstehende Konflikte

Die Forderung, als Frau an Straßenkämpfen teilnehmen zu dürfen, wurde von den Männern der rechten Szene abgelehnt (s. auch 3.6). Innerhalb der DFF allerdings wurde dies mit Blick auf das Bild der *„germanischen Kämpferin"* gefordert, was zu einem Konflikt führte (Internet 3 u. s. 3.1.2 u. vgl. Knapp, in: Welzer 1993, S. 221). Führende männliche Mitglieder rechter Organisationen sprachen sich gegen die Teilnahme von Frauen an „Straßenschlachten" aus (vgl. ebenda, S. 22-224). Welcher Organisation diese Männer angehörten, ist nicht ersichtlich, jedoch kann vermutet werden, daß sie der *Gesinnungsgemeinschaft der Neuen Front* (s. Anhang I) angehörten, welcher die DFF angegliedert war. Als Argument führten die Männer an, daß ein Tritt in den Unterleib der Frau die Gebärfähigkeit beeinträchtigen könne und Frauen somit von „Straßenschlachten" ausgeschlossen sein müßten. Ursula Worch (s. 4.5.3) ließ sich aus Sicht der Medizin bestätigen, daß ein Tritt in den Unterleib des Mannes mehr Schaden verursachen kann und begründete das Verhalten der „Kameraden" damit, daß sie sich in ihrem Selbstwert angegriffen fühlen und dadurch Frauen die Teilnahme an „Straßenschlachten" verweigern.

Knapp stellt anhand dieser Argumentation die These auf, daß die Teilnahme von Frauen an gewalttätigen Auseinandersetzungen männliche Rituale zerstört, die u.a. den Schutz der Frauen als schwache Personen beinhalten. Als zweiten Faktor sieht Knapp, daß die Männer keine Gleichberechtigung wollen und die Unterordnung der Frau durch die Diskussion über Gewalt gefährdet sehen (vgl. ebenda, S. 221-224).

Dieser Konflikt führte 1987 zur ersten Spaltung innerhalb der DFF (vgl. Fantifa Marburg, in: Mecklenburg 1996, S. 747), wobei nicht bekannt ist, in welche Gruppierungen die DFF sich spaltete. Weiterhin scheint diese Spaltung ein Zeichen dafür zu sein, daß in rechten Gruppen andere Meinungen nicht zugelassen werden. Dies ist, wie vermutet werden kann, typisch für die rechte Szene, da die rechte Ideologie Forderungen nach Unterordnung und antidemokratische Strukturen beinhaltet (s. Kap. 2).

Die Homosexualitätsdebatte als weiterer spaltender Faktor
Die Debatte um die Homosexualität Kühnens führte zur zweiten Spaltung. Diejenigen Frauen, die sich hinter Kühnen stellten, verblieben in der DFF, die anderen hingegen nannten sich nun ab Dezember 1987 *FAP-Frauenschaft* (s. Anhang I u. vgl. Fantifa Marburg, in: Mecklenburg 1996, S. 747).

Die Debatte um die Homosexualität Kühnens spaltete aber nicht nur die DFF, sondern das ganze rechte Lager über Jahre hinweg in zwei Gruppen (vgl. Knapp, in: Welzer 1993, S. 219). Diejenigen, die Homosexualität nicht tolerierten, stellten sich gegen Kühnen, andere, die seine Neigung teilweise oder ganz akzeptierten, blieben ihm gegenüber loyal (vgl. Bitzan 2000, S. 252/253).

Kühnen selbst löste die Debatte mit seinem Buch „Nationalsozialismus und Homosexualität" aus, in dem er den Standpunkt vertritt, daß Homosexuelle die Begründer von Männerbünden seien. Weiterhin stellt er Homosexuelle als unschädlich dar, so lange sie der Gemeinschaft dienen und sich in sie einfügen (vgl. ebenda, S. 253). Da aber die Ideologie den Erhalt der Rasse fordert (s. Kap. 3), widerspricht Kühnen ihr in einem wesentlichen Punkt. Kühnen bemerkt weiterhin, daß durch Homosexuelle Ordnung und stabile Herrschaft hergestellt worden sei und sie von der Natur als Regulativ und förderlicher Bestandteil eingesetzt worden sei. Homosexuelle Männer sind seiner Ansicht nach nicht schädlich für die „Volksgemeinschaft", da der Mann ein „Kulturwesen" sei (s. Kap. 3) und seine sexuellen Neigungen keine Rolle spiele (vgl. ebenda, S. 253). Durch diese These spricht er indirekt aus, daß homosexuelle Frauen für die „Volksgemeinschaft" schädlich seien, da sie als „Naturwesen" für die Reproduktion zuständig sind (s. Kap. 3). Seine Gegner hingegen sehen Homosexualität als widernatürliche Entartung, die die Einordnung in die Geschlechterrollen gefährden würde. Weiterhin sehen sie Homosexuelle als Gefahr an, als Menschen, die nicht in die Gemeinschaft hineinpassen und aus diesem Grund beseitigt werden müßten (vgl. ebenda, S. 253). Bitzan bemerkt zur Rolle der Frauen, die sich hinter Kühnen stellten, daß nicht geklärt werden kann, aus welchen Motiven sie dies taten. Mögliche Erklärungen sind das Reflektieren der Frauenrolle in rechten Konzepten, die Frauen eine untergeordnete Stellung zuweist (s. Kap. 3) oder die Loyalität zu Kühnen, die nicht von seiner Homosexualität beeinflußt wurde (vgl. ebenda, S. 253).

Die beiden Spaltungen, die einmal durch die Diskussion über Gewalt und zum anderen durch die Homosexualitätsdebatte ausgelöst wurden, haben die DFF nachhaltig geschwächt und können durch den Verlust vieler Mitglieder u.a. als Grund für die Auflösung gesehen werden (vgl. Bitzan 2000, S. 242).

Die Zeitschriften: Mittel zur Verbreitung des Gedankenguts
Die Zeitschrift *DFF informiert*, deren Veröffentlichung mit der Auflösung der DFF eingestellt wurde, entstand aufgrund einer Debatte um das Frauenbild, wobei der DFF aus Männerkreisen vorgeworfen wurde, keine Strategie für ihre Organisation entwickelt zu haben (vgl. Fichte, in: Bitzan 1997, S. 133).

Mit der Zeitschrift *Die Kampfgefährtin*, die ab 1986 erschien, hatten die Frauen der DFF die Möglichkeit, in zwei Zeitschriften ihr Gedankengut zu verbreiten. In der

Kampfgefährtin waren rassistische und antisemitische Artikel enthalten und gemäß des NS-Vorbildes wurden Frauen als Kämpferinnen und Mütter dargestellt (vgl. Bitzan 2000, S. 445). Diese Zeitschrift, deren Erscheinen mittlerweile auch eingestellt ist, erschien monatlich in einer Auflage von ungefähr 100 Stück (vgl. Mecklenburg 1996, S. 236). Durch die Spaltungen innerhalb der DFF erschienen zeitweilig zwei Ausgaben dieser Zeitschrift (vgl. Bitzan 2000, S. 445).

Die Aktivitäten: Propaganda und „Mädellager"
Außer zu Propagandazwecken wurde die DFF kaum tätig. Unregelmäßig führte sie in den „Gauen" „*Kameradschaftsabende und* >>*Mädellager*<<" durch (Mecklenburg 1996, S. 236). Wie diese Aktivitäten konzipiert und umgesetzt wurden, wird nicht beschrieben. Möglich scheint es, daß die „Mädellager" in Anlehnung an den *Bund Deutscher Mädel* (BDM, s. Anhang I) gestaltet waren und darin ideologische Schulung betrieben wurde.

Die alltäglichen Aktivitäten, die von Bitzan allerdings nicht erläutert werden, wurden nicht von den Frauen der DFF selbst in die Wege geleitet, sondern fanden im Einvernehmen mit den Männern statt (vgl. Bitzan 2000, S. 251). Es ist anzunehmen, daß die Organisation der Aktivitäten durch die Männer stattfand, da die DFF Autonomie nur in der Beurteilung einzelner Aspekte, die die Frauen selbst betrafen, nicht aber in grundsätzlichen Fragen hatte (vgl. ebenda). Weiterhin stellt Bitzan fest, daß in politischen und ideologischen Fragen, außer zur Gewalt, zwischen den Frauen der DFF und den Männern der *Gesinnungsgemeinschaft der Neuen Front* (s. Anhang I) Konsens bestand (vgl. ebenda).

Zur heutigen Relevanz der DFF
Die genannte Organisation gibt es zwar nicht mehr, viele Frauen, die ehemals Mitglieder waren, sind aber noch heute in der rechten Szene aktiv und marschieren beispielsweise bei Aufmärschen mit (s. 4.5.2 u. 4.5.3 u. vgl. Fantifa Marburg, in: Mecklenburg 1996, S. 747).

Die DFF propagierte gleichzeitig das ideologische Frauenbild und die Beteiligung an Gewalt, ohne daß der Widerspruch aufzufallen schien.

4.4.2 Der Republikanische Bund der Frauen

Das Beispiel des Republikanischen Bundes der Frauen (RBF) zeigt, wie sich Frauen innerhalb der Strukturen einer Partei organisieren bzw. wie sie von Männern dort organisiert werden. Der RBF steht weiterhin für weibliche Aktivität im rechten Spektrum, auch was die Besetzung von Ämtern in einer Partei anbelangt.

Allgemeines zur Organisation
Der RBF wurde am 26. August 1995 in Wiesbaden von einem Kreis politisch interessierter Frauen gegründet (vgl. Internet 2). Erstaunlicherweise gibt es in dieser Organisation aber nicht nur Frauen. So liegt ihr Anteil bei lediglich 70 Prozent (vgl. ebenda),

was für eine „Frauenorganisation" doch untypisch ist. Warum dies so ist, kann nur vermutet werden. Möglich wäre es, daß den Frauen als „Naturwesen" (s. Kap. 3) die Geschicke ihrer Gruppierung nicht allein überlassen werden sollen und die Männer sich in der Funktion der „Aufpasser" befinden, damit keine Entscheidungen getroffen werden, die für die Partei in irgendeiner Weise schädlich sein könnten. Die Vorsitzende aber ist eine Frau, Ingeborg Akkermann (vgl. Internet 2). Die Machtpositionen, so wird betont, haben Frauen inne (vgl. Bitzan 2000, S. 32). Wie viele Frauen beim RBF Mitglieder sind, läßt sich anhand der Literatur nicht abschätzen. Ausgehen kann man aber von einer geringen Anzahl, so Sturhan, da sich bei den Funktionärinnen eine Ämterhäufung feststellen läßt (vgl. Sturhan, in: Bitzan 1997, S. 123). Diese Ämterhäufungen scheinen in der rechten Szene häufiger vorzukommen, allerdings nicht nur in Frauenorganisationen, sondern vor allem in Männerorganisationen, wie die Anmerkungen zu Michael Kühnen und Christian Worch zeigen (s. Anhang I).

Bei den *Republikanern* finden sich Frauen aus allen Bildungsschichten. So gibt es „(...)*Arbeiterinnen, Hausfrauen und/oder Arbeitslose (..)* (und, K.H.) (..) *Frauen mit hochqualifizierten Ausbildungen in allen Altersgruppen"* (Birsl, in: Aus Politik und Zeitgeschichte 1992, S. 27).

Die Ziele des RBF: Stärkung der weiblichen Mitglieder
„*Grundlage der gemeinsamen Arbeit ist die Meinungsbildung auf politischem, rechtlichem, sozialem, wirtschaftlichem und kulturellen Gebiet.* "
(Internet 2). Es soll das „*politische Selbstbewußtsein der Frauen"* gestärkt werden, und die Frauen sollen verstärkt zur politischen Aktivität ermutigen werden (ebenda). Wie sie sich das genau vorstellen, beschreiben die Frauen, die die Homepage gestaltet haben, allerdings nicht.

Ein weiteres Ziel ist die „*(...) intensivere Kommunikation und Zusammenarbeit der Frauen in der Partei (...)"* (Verfassungsschutzbericht 1995, S. 147). Dieser emanzipatorische Ansatz wird nach Sturhan aber durch den Zusatz eingeschränkt, daß nur etwas erreicht werden kann, wenn Frauen und Männer zusammenarbeiten (vgl. Sturhan, in: Bitzan 1997, S. 123).

Die Forderung nach mehr Partizipation steht im Gegensatz zum republikanischen Programm, welches Frauen als Mütter definiert, sie auf den privaten Bereich fixiert und ihnen dadurch politische Macht verwehrt (vgl. Internet 6 u. Kap. 3.2.1). Das Programm der *Republikaner* (s. Anhang I) beinhaltet weiterhin Ausländerfeindlichkeit. Der Verfassungsschutz (s. Anhang I) geht davon aus, daß diese Punkte von allen Mitgliedern unterstützt werden (vgl. Internet 16). Daß dies nicht uneingeschränkt auf die Forderung nach Mutterschaft zutrifft, machen Ergebnisse von Studien deutlich, die unter Punkt 5.3.2 dargestellt werden.

Das ideologische Frauenbild: die Mutterschaft
Die Frauen des RBF stellen sich gegen den Feminismus, der ihrer Meinung nach Probleme mit Männern ins Leben ruft, die es ohne ihn nicht gebe (vgl. Internet 2). Ihre Definition des Feminismus stellen sie nicht klar, es könnten damit jedoch Emanzipation und somit Gleichberechtigung gemeint sein, was aufgrund dessen, daß dies

nicht in das rechte Frauenbild und in die Rollenzuweisungen (s. Kap. 3) paßt, abgelehnt wird.

Weiterhin spielt die Familie eine große Rolle, da der Schwerpunkt der Arbeit des
RBF auf der Familienpolitik liegt (vgl. Internet 16). Die Mutterrolle soll gestärkt
werden, um die Gemeinschaft nicht durch Kinderlosigkeit zu gefährden (vgl. Jansen,
in: v. Hellfeld 1989, S. 77). Die Hauptaufgabe der Frauen wird mit der Mutterrolle
benannt (ebenda, S. 81).

Die rechte Ideologie wird somit vom RBF verbreitet, wobei Selbstbilder (s. 3.6)
nur partiell in den Zielen der Organisation vorhanden sind. Weiterhin macht es den
Eindruck, daß es beim RBF weniger eigene Inhalte der Frauen als bei der DFF gibt.

4.4.3 Der Skingirlfreundeskreis Deutschland

Der Skingirlfreundeskreis Deutschland (SFD) ist ein Beispiel für eine Frauenorganisation im rechten Spektrum, die ohne männliche Initiative ins Leben gerufen
wurde. Dadurch werden weibliche Aktivitäten im rechten Spektrum deutlich. Im
Unterschied zur DFF und zum RBF ist der SFD eine Organisation in der Skinhead-
Szene (s. Anhang I) und wird durch sie beeinflußt (zur Verbindung der Neonazi- mit
der Skinhead-Szene s. Anhang I: Skinheads).

Allgemeines zur Organisation
Der SFD, der sich bis 1994 noch *Skingirlfront Deutschland* nannte, wurde 1991 in
Berlin gegründet. Offen ist der SFD für *„alle Mädels mit patriotischer Grundhaltung"*
(Fichte, in: Bitzan 1997, S. 142). Die Mitgliederzahl ist nicht genau bekannt, nach
Angaben des SFD haben sie aber in fast jeder deutschen Stadt Mitglieder (Dörr, in:
Wlecklik 1995, S. 48). Die Gesamtzahl wird auf 20 bis 40 Frauen geschätzt (vgl.
Fichte, in: Bitzan 1997, S. 142). Über das Alter und die soziale Herkunft lassen sich
keine Angaben finden, das Wort „Girls" allerdings läßt auf Mädchen und junge
Frauen schließen. Allgemein wird in der Literatur in diesem Zusammenhang von
Mädchen gesprochen. Anhand dessen soll in dieser Arbeit ebenso von Mädchen
ausgegangen werden.
Eine Vorsitzende oder Führerin hat der SFD nicht, Gleichberechtigung in gruppen-
internen Fragen spielt unter den Mädchen eine wichtige Rolle (Dörr, in: Wlecklik
1995, S. 48). Eine Probezeit gibt es für alle Mädchen, die zum Ausschluß führen
kann, wenn sie sich Fehltritte erlauben und sich nicht an die gruppeneigenen Normen
halten (ebenda). Welcher Art diese Fehltritte sein müssen, um ausgeschlossen zu
werden, beschreibt Dörr allerdings nicht. Weiterhin macht sie keine Angaben zur
Dauer der Probezeit, zu den in der Gruppe gängigen Normen und ob es noch andere
Sanktionen als den Ausschluß aus der Gruppe gibt. Angaben hierzu lassen sich
allgemein nicht finden.
Der SFD hat außerdem zahlreiche Kontakte und ist Bestandteil eines inter-
nationalen Netzwerkes, das seine Wurzeln in Kanada und den USA hat (vgl. Internet
3).

Innerhalb des SFD gibt es weiterhin Interessengemeinschaften, die sich mit *„Brauchtum und Germanentum"*, *„Ernährung"* oder *„Fahrt und Lager"* beschäftigen (Internet 10).

Als Zeichen benutzt der SFD die Rune „Eolh" (vgl. ebenda), die „vereint im Kampf" bedeutet und weiterhin Schutz, Gesundheit und Kraft symbolisieren soll (Internet 18).

Das Gedankengut: nationale Interessen und Neofaschismus

„Die SFD (hier ist noch die *Skingirlfront Deutschland* gemeint, Anm. K.H.) *versteht sich nicht als explizit politische Organisation, aber als >>politisch beziehungsweise national interessiert<< mit politisch gleichgesinnten Mitgliedern."* (Dörr, in: Wlecklik, S. 48).

Im SFD sind allerdings auch Frauen organisiert, die ein gefestigtes neofaschistisches Weltbild aufweisen, das den Rassenbegriff mit seinen rechten Deutungen und den autoritären Staat beinhaltet (vgl. Fichte, in: Bitzan 1997, S. 143 u. Knaurs Lexikon 1985, S. 610 u. s. Kap. 2).

Das ideologische Frauenbild: Die Germanin als „deutsche Frau"

Die Gründung des SFD zeigt, daß sich Frauen in der Skinhead-Szene organisieren und nicht mehr „Anhängsel" der Männer sein wollen (vgl. Dörr, in: Wlecklik 1995, S. 48). Das ideologische Frauenbild spielt allerdings eine große Rolle. Der SFD hat Kontakte zu anderen Skinhead-Gruppen und wird von ihnen beeinflußt. So übernahmen sie das Bild der Germanin (s. 3.2.2) in ihr Frauenbild und somit die Vorstellung der *„Gleichstellung ohne Gleichmacherei"* (vgl. Fichte, in: Bitzan 1997, S. 142). Außerdem versuchen sie, das ideologische Frauenbild in die Szene hineinzutragen, wobei sie sich auf die *„Tugenden der deutschen Frau"* berufen (Fantifa Marburg, in: Mecklenburg 1996, S. 749).

Das Selbstverständnis der Skingirls und ihre Haltung zu anderen Skingirls

In der Skinhead-Szene (s. Anhang I) gehören für Frauen und Mädchen kurze Haare, *„Bomberjacken und Kampfstiefel"* genauso dazu wie bei den Männern, obwohl es in der Szene durchaus weiblich betonte Frauen und Mädchen mit langen Haaren gibt (Fromm 1994, S. 185 u. vgl. Lutzebaeck u.a., in: Engel u.a. 1995, S. 110). Eine dritte Gruppe zeichnet sich durch ihre „Wechselmöglichkeiten" aus, d.h. sie haben die unteren Haare rasiert, während die oberen noch immer lang sind, wodurch die Möglichkeit besteht, außerhalb der Szene nicht aufzufallen (vgl. Cladder-Micus u.a., in: Engel u.a. 1995, S. 121). Die kahl geschorenen Mädchen nennen sich selbst „Renees" (Fromm 1994, S. 185). Woher diese Bezeichnung stammt, ist nicht bekannt (vgl. Lutzebaeck u.a., in: Engel u.a. 1995, S. 109). Durch ihr Äußeres zeigen die Renees ihre Distanz zu den typischen Weiblichkeitsbildern und orientieren sich meist an *„männlichen Durchsetzungs- und Selbstbehauptungsstrategien"*, wie der Gewaltausübung (ebenda, S. 109). Diese Skingirls werden allerdings häufig vom SFD ausgegrenzt, obwohl auch der SFD diese Strategien anwendet (vgl. Fichte, in: Bitzan 1997 S. 143 u. s.u.).

Generell unterscheidet der SFD aber zwischen „guten" und „schlechten" Renees, womit die Ziele des SFD nicht in der Gleichberechtigung zu suchen sind (vgl. Fantifa Marburg, in: Mecklenburg 1996, S. 749). Die „guten" Renees werden als Mädchen definiert, die Interesse am NS-Frauenbild (s. Kap. 3.4) haben, die „schlechten" Renees hingegen werden als *„Schlampen und Schlägermädels"* klassifiziert, wobei über die Zuordnung von den Mädchen des SFD selbst entschieden wird (vgl. ebenda, S. 749). Die Mädchen des SFD beschreiben sich selbst folgendermaßen: *„Wir Mädels vom SFD sind keine primitiven, betrunkenen Schlägerweiber, sondern engagierte, gebildete und stolze Frauen."* (Internet 10). Sie wollen sich somit durch die Aussage über ihre Bildung von anderen Renees abheben, die vom SFD als primitiv und gewalttätig beschrieben werden.

Ziele der Organisation: Zusammenhalt unter den Mädchen gegen Sexismus

Der SFD möchte mehr Zusammenhalt unter „guten" Renees innerhalb der Skinhead-Szene schaffen und zeigen, daß Skingirls in der Lage sind, selbst eine Organisation zu gründen (Dörr, in: Wlecklik 1995, S. 48). Durch diesen Zusammenhalt sind sie in der Lage, gemeinsam aufzutreten und sich gegen Sexismus zur Wehr zu setzen (vgl. ebenda, S. 48). Sexismus existiert in der Szene, durch den Frauen lediglich als Sexualobjekte gesehen werden (s. 3.3). Die Mädchen des SFD suchen die Schuld für den Sexismus nicht bei den Männern, sondern ausschließlich bei denjenigen Mädchen, die die „Kameraden" verführen. Dadurch reproduzieren sie männlichen Sexismus durch Ausgrenzung bestimmter Mädchen (vgl. Internet 3 u. Fantifa Marburg, in: Mecklenburg 1996, S. 749 u. Fichte, in: Bitzan 1997, S. 143). Diese Haltung stimmt mit den zuvor beschriebenen Einstellungen zu „schlechten" Renees überein.

Die positive Haltung der Skingirls zur Gewalt

Die Gewaltbereitschaft bei den Renees ist allgemein recht hoch. Sie scheuen vor gewalttätigen Auseinandersetzungen nicht zurück, wodurch sie häufig bei den Männern und Jungen der Szene als *„gleichgesinnte Aktivistinnen"* angesehen werden (Lutzebaeck u.a., in: Engel u.a. 1995, S. 110). Die Renees, die die männliche Durchsetzungsstrategie der Gewalt wählen, sind bei Gewaltanwendungen meist angetrunken, lassen sich provozieren, schlagen mit den Fäusten zu und durchbrechen somit die Rollenmuster (vgl. ebenda, S. 110 u. Fichte, in: Bitzan 1997, S. 143). Als Beispiel führt Fichte den Überfall auf Camper 1991 in Datteln an, an dem Frauen und Mädchen teilnahmen (vgl. ebenda). Zum Ausgang solcher Auseinandersetzungen ließ sich in der Literatur nichts finden.

Allgemein stellt Fichte fest, daß Militanz als Durchsetzungsstrategie zur Erreichung der politischen, nationalen Ziele vom SFD benutzt wird (vgl. Fichte, in: Bitzan 1997, S. 143). Gewalt ist somit allgemein unter den Renees und ebenso im SFD ein anerkanntes Durchsetzungsmittel.

Zeitschriften und Homepage

Der SFD gibt seine eigene Zeitschrift heraus. Sie hieß zunächst *Midgard*, nach dem Verbot wurde sie in *Irmgard* umbenannt und mittlerweile heißt sie *Walküre* und wird nur noch an Mitglieder verschickt (Fichte, in: Bitzan 1997, S. 142). Darin wird von

Aktivitäten innerhalb der Szene berichtet und die rechte Ideologie wiedergegeben (s. Kap. 2 u. 3); hinzu kommen Interviews mit Bands der Skinhead-Szene (vgl. ebenda, S. 142). Eine weitere Zeitschrift, *Schlachtruf*, die von einer Frau herausgegeben wird, hat zu großem Bekanntheitsgrad dieser Art von Zeitschriften geführt und ist für die Skinhead-Szene durchaus werbewirksam (Fichte, in: Bitzan 1997, S. 142). Anzunehmen ist, daß dies auch auf die Zeitschrift *Walküre* zutrifft. Außerdem hat der SFD eine eigene Homepage im Internet, die von den Mädchen gestaltet wird.

Aktivitäten und Kontakte

Neben der Herausgabe der Zeitschrift organisieren die Mädchen zwei bis drei Treffen jährlich (vgl. Fantifa Marburg, in: Mecklenburg 1996, S. 749). Weiterhin haben sie viele Kontakte zu anderen Skinhead-Gruppen, auch im Ausland, wie beispielsweise zu Blood & Honour, einer rechtsextremen Organisation, die sich europaweit und in den USA finden läßt. Für diese Gruppen gelten sie als Kontaktpersonen (vgl. Fichte, in: Bitzan 1997, S. 142).

Ideologie und Selbstbilder stehen im SFD wie in der DFF nebeneinander und werden, scheinbar ohne Widersprüche zu erkennen, gelebt.

4.4.4   Zusammenfassung

Zunächst läßt sich feststellen, daß die DFF auf männliche Initiative hin gegründet wurde, während der SFD durch Eigeninitiative der Mädchen entstand. Der RBF hingegen ist Teil einer Partei und wurde von Frauen gegründet.

Gemeinsam haben die drei Gruppierungen, daß im jeweiligen Gedankengut die „völkische Sache" beinhaltet ist.

Das ideologische Frauenbild ist in den Vorstellungen der drei Gruppen zwar abgeschwächt, aber dennoch vorhanden. Auffällig ist die versuchte Kombination des ideologischen Frauenbildes (s. Kap. 3) mit den eigenen Vorstellungen zur Teilhabe an der Politik, zur Selbstbestimmung und zur Gewalt. Letzterer Punkt wird vor allem von der DFF und dem SFD gefordert. Beim RBF scheint Gewalt keine Rolle zu spielen.

Die Mitgliederzahlen scheinen bei allen drei Gruppen relativ niedrig zu sein, was auf eine geringe Relevanz von Frauengruppen im allgemeinen innerhalb des rechten Spektrums schließen läßt. Dadurch kann der Einfluß als unbedeutend auf die Szene betrachtet werden. Eine Bedeutung haben diese Gruppen, so läßt sich vermuten, für ihre Mitglieder und zwar insofern, daß sie die Möglichkeit für Frauen bieten bzw. boten, sich zusammenzuschließen.

Die Aktivitäten bei der DFF und dem SFD scheinen hauptsächlich auf die Herausgabe von Zeitschriften und beim SFD auf das Organisieren von Treffen beschränkt zu sein. Die Aktivitäten des RBF hingegen sind unklar.

Die Informationen zu allen drei Gruppen weisen Lücken, besonders bei demographischen Daten, auf. Um diese zu schließen, wären weitere Untersuchungen nötig.

4.5 Rechte Frauen als Aktivistinnen und Kontaktpersonen

In diesem Kapitel sollen Lebensläufe von Frauen vorgestellt werden, um aufzuzeigen, welchen Werdegang die Frauen haben und welche Funktionen sie in der rechten Szene ausfüllen. Hierfür wurden drei Frauen ausgewählt, die aus unterschiedlichen Alterskohorten stammen. Sie stehen exemplarisch als repräsentative Frauen einer Szene, in der es noch etliche weitere aktive Frauen gibt. Ausgewählt wurden Sigrid Hunke, eine Theoretikerin des rechten Spektrums, Ursula Müller, eine Aktivistin und in der rechten Szene bedeutsame Person und Ursula Worch, die durch zahlreiche Aktivitäten auffällt. Unterschieden werden können sie durch die Art ihrer Arbeit im rechten Spektrum. Während Hunke selbst Theorien aufstellt, die nicht nur im rechten Spektrum, sondern auch gesellschaftlich anerkannt werden, tun Müller und Worch dies nicht, arbeiten im Gegensatz zu Hunke aber an der Basis, was häufig vor Gericht endet.

4.5.1 Zur Person: Dr. phil. Sigrid Hunke

Sigrid Hunke wurde am 26. April 1913 geboren und starb 1999 im Alter von 86 Jahren. Trotz der Tatsache, daß sie bereits verstorben ist, soll sie hier vorgestellt werden, da sie eine wichtige Rolle im rechten Spektrum spielt und ihre Theorien noch heute von bestimmten Gruppen übernommen werden.

Hunke studierte Philosophie, Psychologie und Religionswissenschaften und promovierte 1941 mit dem Thema „*Herkunft und Wirkung fremder Vorbilder auf den deutschen Menschen*" , in der sie sich gegen Rassenmischung und somit für „Rassenhygiene" ausspricht (Jung, in: Bitzan 1997, S. 35 u. vgl. Mecklenburg 1996, S. 474 u. Bitzan 2000, S. 490). Daß dieses Thema aber von ihr nicht aus Gründen der politischen Situation oder aufgrund von Druck durch das nationalsozialistische Regime bearbeitet wurde, sondern daß sie diese Ideologie verinnerlicht hatte und nach Ende des Dritten Reiches weiterhin verbreitete, wird im Folgenden gezeigt.

In den 50er Jahren wurde Hunke Mitglied der *Deutschen Unitarier Religionsgemeinschaft* , welche die„Volksgemeinschaft" und die „europäische Religion" propagiert (DUR, s. Anhang I). Von 1971 bis 1983 war sie deren Vizepräsidentin. Ehrenpräsidentin war sie dort von 1985 bis 1988 (vgl. Mecklenburg 1996, S. 474). Sie kann als „Chefideologin" der *DUR* bezeichnet werden und trug dadurch maßgeblich zur *„ideologischen Entwicklung der >>Neuen Rechten<< bei."* (ebenda, S. 475). Dies tat sie, indem sie Schriften, die ihre Theorien zum Inhalt hatten, veröffentlichte, die von anderen Rechtsextremisten, wie beispielsweise Alain de Benoist, ein Vertreter des biologischen Rassismus in Frankreich, gelesen wurden (vgl. Mecklenburg 1996, S. 266 u. 475). Es wird weiterhin angenommen, daß Hunke Kontakte zu den verbotenen

Parteien *Freiheitliche Deutsche Arbeiterpartei* und *Nationale Front* hatte (s. Anhang I u. vgl. Bitzan 2000, S. 492).

Hunke trat 1989 aus der *DUR* aus und in den *Bund deutscher Unitarier* (s. Anhang I) ein, welcher ihre Ideologien und Theorien zur Religion und zur deutschen Identität verbreitet, was die *DUR* nur in Ansätzen tat (vgl. Mecklenburg 1996, S. 475). Die christliche Religion wird von Hunke als „*orientalisch*" bezeichnet und als „*artfremd*" zurückgewiesen (Lange 1993, S. 141). Dies ist für Hunke die „europäische Religion" nicht, die, im Sinne der Unitarier, die Dreifaltigkeit verwirft (vgl. ebenda, S. 141 u. Knaurs Lexikon 1985, S. 987).

1973 wurde die *Sigrid-Hunke-Gesellschaft* gegründet, woran sie selbst beteiligt war und deren Vorsitzende sie bis zur ihrem Tod blieb (vgl. Mecklenburg 1996, S. 474).

Ab 1986 war Hunke ständige Mitarbeiterin im *Thule-Seminar* (s. Anhang I u. vgl. Mecklenburg 1996, S. 474). Weiterhin war sie eine gern gesehene Referentin bei rechtsextremen Organisationen, wobei sie sich in ihren Referaten der Geschichte der Germanen bediente und Frauen und Männer in der germanischen Gemeinschaft als gleichgestellt, aber nicht gleichgemacht darstellte (vgl. ebenda, S. 475 u. Fantifa Marburg, in: Mecklenburg 1996, S. 745). Für sie gab es in dieser Gemeinschaft keine Geschlechterhierarchie, sondern geschlechtsspezifische Arbeitsteilung. In dieses Modell bezog sie allerdings nur „nordische" Menschen im Sinne der Ideologie mit ein, was eine eindeutig rassistische Haltung widerspiegelt (vgl. Internet 3).

1985 wurde Hunke mit dem Schillerpreis des *Deutschen Kulturwerkes europäischen Geistes*, einer rechten Organisation, ausgezeichnet (s. Anhang I u. vgl. Mecklenburg 1996, S. 474). Schon 1981 bekam sie die Kant-Plakette dieser Organisation verliehen (vgl. Bitzan/Sturhan, in: Bitzan 1997, S. 257).

Aber nicht nur in rechtsextremen Kreisen hielt sie Vorträge, auch bei den Frankfurter Römerberggesprächen trat sie 1990 auf Einladung des Magistrats in Erscheinung (vgl. Bitzan/ Sturhan, in: Bitzan 1997, S. 257). Zu welchem Thema sie sprach, ist aus der Literatur allerdings nicht ersichtlich.

In den 60er Jahren bereiste sie im Auftrag der Bundesregierung einige arabische Länder, zu denen sie aufgrund vorangegangener längerer Aufenthalte Kontakt hatte (vgl. Mecklenburg 1996, S. 474). Wann genau sie diese Reisen antrat, ist nicht bekannt. Es ist daher unklar, ob sie im Auftrag Adenauers, Erhards oder Kiesingers reiste.

In Ägypten wurde sie 1998 von Präsident Mubarak für ihre Schriften über den Islam geehrt, indem sie den „*höchsten Orden für Wissenschaft und Kunst*" erhielt und als einzige Frau und Europäerin in den „*Obersten Rat für islamische Angelegenheiten*" aufgenommen wurde (Mecklenburg 1996, S. 474 u. Bitzan/Sturhan, in: Bitzan 1997, S. 257).

Somit erhielt Hunke sowohl innerhalb als auch außerhalb der rechten Szene Auszeichnungen. Proteste gegen die Auszeichnungen außerhalb der Szene sind nicht bekannt.

Sie schrieb etliche Bestseller, beispielsweise *Allahs Sonne über dem Abendland*, die viele Leser, auch in bürgerlichen Kreisen, fanden. Des weiteren verfaßte sie Texte für rechte Zeitschriften wie *Germanien* und war darüber hinaus Mitherausgeberin und Redaktionsmitglied bei *Elemente* (s. Anhang I u. vgl. Mecklenburg 1996, S. 474/475 u. Bitzan/Sturhan, in: Bitzan 1997, S. 257).

Betrachtet man die Aktivitäten Hunkes, so fällt auf, daß sie sich mit zwei Dingen parallel beschäftigte:

> *„Einerseits beschäftigt sie sich als Orientalistin in populär-wissenschaftlichen Untersuchungen mit dem Islam, die den Eindruck entstehen lassen, sie sei um Toleranz bemüht. Auf der anderen Seite sucht sie im religiös-kulturellen Bereich nach den Ursprüngen der europäischen Kultur, was sie mit dem Kampf um kulturelle Hegemonie verknüpft."*

(Jung, in: Bitzan 1997, S. 36).

Ersteres scheint mehr im Blickfeld der Öffentlichkeit durch ihre Buchveröffentlichungen gestanden zu haben, da sie sowohl von der Gesellschaft, als auch von der damaligen Bundesregierung nicht als rechte Theoretikerin angesehen wurde, obwohl dies anhand ihrer rassistischen Hierarchisierung der Menschen ersichtlich ist.

4.5.2 Zur Person: Ursula Müller

Ursula Müller wurde am 8. Dezember 1933 geboren und lebt zur Zeit in Mainz-Gonsenheim (vgl. Mecklenburg 1996, S. 495). Die gelernte Gärtnerin ist seit 1964 im rechten Spektrum aktiv und wurde Anfang der 70er Jahre stellvertretende Kreisvorsitzende der *NPD* in Mainz (s. Anhang I u. Panorama, 24.08.2000, 21.00-21.45 Uhr u. vgl. Bitzan/Sturhan, in: Bitzan 1997, S. 261).Von 1984 bis 1988 war sie Vorsitzende der *Deutschen Frauenfront* und gab die Zeitschrift *Die Kampfgefährtin* mit heraus, wurde 1988 allerdings wegen ihrer feindlichen Haltung dem homosexuellen Kühnen gegenüber ausgeschlossen(s. 4.4.1u. vgl. Mecklenburg 1996, S. 496). In der *Gesinnungsgemeinschaft der Neuen Front* (s. Anhang I), der die *DFF* angehörte, blieb sie aber aktiv (ebenda, S. 496). Seit 1991 ist sie Vorsitzende der *Hilfsgemeinschaft für nationale politische Gefangene und deren Angehörige* (HNG: s. Anhang I u. vgl. Mecklenburg 1996, S. 495). Müller sorgt somit dafür, daß kein Rechtsextremist während der Haft die „Gesinnung" verliert (Panorama, 24.08.2000, 21.00-21.45 Uhr). Sie selbst gibt an, zur Zeit 100 Inhaftierte zu betreuen (vgl. Internet 1). Weiterhin ist sie zusammen mit ihrem Ehemann und ihrem Sohn als Mitglied der *NPD* und in der *NS-Kampfgruppe Mainz* aktiv (s. Anhang I u. vgl. Mecklenburg 1996, S. 495/496). Sie ist somit Mutter und Aktive. Dies verdeutlicht den Widerspruch, der unter Punkt 3.1.4 angesprochen wurde. Weiterhin hat Ursula Müller zu zahlreichen Funktionären Kontakt, so beispielsweise zu Jürgen Rieger (s. Anhang I), und stellt ihr Grundstück für Veranstaltungen rechter Gruppen zur Verfügung, so beispielsweise für „*Kameradschaftsabende und Sonnwendfeiern*", wodurch ihr Anwesen ein „*wichtiger Bestandteil der neofaschistischen Infrastruktur*" wurde (ebenda, S. 496). Müller selbst ist bereits seit über 25 Jahren als Aktivistin in der rechten Szene ein wichtiger Bestandteil derselben und gehört zum „*traditionellen, >>hitleristischen<< Flügel*" (ebenda, S. 496). Am 27. Mai 2000 verlieh die *NPD* Müller wegen ihrer Aktivitäten den „*Nationalen Solidaritätspreis der NPD*" (Internet 1).

1995 gab sie eine Sammlung von Briefen und Texten zu ihrem nationalsozialistisch geprägten Frauenbild mit dem Titel „*Glaube und Schönheit – Die deutsche Frau
heute*" heraus (vgl. Fichte, in: Bitzan 1997, S. 135). Anzunehmen ist, daß sie hier auf
das *BDM-Werk* „*Glaube und Schönheit*" anspielt, welches im Dritten Reich junge Frauen
im Alter von 17 bis 21 Jahren zur Mutter und Gehilfin des Mannes erziehen sollte
(vgl. Kammer/Bartsch 1999, S. 96/97). Des weiteren schreibt sie für rechte Zeitschriften wie für die *Nachrichten der HNG* (s. Anhang I u. vgl. Bitzan 2000, S. 431).
Anfang 2000 tritt Müller als Interviewpartnerin für eine Zeitschrift der Skinhead-
Szene, *Kraft durch Froide*, wieder in Erscheinung (vgl. Internet 1).

Müller ist polizeilich bekannt und wurde 1984 und 1991 wegen ihrer Aktivitäten
im rechten Spektrum - sie verbreitete Propagandamaterial - zu einer Geldstrafe
verurteilt (vgl. Mecklenburg 1996, S. 496). 1989 wurde sie wegen Volksverhetzung
angeklagt und freigesprochen (vgl. Bitzan/Sturhan, in: Bitzan 1997, S. 262). Im Laufe
der 90er Jahre stand sie noch häufig vor Gericht u.a. wegen Verstoßes gegen Para-
graph 86a StGB, welcher die Verwendung und Verbreitung von Kennzeichen ver-
fassungswidriger Organisationen untersagt (vgl. Bitzan 2000, S. 504 u. StGB, S. 57).
Ob sie allerdings wegen eines gewalttätigen Angriffs auf zwei Radfahrer 1976 auch
vor Gericht stand (vgl. ebenda, S. 502), ist nicht bekannt. Wegen „*Singens des Horst-
Wessel-Liedes*" (s. Anhang I, Anm. K.H.), *Friedhofsschändung* (und, K.H.) *Verbreitung
verfassungsfeindlichen Propagandamaterials*" wurde sie ebenso angeklagt und in diesem Fall
auch verurteilt (vgl. ebenda, S. 502), wobei allerdings nicht ersichtlich ist, zu welchem
Zeitpunkt das geschah und wie das Strafmaß lautete.

4.5.3   Zur Person: Ursula Worch

Ursula Worch wurde 1964 geboren und machte eine Ausbildung zur Steuerfach-
gehilfin (vgl. Bitzan/Sturhan, in: Bitzan 1997, S. 275). Von 1985 bis 1993 war sie mit
Christian Worch, einem Aktivisten der rechten Szene, verheiratet. Sie war aber schon
vorher in der rechten Szene aktiv (s. Anhang I u. vgl. Bitzan/Sturhan, in: Bitzan
1997, S. 275).

Worch war Mitglied in zahlreichen rechten Organisationen, u.a. in der *Deutschen
Alternative* (s. Anhang I u. vgl. Bitzan/Sturhan, in: Bitzan 1997, S. 275). Sie übernahm
nach Absetzung Ursula Müllers 1988 das Amt der Vorsitzenden der *Deutschen
Frauenfront* (vgl. Fantifa Marburg, in: Mecklenburg 1996, S. 747).
1989 war Worch Mitbegründerin der *Nationalen Liste*, übernahm dort die Funktion
der Kassenwartin und ist seit 1991 Landeskassenwartin (s. Anhang I u. vgl. Bitzan/
Sturhan, in: Bitzan 1997, S. 275 u. Bitzan 2000, S. 519). 1989 wurden Worch, ihr Ehemann und ein weiterer Funktionär an die Spitze der Wahlliste der *Nationalen Liste*
gesetzt (vgl. ebenda, S. 518).

Auch als Autorin für rechte Zeitschriften ist Worch aktiv, so schreibt sie beispielsweise für die *Nachrichten der HNG* (s. Anhang I u. vgl. Bitzan/Sturhan, in: Bitzan
1997, S. 275). Die Flugblätter für die *Deutsche Frauenfront* gestaltete sie mit und stand
wegen des Inhalts eines Flugblattes, nämlich „*Aufstachelung zum Rassenhaß*", 1986 vor

Gericht (ebenda, S. 275). 1987 wurde sie wegen Gewalttätigkeit gegen einen Polizisten angeklagt und stand 1990 wegen des Inhalts der *Kampfgefährtin* zusammen mit Ursula Müller vor Gericht und wurde zu einer Bewährungsstrafe verurteilt (vgl. Bitzan 2000, S. 518 u. Bitzan/Sturhan, in: Bitzan 1997, S. 276). Über den Inhalt der *Kampfgefährtin* läßt sich allgemein sagen, daß viele Artikel rassistisch und antisemitisch waren und des öfteren weibliche „Vorbilder" aus der NS-Zeit verherrlichten (s. 4.4.1 u. Bitzan 2000, S. 445).

Weiterhin ist Worch bei der Planung von Aufmärschen aktiv, so 1991 bei einer Demonstration in Hamburg, die unter dem Motto „Wir Deutschen wehren uns" stand (vgl. Bitzan 2000, S. 519). 1990 nahm sie außerdem am Heß-Gedenkmarsch teil (vgl. Bitzan/Sturhan, in: Bitzan 1997, S. 276).

An diesen drei Beispielen läßt sich erkennen, daß rechte Frauen das ideologische Bild vertreten, es aber mit Selbstbildern, wie dem Beruf und der Teilhabe an Gewalt, verbinden.

4.6 Zusammenfassung

Wie gesehen, kann man den genauen Frauenanteil im rechten Spektrum nicht bestimmen. Er liegt nach Schätzungen bei einem Drittel. Anhand dieser Schätzungen läßt sich sagen, daß Frauen und Mädchen nicht gegen Rechtsextremismus immun sind, wie die Medien und manche Wissenschaftler, wie beispielsweise Heitmeyer (s. 5.3.1), dies häufig darstellen.

Die Funktionen der rechten Frauen in den Gruppen liegen meist im „erzieherischen" Bereich, sie sind zuständig für Propaganda und Schulungen und somit für die „Erziehung der Volksgemeinschaft" nach rechten Bestimmungen. Diese Funktionen und Aufgaben in Parteien lassen aktive Teilnahme von Frauen erkennen.

Die ausgewählten Beispiele DFF, RBF und SFD weisen auf weibliche Initiative in der rechten Szene hin und verdeutlichen, inwiefern Frauen hier teilhaben und teilhaben wollen z.B. durch Teilnahme an Gewaltaktionen. In bezug auf die Ideologie läßt sich eine Widerspiegelung derselben erkennen, sowohl anhand der Übernahme der Forderung der Mutterschaft als auch in allgemeinen Aspekten wie der „völkischen Sache", derer sie sich unterordnen.

Die drei benannten Personen, Hunke, Müller und Worch, verdeutlichen die Teilhabe von Frauen an rechtsextremen Aktivitäten auf unterschiedliche Weise. Hunke entwickelte Theorien, Müller und Worch vertreten rechtsextreme Ideologie. Die drei Beispiele machen somit deutlich, daß Frauen aktiv am Rechtsextremismus teilhaben.

Insgesamt wird in diesem Kapitel deutlich, daß Frauen im rechten Spektrum aktiv sind, auch wenn dies nicht bzw. nur begrenzt in der Öffentlichkeit wahrgenommen wird. Es zeigt sich eine aktive Teilnahme der Frauen dahingehend, daß durchaus die Forderung aufgestellt wird, eigenständig einen Beitrag zur „Volksgemeinschaft" zu leisten und sich hierbei nicht den Männern unterordnen zu müssen. Somit verdeutlichen die Beispiele der in Kapitel 3 erläuterten Inhalte der rechten Ideologie und der Selbstbilder und weisen darauf hin, daß rechte Frauen nicht in die Schemata der Forschung und der Medien, „unterwürfig" oder „gewalttätig", zu pressen sind.

5 Die Anziehungskraft des Rechtsextremismus

Innerhalb einer Gesellschaft bewegen Personen sich in einem sozialen, dynamischen Feld der Anziehung und Abstoßung. Welche Faktoren allgemein beim Rechtsextremismus anziehend wirken, und welche vor allem für Frauen anziehend sind, soll nun in diesem Kapitel besprochen werden. Der allgemeine Teil soll hierbei zur Einordnung in den Themenkomplex dienen, da die Anziehungskraft auf Frauen nicht losgelöst davon zu sehen ist.

5.1 Allgemein: Verschiedene Faktoren der Anziehungskraft

Die Untersuchungen zu diesem Thema beziehen sich meist auf Jugendliche. Für diese Arbeit soll es darauf beschränkt bleiben, da die erhobenen Faktoren darüber Aufschluß geben, welche Unsicherheiten vorhanden sein müssen, um zur rechten Szene zu tendieren, noch bevor sich die Einstellungen manifestieren.

Allgemein kann man die Motive in einem „(...) eher diffusen Gemisch aus Unsicherheit, Überforderung und Verdrossenheit (...)" suchen (Bründel/ Hurrelmann 1997, S. 261). Weiterhin wird die Anziehungskraft des Rechtsextremismus u.a. in der Provokationslust Jugendlicher gesucht, die in diesem Spektrum die Gelegenheit dazu suchen und finden (Zeitung 10). Sie können mit NS-Symbolen wie dem Hakenkreuz provozieren und schockieren, „(...) was ihnen angesichts der verunglückten >>Bewältigung<< der deutschen Nazi-Vergangenheit auch trefflich gelingt" (Bründel/ Hurrelmann 1997, S. 265). Dadurch können sie Aufmerksamkeit auf sich ziehen und die Grenzen der gesellschaftlichen Akzeptanz austesten (vgl. ebenda, S. 301).

Die Programmatik rechter Gruppierungen, wie der Fremdenhaß, wird ebenso von rechten Tätern vor Gericht häufig als Motiv genannt (Zeitung 59). Für unsichere Personen werden Feindbilder, zu denen AusländerInnen stilisiert werden, und die von der Ideologie propagiert werden, als beruhigend und stärkend empfunden (vgl. Bründel/Hurrelmann 1997, S. 292). Ebenso können der Zusammenhalt innerhalb rechter Gruppen und der Wunsch nach einer Führerperson als Motive gesehen werden, was auf dem Gefühl des Alleingelassenseins in der Gesellschaft basiert (vgl. ebenda, S. 280 u. 312).

All diese Faktoren werden von rechten Gruppierungen ausgenutzt, um Jugendliche zu rekrutieren. Bründel und Hurrelmann beschreiben diesen Sachverhalt folgendermaßen:

„*Sie* (rechte Personen, Anm. K.H.) *setzen der erfahrenen Ohnmacht von Jugendlichen Macht entgegen, der Vereinzelung und sozialen Gleichgültigkeit Gemeinschaft, ihrer Handlungsunsicherheit Gewißheit und Klarheit, ihrer Schwäche eine verheißene Stärke.*" (S. 270).

Rechte Gruppen versprechen ihren Mitgliedern einen Platz in der Gesellschaft, der sie von anderen aufgrund der Ideologie abhebt, den sie sich nicht erkämpfen müssen und der sie an der Seite der Starken und Gewinner wähnt (vgl. ebenda, S. 260 u. Erb, in: Benz 1994, S. 120). Dies hilft unsicheren Personen bei der Stärkung und Aufwertung ihres Selbstbewußtseins (vgl. Bründel/Hurrelmann 1997, S. 312).

Möller faßt die feindliche Haltung AusländerInnen gegenüber in unterschiedliche Ebenen. Er benennt eine ökonomische Ebene, auf der Angst vor Konkurrenz, beispielsweise um den Arbeitsplatz, geäußert wird, eine politische Ebene, auf der befürchtet wird, daß Konflikte zwischen ausländischen Gruppen in Deutschland ausgetragen werden, eine kulturelle Ebene, die die Angst vor kultureller und religiöser Überfremdung beinhaltet und eine ökologische Ebene, auf der AusländerInnen als „*wenig umweltverträglich*" bezeichnet werden (vgl. Möller, in: Engel u.a. 1995, S. 68/69).

Zusammenfassend kann festgehalten werden, daß die Motive „*Stärke, Kameraderie, Klarheitsversprechen und Gemeinschaftsideologie*" sind (Hafeneger, in: Klawe 1993, S. 135). Rechte Gruppen bieten unsicheren Personen somit Halt, den sie in der heutigen Gesellschaft, die durch Schnellebigkeit gekennzeichnet ist, scheinbar nicht finden.

Die Untersuchungen beziehen sich, wie erwähnt, auf Jugendliche. Aufschluß über Motive Erwachsener, die unter Umständen hiervon variieren, geben sie somit nicht. Anzunehmen ist, daß der Unsicherheitsfaktor auch hier eine Rolle spielt und außerdem rassistische Einstellungen und das „Deutschtum" hinzutreten.

Wie sieht es nun bei Frauen aus? Sind das auch ihre Motive, oder gibt es hier andere?

5.2   Faktoren der Anziehungskraft für Frauen

Die Anziehungskraft des Rechtsextremismus für Frauen teilt sich in mehrere Motive ein. Aus diesem Grund sollen die Motive nacheinander beschrieben werden, und es soll geschaut werden, ob Frauen wirklich zunächst „*einem Mann, dann dem Programm*" (Internet 6) verfallen, oder ob es nicht doch mehrere Faktoren gibt. Interessant wäre hierfür, Interviews mit Aussteigerinnen benutzen zu können, um zu erfahren, aus welchen Gründen sie sich in der rechten Szene engagierten, und um zu sehen, ob diese Frauen andere Motive nennen als noch aktive Rechtsextremistinnen. In der Literatur lassen sich allerdings keine Hinweise auf solche Interviews finden. Dies zeigt wiederum, daß es auf dem Gebiet des „weiblichen Rechtsextremismus" weiteren Forschungsbedarf gibt.

Motive für das Wählen rechter Parteien
Begonnen werden soll mit Frauen, die nicht in der rechten Szene aktiv sind, diese
aber durch Wahlen indirekt unterstützen und sie somit in ihrer Haltung stärken. An
diesen Einstellungen verdeutlichen sich Motive, der rechten Ideologie nahezustehen.

Um zu wissen, um wie viele Frauen es sich bei den Wählerinnen rechter Parteien
handelt, soll zunächst geschaut werden, welche Zahlen die Literatur hierfür bereithält.
Im Vergleich zu den Männern wählen weniger Frauen rechte Parteien. *„Im Wahl-
verhalten hielt sich in etwa das Verhältnis 1/3 Frauen zu 2/3 Männern bei RechtswählerInnen."*
(Internet 3). Dies wiederum entspricht dem Verhältnis der Verteilung von Frauen
und Männern, die Mitglieder rechter Organisationen sind (s. 4.2). Die *Republikaner* (s.
Anhang I), um ein Beispiel zu nennen, werden bundesweit von 5,9% Frauen gewählt,
wobei der Anteil junger Frauen bei 9,1% liegt (vgl. Jansen, in: v. Hellfeld 1989, S. 85).
In Baden-Württemberg wurde die Partei 1992 bei der Landtagswahl von 8,5%
Frauen gewählt (vgl. Birsl, in: Falter u.a. 1996, S. 52).

Welche Motive spielen eine Rolle? Pinn benennt diese folgendermaßen:
*„Als ein Hauptmotiv, rechtsextremistische Parteien zu wählen, gilt soziale Verunsicherung. Sie
wird artikuliert als Wunsch nach Ordnung und klaren Verhältnissen, auch was Normen und
Verhaltensregeln für Männer und Frauen betrifft."*
(Pinn, in: beiträge 1990, S. 143).
Dies ist in der Ideologie rechter Parteien und Gruppierungen, wie gesehen, vor-
handen (s. 5.1). Somit ist ein erstes Motiv die Suche nach Sicherheit und Klarheit.
Weitere Faktoren sind in Sozialisationserfahrungen, in Erfahrungen mit personeller
Gewalt, in Diskriminierungserfahrungen und in *„aggressionsablehnende(n) Weiblichkeits-
bilder(n) in unserer Gesellschaft"* zu suchen (Siller, in: deutsche jugend 1991, S. 32).
Diesen Weiblichkeitsbildern zufolge dürfen Frauen keine Gewalt anwenden und sich
nicht „unweiblich" verhalten (s. S. 10), da dies auf Ablehnung in der Gesellschaft
stoßen würde. Da aber rechten Gruppen, wie in Kapitel 3 beschrieben, Rollenerwartungen haben, in die „weibliche Tugenden" miteinfließen, stellt sich die Frage,
warum manche Frauen zu rechten Gruppen tendieren. Es läßt sich vermuten, daß
diese Frauen durch die Zugehörigkeit zu einer rechten Gruppe die Möglichkeit sehen,
den Rollenerwartungen zu entfliehen, in Unkenntnis des Frauenbildes der rechten
Ideologie, welches sich in wesentlichen Punkten nicht von den alten gesellschaftlichen Rollenerwartungen unterscheidet, wie die Frauenforschung feststellt. Dies ist
allerdings nur eine Vermutung, die nicht durch wissenschaftliche Befunde belegt
werden kann.

Ebenso können die Weiblichkeitsbilder der rechten Ideologie, so Siller, Motive
sein (vgl. ebenda). Allerdings, so zeigen die Selbstbilder, werden diese nicht von allen
Frauen akzeptiert, und es ist wahrscheinlich, daß sie nicht als Hauptmotiv anzusehen
sind (mehr hierzu s. 5.2.2). Vielmehr kann angenommen werden, daß rassistische und
autoritäre Einstellungen Motive darstellen (vgl. Bitzan 2000, S. 10). Dies läßt sich bei
Skinhead-Frauen und den Wählerinnen der *Republikaner* (s. Anhang I) feststellen, die
zwar meist nicht mit dem rechten Frauenbild, dafür aber mit der ausländerfeindlichen
Einstellung konform gehen (s. Kap. 2 u. vgl. Nestvogel 1994, in: Nestvogel, S. 25 u.

Fichte, in: Bitzan 1997, S. 145). Weiterhin wirkt die „Politik der inneren Sicherheit", wie die Bekämpfung der Kriminalität oder des Drogenmißbrauchs, welche rechte Parteien verfolgen, attraktiv (vgl. Holzkamp, in: Nestvogel, S. 235). Dadurch sehen die Wählerinnen ihren Lebensstandard durch rechte Parteien gesichert, den nach außen zu verteidigen ihnen ein wichtiges Ziel ist (vgl. Möller, in: Engel u.a., S. 71).

Anhand dieser Motive läßt sich die Anziehungskraft in Momenten wie persönlicher Unsicherheit und struktureller Klarheit, die rechte Gruppen vorgeben, suchen. Sie entsprechen somit den Motiven, die unter Punkt 5.1 beschrieben wurden.

Das ideologische Frauenbild und das Selbstbild: Anziehung und Abstoßung

Für unsichere, meist junge Frauen, die nach Sicherheit und Identität suchen, kann das ideologische Frauenbild (s. Kap. 3) attraktiv sein. So können diese Frauen sich in ein Schema einordnen, daß ihnen Sicherheit bietet, können zu einer Gruppe gehören und an der Macht der Männer, denen sie sich unterordnen, teilhaben (mehr zu Macht und zu Gruppendynamik auf S. 50/51 u. vgl. Holzkamp, in: Nestvogel 1994, S. 234). Das Interesse an Macht und Herrschaft kann dadurch gestillt werden, ohne Verantwortung übernehmen zu müssen. Gleichzeitig kann das Selbstwertgefühl gesteigert werden (vgl. Dettling/Goltz, in: Wlecklik 1995, S. 37 u. 43).

Aber nicht nur die Teilhabe an Macht kann das Frauenbild attraktiv machen. Auch die Wiederbelebung des traditionellen Bildes, das Sicherheit verspricht, kann als Anreiz vermutet werden (vgl. Horn-Metzger/Riegel, in: Wlecklik 1995, S. 103).

„Das kulturell bereitliegende Repertoire der Unterordnung von Frauen unter Männer, die Flucht in einen neuen Privatismus und Familialismus sind in ihrer Anziehungskraft für (junge) Frauen nicht zu unterschätzen."

(Meyer, in: Otto u.a. 1993, S. 215).

Das Selbstbild, das den *„Entwurf der freien politischen Kämpferin"* beinhaltet, kann als Identifikation denjenigen Frauen dienen, die nicht Hausfrau und Mutter sein wollen (s. 3.6 u. Renz, in: Wlecklik 1995, S. 57). Rechte Parteien und Gruppierungen tun ein Übriges, indem sie Frauen Handlungsspielräume im politischen Bereich eröffnen (vgl. Engel/Menke, in: Engel u.a. 1995, S. 12). Selbstbewußte Frauen können sich so einen *„Platz in der „Elite" sichern"*, indem sie einen Funktionärsposten übernehmen (vgl. 4.3 u. Bitzan 2000, S. 356).

Wie gesehen gibt es im rechten Spektrum eine Vielzahl von Frauenbildern (s. 3.6). Gerade diese vielfältigen Entwürfe können ein Faktor für die Attraktivität sein, da Frauen zwischen mehreren Alternativen wählen können (vgl. Internet 3). Aber auch Rollenkonflikte zwischen Familie und Beruf können Auslöser sein, sich Gruppen anzuschließen, die alternative Wege aufzuzeigen scheinen (vgl. Siller, in: Engel u.a. 1995, S. 51).

Das ideologische Frauenbild bietet Sicherheit an, während die Selbstbilder Alternativen für eine andere Lebensgestaltung bereithalten. Das rechte Spektrum hält somit in diesem Punkt vielfältige „Angebote" für Frauen bereit.

Die Gruppe zur Stärkung der Identität

Das Gefühl der Anerkennung innerhalb der Gruppe, aber dennoch die starke Frau sein zu dürfen, ist für viele ein Anreiz (vgl. Siller, in: Engel u.a. 1995, S. 60). Des weiteren ist die Suche nach Schutz nicht zu unterschätzen (vgl. Niebergall, in: Engel u.a. 1995, S. 98). Damit sind rechte Gruppen für starke und schwache Personen attraktiv.

Durch die Zugehörigkeit haben Frauen an der Seite von Männern, vor allem in Skinhead- Gruppen, die Gelegenheit, durch ihr Äußeres und ihr Aussehen zu provozieren, was ihnen Aufmerksamkeit einbringt, die sie genießen (vgl. Lutzebaeck u.a., in: Engel u.a. 1995, S. 110). Diese Frauen können somit durch die Gruppenzugehörigkeit aus der Rollenerwartung heraustreten.

In rechten Gruppen finden einige Frauen, wonach sie suchen, nämlich Ordnung und Gehorsam, also Autoritarismus, was als der *„weibliche Rechtsextremismus"* bezeichnet wird (Huth, in: Bitzan 1997, S. 220).

Festzuhalten ist weiterhin, daß für Frauen in rechten Gruppen die Möglichkeit besteht, sich vom „Fremden" abzuheben und dadurch die eigene Gruppe und die eigene Person aufzuwerten (vgl. Meyer, in: Otto u.a. 1993, S. 217).

Die Gemeinschaft und das Sicherheitsgefühl innerhalb der Gruppen sind somit als Anziehungskraft nicht zu unterschätzen. Weiterhin bieten rechte Gruppen Identifikationsmöglichkeiten an.

Machterhalt durch Ausgrenzung

Die „Ungleichheit der Menschen" (s. Kap. 2 u. 3) bedeutet für diejenigen, die durch die rechte Ideologie aufgewertet werden, einen Machtgewinn.

Für Frauen, die beispielsweise durch Benachteiligungen im Berufsleben zu den diskriminierten Gruppen in der Gesellschaft gehören, bedeutet dies, daß sie die Möglichkeit haben, *„Herrschaft über Schwächere"* ausüben zu können, ohne etwaige Selbstunterwerfung und gesellschaftliche Zustände hinterfragen zu müssen (vgl. Dettling/Goltz, in: Wlecklik 1995, S. 38 u. Hentges, in: Wlecklik 1995, S. 87). Dies ist ein einfacher Weg, sich machtvoll zu fühlen, da die Person selbst keine Anstrengungen unternehmen muß. Dies bietet die rechte Ideologie ohne weiteres an.

Eine Machtposition können Frauen aber nicht nur hierdurch erlangen, sondern auch aus der ihnen durch die rechte Ideologie zugeschriebenen Rolle der Mutter, was ihnen das Machtgefühl verleiht, für das Volk als Mutter und somit als *„Erhalterin der Volksreinheit"* verantwortlich zu sein (vgl. Sturhan, in: Bitzan 1997, S. 108 u. Bitzan 2000, S. 357).

Machtgefühl wird Frauen somit in rechten Gruppierungen geboten und das *„Interesse an Macht und Privilegien"* kann befriedigt werden (ebenda, S. 49 u. s. 6.2.2). Durch die Hierarchisierung der Menschen kommen Frauen in rechten Gruppen automatisch in eine bessere Position, da ihnen alle Menschen, außer weißen Männern, untergeordnet werden. Dieser Sachverhalt ist als Anziehungskraft nicht zu unterschätzen.

Gewalt als Anziehungskraft

Gewalt spielt nicht für alle rechte Frauen eine Rolle. Wie aber in Ausschnitten des Kapitels 4 gezeigt wurde, ist Gewaltanwendung durch Frauen in manchen Frauengruppen ein großes Thema, was zu Differenzen und Spaltungen führte (s. 4.4.1). Aus diesem Grund soll Gewalt als Thema behandelt werden, wobei es im Folgenden um die Anziehungskraft der Gewalt geht. Zunächst sollen aber der Gewaltbegriff und die Aktualität rechter Gewalt näher beleuchtet werden.

Exkurs: Zur Aktualität rechter Gewalt und zur Definition des Begriffes
Gewalt spielt in der rechten Szene eine Rolle, wie den Medien zu entnehmen ist. Vor allem im Juli und August 2000 waren vermehrt gewalttätige Übergriffe zu verzeichnen. Somit ist ersichtlich, daß Gewalt im rechten Spektrum allgemein keine untergeordnete Rolle spielt, um Interessen durchzusetzen oder um sich „abzureagieren", wie es bei vielen Gewalttaten den Anschein macht.

Gewalt ist vor allem für viele Jugendliche ein Anreiz. Dadurch erhalten gewaltbereite rechtsextreme Gruppen immer mehr Zulauf. Im Verfassungsschutzbericht von 1999 spricht man von einem Zuwachs um fast 10 Prozent, womit die gewaltbereite Szene etwa auf 9.000 Personen angewachsen ist (Internet 16). In diesem Bericht wird allerdings nicht geschlechtsspezifisch differenziert.

Was genau ist rassistische Gewalt?
Hurrelmann und Bründel definieren diese Form der Gewalt folgendermaßen:
„Fremdenfeindliche und rassistische Gewalt, die physische, psychische und verbale Form der Schädigung und Verletzung eines anderen Menschen aufgrund seiner ethnischen Zugehörigkeit, seines Aussehens oder seiner Religion. "
(1997, S. 28).
Diese Form der Gewalt hat drastisch zugenommen und bleibt meist auf einer anonymen Basis von Überfällen und Brandanschlägen, wodurch es für die Täter möglich ist, sich nicht mit ihren Taten auseinandersetzen zu müssen (vgl. ebenda, S. 259). Häufig läßt sich beobachten, daß kein politisch motivierter Grund dahinter steht, sondern aus reinem Haß zugeschlagen wird, wobei die Opfer zufällig ausgewählt werden (vgl. ebenda, S. 261 u. 264). Diese gewalttätigen Energien können, das ist anzunehmen, von rechten Gruppierungen ausgenutzt werden.

Gewalt als Faktor der Anziehungskraft für Frauen

Gewalttätige Frauen widersprechen der Vorstellung der „friedfertigen Frau" (dieser Begriff stammt von Margarete Mitscherlich). Aus diesem Grund kann angenommen werden, daß Gewalt einen Reiz auf Frauen ausübt, die diesem Bild nicht entsprechen wollen (s. 3.7). Ihre eigene Gewalttätigkeit können Frauen durch die Opferhaltung, die sie eingenommen haben erklären: sie schlagen somit „nur" zurück und wehren sich gegen die Gewalt von außen (vgl. Büchner, in: Das Argument 1994, S. 63). Häufig findet man die Legitimation der Gewalt durch die Aussage, „frau" sei bedroht worden (vgl. Köttig, in: Bitzan 1997, S. 153).

Gewalttätige Frauen lassen sich vor allem unter den Renees (s. 4.4.3) finden, die sich oft über Gewalt definieren, sie aber nicht nur aus der Gruppe heraustragen, sondern häufig Mädchen und Frauen innerhalb der eigenen Gruppe verprügeln, um sich Respekt zu verschaffen (vgl. Fichte, in: Bitzan 1997, S. 136 u. 143 u. Köttig, in: Bitzan 1997, S. 162). Sie bestehen darauf, sich prügeln zu dürfen, benutzen Gewalt als Ventil und wenn sie „*Lust auf Randale*" haben (Knapp, in: Welzer 1993, S. 234). Außerdem versuchen sie, durch Gewalt die Anerkennung der Männern zu erlangen (s. Kap. 4 u. Niebergall, in: Engel u.a. 1995, S. 95). Weiterhin übt Gewalt auf sie Faszination aus (vgl. Schönfeld, in: Engel u.a. 1995, S. 133).

Wie gesehen gab es bei der DFF durchaus Ambitionen, an Straßenkämpfen teilnehmen zu wollen, und es wurde das Bild der „Kämpferin" propagiert (vgl. Renz, in: Wlecklik 1995, S. 57 u. vgl. 4.4.1). Daran ist ersichtlich, daß Frauen in der rechten Szene Gewalt allgemein nicht abgeneigt sind. Dies belegt die NRW-Studie von 1993. Deren Ergebnisse besagen, daß rechtsextrem eingestellte Mädchen Gewalt durchaus befürworten. So halten 13 Prozent Gewalt für eine Konfliktlösungsmöglichkeit, fünf Prozent sind häufig in Gewalttätigkeiten verwickelt und 15 Prozent plädieren für die Wiedereinführung der Todesstrafe (vgl. Heiliger, in: Wlecklik 1995, S. 112). Die Tübinger Untersuchung von 1995 stellt fest, daß ein Fünftel der befragten jungen Frauen Übergriffe auf AusländerInnen befürwortet (vgl. Bitzan 2000, S. 41).

Frauen sind im Bereich der Gewalt somit nicht nur Mitläuferinnen, sondern mitunter durchaus Täterinnen, auch wenn ihre Anzahl relativ gering ist. Von einer generellen Gewaltabstinenz kann jedoch nicht gesprochen werden. Anhand der Untersuchungen läßt sich erkennen, daß einige Frauen durchaus rassistische Gewalt befürworten (s. 5.3).

Haltung und Bezug zur Vergangenheit

Die NS-Vergangenheit wirkt sich noch heute auf die deutsche Gesellschaft aus. Der Bezug zur Vergangenheit kann sich durchaus negativ auswirken, wobei dieser Identifikationsschwierigkeiten hervorrufen kann, wie sich im Folgenden zeigen wird.

Die jüngere Generation ist durch Erzählungen und Berichte über die nationalsozialistische Vergangenheit geprägt (vgl. Rommelspacher 1995, S. 9). Der Bezug ist jedoch ungeklärt und äußert sich „(...) *in einem Unbehagen, deutsch zu sein. Auch wenn sie zu jung sind, (...), fühlen sich dennoch viele in einer diffusen Weise schuldig*" (ebenda, S. 9). Diese Gefühle und „(...) *die Angst, zu fragen oder etwas falsch zu machen*" sind Faktoren für Konflikte (vgl. ebenda, S. 10). Diese Konflikte können sich in einem „*ausgeprägten Minderwertigkeitsgefühl*", in einem verworrenen und negativen Nationalgefühl mit Tendenz zur „*Selbststigmatisierung und in einigen Fällen des Selbsthasses*" und, wie Elias es formuliert, in einem farblosen „*Wir-Bild*" äußern (ebenda, S. 162). Die nationale Identität, die in diesem Falle nicht mit der Definition des Nationalismus aus Kapitel 2 gleichgesetzt werden darf, ist somit nicht ausgeprägt. Mit nationaler Identität ist hier vielmehr gemeint, daß viele Deutsche Probleme haben, deutsch zu sein, was sich, wie beschrieben, negativ auf die Person selbst auswirken kann (vgl. ebenda, S. 162). Gesundes Nationalgefühl, das als aus Stolz und Akzeptanz, nicht aus Haß auf Andere bestehend definiert werden kann, fehlt somit. Für die Ausbildung einer „nationalen Identität", davon kann man ausgehen, bieten rechte Programme eine hervorragende

„Orientierungsmöglichkeit", wobei die Ausbildung der Identität sich, dies läßt sich vermuten, auf den Nationalismus stützt, wie er in Kapitel 2 definiert wurde. Es läßt sich weiterhin annehmen, daß auf diese Weise Minderwertigkeitsgefühle aufgrund der deutschen Geschichte kompensiert werden können. Die Gruppe, innerhalb derer Nationalismus propagiert werden kann, scheint wieder eine tragende Rolle zu spielen.

Zusammenfassung

Die Motive können mit Heiliger folgendermaßen zusammengefaßt werden:

- *„zunächst das allgemeine Muster des Suchens nach Anerkennung (...);*
- *die Vorstellung von natürlicher Ungleichheit beider Geschlechter;*
- *Akzeptanz einer traditionellen, familienorientierten Frauenrolle;*
- *die Hoffnung auf Überwindung von Ängsten in bezug auf die Einlösung eines eigenständigen Lebensentwurfes entsprechend den gesellschaftlichen Erwartungen;*
- *die Suche nach Sinngebung und Sicherheit angesichts der widersprüchlichen Anforderungen von Familie und Beruf als scheinbar einfacher Ausweg aus der Ambivalenz;*
- *Akzeptanz einer männlichen Rolle von Überlegenheit, Stärke und Dominanz, die Frauen angeblich Schutz bietet und ihnen einen festen Platz zuweist;*
- *die Hoffnung, in Zeiten zunehmender Orientierungsprobleme durch das Gerede von der angeblichen Gefährdung von Recht und Ordnung einen Halt und Zugehörigkeit zu gewinnen."*

(Heiliger, in: Wlecklik 1995, S. 113/114).

Allgemein ist festzuhalten, daß Frauen nicht nur über Männer in rechte Gruppen kommen, sondern häufig gleich „dem Programm verfallen", ihre eigenen Einstellungen entwickeln und sich engagieren. Die Motive zeigen, daß Verunsicherung und Suche nach Schutz rechten Gruppen Zulauf sichern. Aber auch Gewalt ist eine nicht zu vernachlässigende Größe.

5.3 Die rechtsextremen Einstellungen von Frauen und deren Motive

In diesem Kapitel sollen die bereits genannten Motive durch Aussagen rechter Frauen, die in Studien anhand von Interviews erhoben wurden, verdeutlicht werden. Es gibt zu diesem Thema zahlreiche Untersuchungen, die an dieser Stelle nicht alle mit einbezogen werden können. Somit werden hier lediglich die Ergebnisse einer kleinen Auswahl vorgestellt.

5.3.1   Untersuchungen zur rechtsextremen Einstellung

Die Studien wurden mit Personen aus der gesellschaftlichen Mitte geführt und zeigen die Häufigkeit rechter Einstellungen. Zwar ist die gesellschaftliche Mitte nicht Thema dieser Arbeit, dennoch sollen die Ergebnisse der Studien einbezogen werden, um zu zeigen, daß die Durchführung geeigneter Handlungsstrategien angezeigt ist. Außerdem beinhalten die Aussagen Nennungen von Motiven, wie sie sich in der rechten Ideologie und in den Aussagen rechter Frauen wiederfinden lassen (vgl. Kap. 2 u. 5.3.2 u. 5.3.3).

Die allgemeine Einstellung, Fremde für eigene und gesellschaftliche Probleme verantwortlich zu machen, läßt sich überall in der Gesellschaft finden (vgl. Zeitung 48). Auch Mädchen, denen Heitmeyer in seiner Untersuchung zur rechtsextremen Orientierung bei Jugendlichen von 1989 eine weniger große Anfälligkeit für Rechtsextremismus bescheinigt, zeigen diese Affinitäten (vgl. Birsl, in: Aus Politik und Zeitgeschichte 1992, S. 26). Die Sinus-Studie von 1981 stellt fest, daß es keine geschlechtsspezifische Affinität oder Abneigung gibt (vgl. ebenda). So werden nationalistische Aussagen und ausländerfeindliche Klischees von Frauen genauso häufig wie von Männern vertreten; nur in der Haltung zur Gewalt und zur Ungleichheit der Menschen zeigen sich die befragten Frauen zurückhaltender (vgl. Meyer, in: Otto u.a. 1993, S. 221).

Parolen wie „Deutschland den Deutschen" finden breite Zustimmung. So zeigt die Brandenburg-Studie von 1992, daß 35,4 Prozent der befragten Mädchen dieser Aussage zustimmen, und 21,3 Prozent der Meinung sind, daß Gewalt gegen AusländerInnen gerechtfertigt sei (vgl. Holzkamp, in: Nestvogel 1994, S. 232).

In einer von der taz am 17.07.1989 durchgeführten Umfrage sprach sich die Mehrheit der befragten Frauen für einen Aufnahmestop, vor allem für AussiedlerInnen und für eine Begrenzung der Aufnahme von Flüchtlingen aus. Weiterhin zeigten die Frauen Zurückhaltung bei der Frage nach Einbürgerung, und dies stärker als es die männlichen Befragten taten (vgl. Hentges, in: Wlecklik 1995, S. 86).

Eine Umfrage des Wickert-Instituts von 1988 deutet in die gleiche Richtung. Es wird festgestellt, daß 54 Prozent der Frauen weitere Einwanderungen und 30 bis 50 Prozent eine Heirat mit Menschen jüdischer, türkischer Herkunft und mit schwarzer Hautfarbe ablehnen (vgl. Ottens, in: Bitzan 1997, S. 178).

Die schon erwähnte NRW-Studie (s. S. 52) belegt, daß ein Anteil von 10 bis 15 Prozent der Mädchen und jungen Frauen rechtsextremes Gedankengut äußert (vgl. Heiliger, in: Wlecklik 1995, S. 112). Dies läßt sich durch das Ergebnis einer Studie, die vom Zentralinstitut für Jugendforschung 1990 durchgeführt wurde, ergänzen. Man fand heraus, daß 15 Prozent der SchülerInnen der Aussage zustimmen, der Faschismus hätte nicht nur negative Aspekte gehabt, woran sich Zustimmung an die Forderung nach einem „Führer" anschließt, was von 16 Prozent der SchülerInnen im Osten und 7 Prozent im Westen unterstützt wurde, wobei dies aber vor allem bei den jüngeren SchülerInnen und Lehrlingen, weniger bei den AbiturientInnen festzustellen war (vgl. Lillig 1994, S. 81/82 u. 92). Ob die Befragten diese Einstellungen verinnerlicht haben oder sie reproduzieren, ist eine offene Frage.

Diese Befunde zeigen, daß rechtsextremes Gedankengut, wie das „Deutschtum" und der biologische Rassismus (s. Kap. 2), sich in der Gesellschaft wiederfinden lassen und das rechte Spektrum somit nicht allein als Problem anzusehen ist. Rechtsextreme Einstellungen sind, wie sich erkennen läßt, vielschichtig. In ihnen äußern sich Rassismus, Ängste und die Annahme der Ungleichheit der Menschen. Ihre Eingrenzung und Bekämpfung muß somit von mehreren Seiten aus geschehen. So müssen Politik, Gesellschaft und Schule zusammenarbeiten (s. Kap. 7).

5.3.2 Interviews mit Republikanerinnen

Untersuchungen zur Einstellungen von Republikanerinnen gibt es mehrere. An dieser Stelle sollen einige wichtige Ergebnisse aufgeführt werden, die die Haltung dieser Frauen verdeutlichen.

In einer Untersuchung, die 1993 von Skrzydlo et.al. durchgeführt wurde, wurde festgestellt, daß Republikanerinnen, die als Funktionärinnen in ihrer Partei agieren, dem ideologischen Frauenbild keine große Bedeutung beimessen (vgl. Hentges, in: Wlecklik 1995, S. 85). Für sie nimmt die propagierte Mütterlichkeit keinen großen Stellenwert ein, womit eine Diskrepanz zwischen der Programmatik der Partei (s. 3.1.1) und der Einstellung der Frauen sichtbar wird (vgl. ebenda, S. 85). Größtenteils wird das ideologische Frauenbild von den Republikanerinnen sogar abgelehnt (vgl. Knapp, in: Welzer 1993, S. 217). Es gibt nur wenige Frauen, die sich dem ideologischen Frauenbild unterwerfen und sich hierzu mit den Worten „*Wir sind dazu da, dem Mann das Leben schön zu machen*" äußern (Birsl, in: Aus Politik und Zeitgeschichte 1992, S. 27). Es muß also einen anderen Reiz für Frauen geben, in dieser Partei mitzuwirken.

Hier läßt sich vor allem die Fremdenfeindlichkeit der Partei nennen, die von den Frauen mit Sätzen wie „*Die holen die ganzen Neger rein*" oder „*Der Schönhuber gefällt mir. Der ist für uns Arbeiter, für uns Deutsche. Und gegen Ausländer*" kommentiert wird (ebenda, S. 27). Hierdurch verdeutlichen sie ihre eigene negative und abweisende Haltung AusländerInnen gegenüber.

Weitere Motive, sich den *Republikanern* (s. Anhang I) zuzuwenden, sind die „Rettung Deutschlands" und die Selbstdefinition als Opfer von Gewalt, Angst vor Kriminalität und die „Bedrohung" durch Fremde (vgl. Büchner, in: Das Argument, S. 60).

Die Ergebnisse verdeutlichen Rassismus und Angst vor Kriminalität und „Überfremdung" als Motive, während das ideologische Frauenbild nicht als Reiz anziehend wirkt. Diese Frauen bewegen sich somit in einem Raum zwischen ideologischem Frauenbild, das sie ablehnen, obwohl es zur Programmatik der Partei gehört, und dem Selbstbild, zu dem die rassistische Haltung gezählt werden kann. Außerdem ist festzustellen, daß Republikanerinnen sich in zwei Gruppen aufteilen: eine, in der das ideologische Frauenbild vorherrscht und eine andere, die diesem ablehnend gegenüber steht.

5.3.3 Interviews mit Mädchen aus der Skinhead-Szene

In Interviews mit Mädchen aus der Skinhead-Szene spielt Rassismus als Einstellung gleichermaßen eine Rolle. So äußern sich viele abfällig über AusländerInnen, schieben ihnen die Verantwortung für die steigende Kriminalität zu und verwenden in ihrer Alltagssprache Wörter wie „*Kanakenarsch*" (Köttig, in: Bitzan 1997, S. 154). Sie sind der Meinung, daß AusländerInnen in Deutschland überflüssig seien und fordern härteres Durchgreifen seitens der Politik (vgl. ebenda, S. 155).

Die rechtsextremen Einstellungen werden weiterhin am folgenden Beispiel deutlich:
Siller führte ein Interview mit einer jungen Frau, die sich selbst als rechtsextrem bezeichnet und Mitglied einer Skinhead-Gruppe ist (vgl. Siller, in: Engel u.a. 1995, S. 53-61). Auch sie bewegt sich, wie viele Republikanerinnen, zwischen zwei Vorstellungen, indem sie das ideologische Bild ablehnt und sich ihr Selbstbild schafft, zu dem Gewalt gezählt werden kann.

Kontakt zur Gruppe bekam die Frau durch ihren damaligen Freund. Ihr Motiv, hier Mitglied zu werden, war somit kein politisches (vgl. S. 57). Die Befragte machte eine Ausbildung, die ihr gut gefiel, da sie Verantwortung übernehmen konnte und Bestätigung bekam (vgl. S. 53). Allerdings, so bemerkt sie, würde sie ihren Beruf jederzeit aufgeben, um Kinder zu bekommen und Zeit für die Erziehung zu haben („*(...) das steckt auch einfach in jeder Frau drinne.*", S. 54). Später möchte sie allerdings wieder ins Berufsleben zurückkehren. Sie möchte somit nicht als „*Heimchen am Herd*" enden (S. 54). Ihr widerstrebt das ideologische Frauenbild. Sie möchte einen Mittelweg gehen und dadurch Anerkennung erlangen, die für sie sehr wichtig ist (vgl. S. 55). Das bedeutet für sie, die nicht glaubt, daß man gesellschaftliche Zusammenhänge ändern kann, daß Frauen lernen müssen, sich in der Berufswelt durchzusetzen und es den Männern gleichtun müssen, um etwas zu erreichen (vgl. S. 55/56). Sie erwähnt allerdings nicht, welche Mittel Frauen ihrer Meinung nach dazu benutzen sollten.

Gewalt ist für sie eine ganz normal Sache, die zum Leben dazugehört und die sie mitunter selbst anwendet (vgl. S. 54/55). Gewalt gegenüber Randgruppen ist für sie kein Grund, sich von ihrer Gruppe abzuwenden, obwohl sie versucht, diese Art der Gewalttätigkeit zu verhindern (vgl. S. 58). Sie bezeichnet Gewalt z.B. gegen Obdachlose als „*Ausrutscher*", die sie zwar kritisiert, aber nicht als Anlaß zum Verlassen der Gruppe nimmt (vgl. S. 59). Eine rassistische Einstellung läßt sich ebenso bei ihr finden. „*Sie fordert einen strikten Ausländerstopp und sieht sich damit auf der Seite einer Mehrheit der Bevölkerung (...)*" (S. 58). Diese Aussage, nämlich der Glaube, im Namen der Bevölkerung zu handeln, läßt sich häufiger finden (vgl. Bründel/Hurrelmann 1997, S. 285). Sie selbst stellt sich die Gesellschaft als eine nationalsozialistische vor, die somit autoritär strukturiert ist, und wünscht sich einen größeren Einfluß der *Republikaner* (s. Anhang I), um dies durchzusetzen (vgl. Siller, S. 58). Diese Einstellung scheint aber nicht das Hauptmotiv für ihre Mitgliedschaft in der Skinhead-Gruppe zu sein.

„*Es scheint eher so zu sein, daß (..) (sie, K.H.) in der rechtsextremen Gruppe einen Ort*

gefunden hat, an dem sie sowohl ihr Bedürfnis, als Frau stark und durchsetzungsfähig zu sein, als auch ihr Bedürfnis nach Anerkennung und Bestätigung befriedigt sieht."
(S. 60).
Anerkennung und Bestätigung sind somit für sie ausschlaggebende Faktoren. Sie identifiziert sich mit rassistischen Einstellungen, Gewalt fällt ihr nicht negativ auf.

Dieses Interview zeigt im Hinblick auf den Rassismus Parallelen zwischen den Frauen aus unterschiedlichen Gruppen. Dadurch, daß die rassistische Einstellung sowohl bei den Republikanerinnen als auch bei der Skinhead-Frau festzustellen ist, muß der Rassismus als Hauptmotiv angesehen werden. Frauen verfallen somit durchaus dem Programm und tragen die Einstellung aktiv mit, wodurch sie nicht als friedfertig anzusehen sind, eine Vorstellung, die auch heute noch besteht (s. Kap. 8).

5.4 Zusammenfassung

Bei rechten Frauen gehören Elemente rechter Programmatik wie Fremden-feindlichkeit und Rassismus zu ihren Einstellungen dazu. Zu den Faktoren, warum Frauen zum Rechtsextremismus tendieren, läßt sich Verunsicherung zählen, für welche rechte Gruppen einfache Lösungen bieten. Weiterhin ist die Stärkung der Identität durch die Gruppe und durch Abwertung anderer Personen und die dadurch stattfindende Aufwertung der eigenen Person als Motiv zu sehen. Durch Zugehörig-keit zu einer rechten Gruppe können Frauen an Macht teilhaben. Dieser Umstand spielt in der Theorie der Dominanzkultur eine wichtige Rolle (s. 6.3.2).
Gewalt wird von rechten Frauen nicht nur akzeptiert, sie wollen auch an ihrer Ausübung teilhaben.
Als weiterer Faktor ist fehlendes Nationalgefühl in „gesunder" Form zu sehen, der identitätsstiftend, nicht unterdrückend wirken soll. Als Grund für dieses Nichtvor-handensein ist die fehlende Bewältigung der NS-Vergangenheit zu sehen.
Rechtes Gedankengut läßt sich ebenso in der gesellschaftlichen Mitte finden, wozu in diesem Fall Fremdenfeindlichkeit gezählt werden kann. Rassismus wird in diesem Zusammenhang anhand der Ergebnisse der Untersuchungen als Motiv deutlich.

Festzuhalten ist, daß Rechtsextremismus ebenso auf Frauen anziehend wirkt und somit keine reine „Männersache" ist. Zwar gibt es Frauen, die aufgrund einer Beziehung zu einem rechten Mann in rechten Gruppen sind, dies ist bei vielen aber nicht der Fall, womit Rassismus als ein Hauptmotiv zu sehen ist.

6 Erklärungsansätze zum Rechtsextremismus und zur Gewalt

Nachdem die Motive aus Sicht der Frauen beschrieben wurden, soll es nun darum gehen, den Rechtsextremismus aus Sicht der Wissenschaft zu erläutern. Es gibt mehrere Erklärungsansätze zum Rechtsextremismus. Da nicht alle ausgeführt und diskutiert werden können, soll an dieser Stelle eine Auswahl vorgestellt werden.

Es kann angenommen werden, daß sich die Gründe für rechtsextreme Einstellungen aus mehreren Faktoren zusammensetzen, die im Elternhaus, in der Politik, in der Gesellschaft und in der Lebenssituation zu suchen sind. Aus diesem Grund sollen politische und gesellschaftliche Voraussetzungen sowie allgemeine Erklärungsansätze hinzugezogen werden.

Wie gesehen spielt Gewalt eine Rolle. Deshalb ist es sinnvoll, allgemein und speziell auf Frauen bezogen, auf Gewalt einzugehen.

6.1 Politische und gesellschaftliche Voraussetzungen

Rechtsextremismus entsteht nicht ohne Grund. Für ihn gibt es einen Nährboden im politischen und gesellschaftlichen Feld. Welche Voraussetzungen die deutsche Gesellschaft und Politik bereitstellt, soll im Folgenden beschrieben werden.

In die Voraussetzungen spielt mit hinein, daß es in Deutschland „*(...) ein bestehendes Reservoir an ausländerfeindlichen Grundhaltungen (...)*" gibt, an dem sich rechtsextreme Parteien bedienen können (Bründel/Hurrelmann, S. 276). Die Tatsache, daß viele Menschen mit Rechtsextremen sympathisieren, macht dies zu einem Problem, da sowohl die Ideologie als auch die Gewalt akzeptiert, mitgetragen und mitunter begeistert begrüßt werden (vgl. Heiliger, in: Wlecklik, S. 113 u. Zeitung 26). Dabei ist nicht zu vergessen, daß dies für den Rechtsextremismus von Vorteil ist: „*Passive Rechtsextremisten leisten dem aktiven Rechtsextremismus dadurch Vorschub, daß sie ihn tolerieren.*" (Stöss 1989, S. 20).

Ein anderer Punkt, der hierbei zu beachten ist, ist die Gewöhnung, die Bewältigung behindert (vgl. van Dijk, in: Klawe u.a. 1993, S. 157). Wegsehen und Nichtstun verstärken das Problem, da etwas, das zum Alltag gehört, schlecht unter Mithilfe der Bürger zu bekämpfen ist (vgl. Zeitung 55 u. 58).

Die Vorstellung, Deutschland sei kein Einwanderungsland, ist nicht nur in der rechten Szene, sondern auch in der Gesellschaft weit verbreitet und wird von der Politik betont (vgl. Birzer, in: Mecklenburg 1996, S. 74). In dieser Frage sind die Aussagen der Politiker meist zweideutig. „*Mit dem Anspruch, fremdenfeindliche Hetze zu verhindern, wird die Forderung erhoben, keine Fremden ins Land zu lassen.*" (Demirovic, in: Klawe u.a. 1993, S. 147). Dadurch bekommen die Rechtsextremen Wasser auf ihre

Mühlen. Van Djik beschreibt diesen Zustand mit folgenden Worten: *„Wo mit keiner Statistik standhaltendem Gerede von „Asylantenfluten" Politik gemacht wird, kann von durchschnittlicher Bevölkerung keine Humanität erwartet werden."* (van Dijk, in: Klawe u.a. 1993, S. 158). Von der Politik wurden schon mehrere Forderungen von rechter Seite erfüllt. So werden kriminelle AusländerInnen abgeschoben und Arbeitsplätze zuerst an Deutsche verteilt, was mit *„dem Druck der Straße"* begründet wird (Buntenbach, in: Mecklenburg 1999, S. 31). *„Statt den demokratischen Status quo vor den Rechtsextremisten zu verteidigen, wurde ihnen nachgegeben."* (ebenda, S. 31). Dadurch bekommen die Rechtsextremisten Zugang zur Mitte der Gesellschaft und können ihre Parolen und Ideologie leichter verbreiten (vgl. ebenda, S. 32). Kampmann bezeichnet dies als *„staatlich proklamierte Ausländerfeindlichkeit"* (Kampmann, in: Nestvogel 1994, S. 192). Vor allem der CSU wird *„geistige Brandstiftung"* vorgeworfen, da sie sich jüngst verständnisvoll Rechtsextremen gegenüber zeigte, die sich „doch nur wehren" würden (vgl. Zeitung 17).

Personen aus der rechten Szene registrieren die Signale aus der Politik, der Gesellschaft und den Medien (vgl. Bründel/Hurrelmann 1997, S. 262). *„Sie empfinden sich als eine Art politischer Avantgarde, die im Grunde das politisch umsetzt und ausführt, was sich die Mächtigen nicht trauen, aber doch klammheimlich wünschen."* (ebenda, S. 262/263). Sie fühlen sich somit als Gehilfen der Politik (vgl. ebenda, S. 285). Vor allem Jugendliche sind hierbei der Spiegel der Gesellschaft, sie tragen Gewalt und rechte Haltungen nicht in die Gesellschaft hinein, sondern spiegeln diese wider (vgl. ebenda, S. 365).

Die Voraussetzungen für den Rechtsextremismus innerhalb der Gesellschaft kann man in drei Faktoren einteilen:

- *„strukturell/institutionell:*
  - *Gesetzgebung:*
  - *Erlasse/Verordnungen*
  - *Benachteiligung bei Wohnungs- und Arbeitssuche*
- *kulturell:*
  - *vermittelte Bilder und Stereotype*
  - *Berichterstattung in den Medien: Horrorszenarien zu der Unvereinbarkeit von Kulturen*
  - *Sprache*
  - *Werbung*
- *individuell*
  - *rass. Sozialisation*
  - *Generalisierung von Einzelfällen zu Lasten der Opfer*
  - *Verinnerlichtes, unhinterfragtes Herrenmenschendenken / Ignoranz"*

(Kampmann, in: Nestvogel 1994, S. 194)
Anhand dieser Einteilung ist erkennbar, daß Rechtsextremismus Voraussetzungen auf mehreren Ebenen hat, die zusammenwirken und dem Rechtsextremismus eine Plattform bieten.

Rassismus und Fremdenfeindlichkeit sind somit keine Randerscheinungen, sondern latent in der Gesellschaft vorhanden und kommen aus ihrer Mitte (vgl. Bitzan

2000, S. 364). Sie werden geduldet und propagiert, was nicht zu einer Verbesserung
der Situation beiträgt. Die neuesten Entwicklungen zeigen aber eine Sensibilisierung
der Gesellschaft, die das politische Klima in den letzten Monaten verändert hat, z.B.
indem rechte Straftaten häufiger zur Anzeige kommen (s. Kap. 7).

6.2 Allgemeine Erklärungsansätze zum Rechtsextremismus

Aus den vielen Erklärungsansätzen, von denen nur ein paar vorgestellt werden
können, sollen die wichtigsten Merkmale zusammengetragen werden, die allgemeine
Erklärungen zum Rechtsextremismus aufzeigen und zur Einordnung der frauenspezifischen Ansätze dienen sollen, um zu sehen, welche Unterschiede und Gemeinsamkeiten bestehen.

Das „Zeitalter der Globalisierung" wird mit seinen Flüchtlingsströmen als Faktor
angesehen, der die Gesellschaft nationalistischer werden läßt (Butterwegge, in:
Mecklenburg 1999, S. 139). Der Nationalismus ist vor allem für Jugendliche eine halt-
gebende Einstellung und eine Orientierungshilfe auf der Suche nach Identität (vgl.
Rommelspacher 1995, S. 182/183 u. s. 5.1). „Lebensgeschichtliche Identitätsbrüche" verstärken dies (Pommerenke, in: Becker u.a., S. 98). Man kann davon ausgehen, daß rechtsextreme Gruppierungen und Parteien für diese Personen „Alternativen" bereithalten.

Wölflingseder stellt allgemein fest, daß die Verunsicherung, die aus den gesellschaftlichen Verhältnissen resultiert, ein wichtiger Faktor ist, der dazu führen kann,
daß sich Personen rechten Gruppen zuwenden, die ihnen scheinbar Sicherheit vermitteln (vgl. Wölflingseder, in: Bitzan 1997, S. 60).

Heitmeyer geht von der Theorie der Modernisierung aus, wobei er den Rechtsextremismus

*„(...) als Folge einer Kausalkette, ausgehend von umfassenden Modernisierungstendenzen
(sieht, K.H.), die zu gesellschaftlicher Desintegration und zu Individualisierungs- und
Auflösungsprozessen (...) führen (...) Dem verunsicherten, orientierungslosen und
handlungsunsicheren Individuum böten rechtsextremistische Angebote Orientierungshilfen mit
ihren >>Vorurteilen und durch Stabilitätsversprechen<< an. "*

(Birzer, in: Mecklenburg 1996, S. 78/79). Untersuchungen von Held (1991) und Hoffmeister und Sill (1992) hingegen ergaben,
daß es keinen Zusammenhang zwischen Orientierungslosigkeit und Rechtsextremis-
mus gibt (vgl. Bitzan 2000, S. 53). Von „Modernisierungsverlierern" als Einzige im
rechten Spektrum kann somit keine Rede sein, da es hier durchaus beruflich und
finanziell gut gestellte und hochgebildete Personen gibt (vgl. Ahlheim, in: Jansen u.a.
1993, S. 221- 226). Somit sind nicht Perspektivlosigkeit, sondern Zukunftsängste als
Auslöser zu sehen, die durch den Zusammenhalt innerhalb der Gruppe zu
kompensieren versucht werden (vgl. Internet 9).

Die Gruppe spielt aber nicht nur in diesem Punkt eine große Rolle: Willems stellt
die These auf, daß es den verirrten Einzeltäter in diesem Zusammenhang nicht gibt,

sondern, daß gruppenspezifische Prozesse wirken, wobei die Sozialisation und die jeweilige Lebenssituation, wie beispielsweise die Berufstätigkeit, eine Rolle spielen (vgl. Birzer, in: Mecklenburg 1996, S. 78).

Der Ansatz der Autoritären Persönlichkeit, der von der Berkley-Gruppe weiterverfolgt wurde, geht davon aus, daß bestimmte Persönlichkeitsmerkmale, wie *„Konventionalismus, autoritäre Unterwürfigkeit, aggressive Autoritätssucht, Aberglaube und Stereotypie, Ambiguitätsintoleranz und verquältes Sexualitätsinteresse"*, die Affinität zum Rechtsextremismus begünstigen (ebenda, S. 79). Dies ist nach Adorno auf autoritäre Erziehungsmethoden zurückzuführen, die später autoritäre Einstellungen nach sich ziehen. Diese Einstellungen erfüllen Funktionen, wie die Suche nach einem Sündenbock, auf den die Schuld geschoben werden kann, sowie die Stabilisierung der Lebensverhältnisse durch klare Regeln (vgl. Heß 1996, S. 132-134).

Weiterhin wird der Rechtsextremismus als *„antibürgerlicher Lebensentwurf"* bezeichnet, der sich in der Kleidung und in der Abgrenzung zum Elternhaus bei Jugendlichen äußert (Jungk, in: Engel u.a. 1995, S. 241 u. vgl. Benz, in: Benz 1994, S. 20). Aber auch die Verschärfung von Konkurrenz und Ellenbogenmentalität kann als Grund angesehen werden, sich rechtsextremen Gruppierungen zuzuwenden (vgl. Buntenbach, in: Mecklenburg 1999, S. 26/27).

Alle diese Ansätze beinhalten Erklärungen, die in einem Mehrebenenansatz ein komplexes und komplettes Bild ergeben. So müssen mehrere Funktionen des Rechtsextremismus unterschieden werden:
- politisch: Sicherung der Herrschaft, Verschleierung von Widersprüchen, Ablenkung von Fehlern, Ermöglichung der Ausbeutung
- sozial: Sündenböcke schaffen, Aufbau einer kollektiven Identität
- individuell: Aufwertung der eigenen Person, Angstabwehr, Projektion unerwünschter Anteile (gemeint sind damit Anteile der eigenen Person, wie der Wunsch, dem Arbeitsleben den Rücken zu kehren, was als Faulheit auf Fremde projiziert wird), Ethnisierung allgemeiner Probleme

(s. Kampmann, in: Nestvogel, S. 193).
Der Rechtsextremismus wirkt somit auf verschiedenen Ebenen, vermittelt Sicherheit und verdeckt individuelle und gesellschaftliche Probleme.

Zusammenfassend wurde dies in der Sinus-Studie von 1980 folgendermaßen beschrieben:

„Auslöser für die Herausbildung rechtsextremer Einstellungen (...) ist fast immer das Zusammentreffen objektiver sozialer und ökonomischer Schwierigkeiten mit persönlichkeitspsychologischen Defekten und greifbaren rechtsextremen Lösungsangeboten. "
(Lohmeier, in: deutsche jugend 1991, S. 35).
Dies ist nur ein kurzer, nicht vollständiger Überblick über die verschiedenen Ansätze, der aufzeigt, welche Richtungen es gibt und welche Hauptmerkmale die Ansätze einbeziehen. Motive, wie Unsicherheit und Suche nach einfachen Lösungen, ließen sich bereits in den Aussagen über die Anziehungskraft finden (s. Kap. 5). Die Erklärungsansätze in bezug auf Frauen sollen nun im Folgenden beschrieben werden.

6.3   Erklärungsansätze in bezug auf Frauen

Es gibt nicht viele Erklärungsansätze in bezug auf Frauen. Diese wenigen aber erklären den weiblichen Rechtsextremismus ausreichend und aus unterschiedlichen Blickwinkeln. Zwei dieser Ansätze werden nun ausführlich dargestellt.

6.3.1   Der Erklärungsansatz von Gertrud Siller

Dieser Ansatz geht davon aus, daß Verunsicherung über die Veränderung der gesellschaftlichen Rollenzuweisungen in den Versuch, in rechtsextremen Gruppen Bestätigung und Halt zu finden, mündet (vgl. Jaschke, S. 123). Die „*(...) Vielzahl von Lebenskonzepten, die heute möglich sind*" werden als Verunsicherungsfaktoren verstanden, die das rechte Spektrum mit seiner vorgegebenen Bahn attraktiv machen (vgl. Huth, in: Bitzan 1997, S. 217/218). Somit stehen bei diesem Ansatz die Lebensbedingungen der Frauen im Vordergrund, die von gesellschaftlichen Bedingungen und Veränderungen gekennzeichnet sind, wobei die lebensgeschichtlichen und aktuellen Erfahrungen und Probleme mit eingebunden werden (vgl. Birsl, in: Aus Politik und Zeitgeschichte 1992, S. 27 u. Siller, in: Engel u.a. 1995, S. 44).

Zu den gesellschaftlichen Bedingungen werden die erhöhten Mobilitätsanforderungen des Arbeitsmarktes und die Arbeitsplatzunsicherheit, die Auflösung der sozialen und familiären Netze und die immer individueller werdende Lebensplanung gezählt (vgl. Birsl, in: Politik und Zeitgeschichte 1992, S. 28). Diese Veränderungen innerhalb der Gesellschaft bringen vor allem für Frauen erhebliche Veränderungen mit sich, wodurch Widersprüche in der weiblichen Lebensplanung entstehen, die vor allem dadurch gekennzeichnet sind, daß Frauen zwar Zugang zur Bildung haben, die „*strukturellen Ungleichheitsverhältnisse zwischen den Geschlechtern*" aber noch immer vorhanden sind (ebenda, S. 28). Somit sind die Barrieren für den Zugang zum Beruf nicht kleiner geworden, was sich darin zeigt, daß die meisten Frauen in „weiblichen" Berufen, wie beispielsweise dem der Krankenschwester, arbeiten (vgl. ebenda).

„*Frauen stehen also offensichtlich heute zwischen ihrer traditionellen Normalbiographie, die gekennzeichnet ist von der Zuständigkeit für reproduktive Tätigkeiten außerhalb des Arbeitsmarktes, und der Öffnung neuer Handlungsspielräume bzw. Entscheidungsmöglichkeiten zum Aufbau eines familienunabhängigen Lebens.*"
(Siller, in: deutsche jugend 1991, S. 27).

Die „*Liberalisierung von Weiblichkeitsbildern*" hat zwar stattgefunden, hat sich allerdings bisher kaum auf die Rollenverteilung ausgewirkt (Siller, in: Otto u.a. 1993, S. 222).

Birsl, die diesen Ansatz übernimmt, erkennt hier Widersprüchlichkeiten: zum einen haben sich die Möglichkeiten für Frauen im Berufsleben erhöht, werden aber noch immer durch Schranken in der Berufswelt begrenzt; zum anderen sind diese Freiräume mit dem sich wieder stärker durchsetzenden traditionellen Frauenbild unvereinbar und drittens stehen Reproduktionsarbeit und Mobilitätsanforderungen des Arbeitsmarkts im Gegensatz zueinander (vgl. Birsl, in: Politik und Zeitgeschichte, S. 28). Dadurch kann es in weiblichen Lebenskonzepten zu Konflikten und Brüchen kommen (vgl. ebenda).

Birsl sieht drei Wege, diesen Konflikten zu begegnen: einmal der Versuch, Beruf und Familie zu kombinieren, zum zweiten die Übernahme der traditionellen Frauenrolle und drittens die Anpassung an männliche Muster, um in der Erwerbsarbeit Fuß zu fassen (vgl. ebenda). Wenn diese Wege nicht freiwillig genommen werden, entstehen Brüche und Konflikte mit der Rollenzuweisung und der Identität, was dazu beitragen kann, sich der rechten Ideologie anzuschließen.

„Denn zur Ausfüllung des „Identitätsvakuums" bietet die rechtsextreme Ideologie Interpretationsmöglichkeiten. Die Verunsicherung von Rollenzuweisungen kann kompensiert werden durch eine Aufwertung eben dieser tradierten Geschlechterrollen und der Reproduktionsfähigkeit. Das rechtsextreme Frauenbild garantiert eine „Gleichwertigkeit" von Familienarbeit und vollzieht eine Abgrenzung in ihrer Ungleichheitsideologie zu anderen sozialen Gruppen, wie bspw. zu Ausländern. " (ebenda, S. 29).

Der Ansatz von Siller beschäftigt sich somit mit Unsicherheit, die schon bei den Motiven feststellbar war. Bei Frauen aber nimmt die Unsicherheit einen größeren Stellenwert ein, da diese durch Brüche in den Lebenskonzepten entsteht. Durch Veränderungen innerhalb der Gesellschaft ergeben sich Alternativen zum Lebenskonzept der Hausfrau und Mutter, was verunsichernd wirken kann. Das ideologische Frauenbild der rechten Szene bietet hier Sicherheit.

6.3.2 Der Ansatz der Dominanzkultur von Birgit Rommelspacher

Der Ansatz von Rommelspacher geht nicht von Brüchen in den Lebensläufen aus und zeigt dadurch ein weiteres Merkmal des weiblichen Rechtsextremismus auf.

Der Begriff der „Dominanzkultur" geht von der Annahme aus, daß die Gesellschaft rassistisch ist und die Menschen, die in ihr leben, prägt und Gefühle der Überlegenheit entstehen läßt (vgl. Holzkamp, in: Nestvogel 1995, S. 229/ 230). Rommelspachers Ansatz der Dominanzkultur geht damit über geschlechtsspezifische Begründungen hinaus und sucht nach Begründungen für weiblichen Rassismus (vgl. Ottens, in: Bitzan 1997, S. 197). Hierbei bezieht Rommelspacher sich auf die westliche Kultur (vgl. Engel/Menke, in: Engel u.a. 1995, S. 11).

Rommelspacher geht davon aus, daß aggressives weibliches Verhalten solange verdeckt bleibt, wie lediglich öffentliche Aggression im Blickfeld ist (vgl. Ottens, in: Bitzan 1997, S. 195). Ziel ihres Ansatzes ist es, weibliche Handlungsformen zu erkennen und auf dem Hintergrund der Entstehung zu analysieren (vgl. ebenda, S. 196). Hierbei werden weibliche Ausgrenzungsstrategien innerhalb der geschlechtsspezifischen Arbeitsteilung erkannt und beschrieben, wobei Rommelspacher deutlich macht, daß es innerhalb des Reproduktionsbereichs Möglichkeiten gibt, sich ausgrenzend gegenüber anderen Personen zu verhalten, was von der Forschung bislang kaum beachtet wurde und somit nicht Gegenstand vieler Untersuchungen war (vgl. ebenda). Mit der Feststellung, daß Frauen Fremde ausgrenzen, widerspricht sie der gängigen Annahme, daß die weibliche Sozialisation Frauen weniger anfällig für Fremdenfeindlichkeit mache (vgl. ebenda). Denn gerade die Erziehung zur Fürsorge enthält ein großes Potential zur Diskriminierung:

„In der auf die Familie bezogenen Fürsorge, also in der den Frauen abverlangten Hausfrauen-und Mutterrolle, sei Ausschließung strukturell angelegt. Mitmenschlichkeit und Einfühlungsvermögen bezögen sich nur auf die unmittelbaren Angehörigen. >>Dasein für andere heißt gerade nicht, Dasein für alle. Es gehört zur Rolle als Ehefrau und Mutter, zu verhindern, daß der eigene Mann beziehungsweise das eigene Kind zu kurz kommen. Sind die Ressourcen begrenzt, kann das Beste für das eigene Kind zu wollen, notwendigerweise nur heißen, das schlechtere für alle anderen zu wünschen.<<"
(ebenda, S. 196).

Fremde werden somit als Bedrohung angesehen und als Menschen wahrgenommen, die die Versorgung der eigenen Familie bedrohen (vgl. Holzkamp, in: Nestvogel 1994, S. 237). Dieser Ausschluß von anderen kann durch die *„Grenzen typisch weiblicher Fürsorge"* in Rassismus und Fremdenfeindlichkeit umschlagen (vgl. Birsl, in: Falter u.a., S. 55).

Rommelspacher und Holzkamp erweitern diesen familienbezogenen Bereich um einen Punkt, indem sie sagen, daß der alleinige Bezug auf die Familie die Außenwelt *„diffus und gefährlich"* aussehen läßt, wobei diese Ängste ohne weiteres in Verbindung mit der Angst vor Fremden auftreten können (Ottens, in: Bitzan 1997, S. 196). Die Abwehr des Fremden ist somit schon in der geschlechtsspezifischen Arbeitsteilung angelegt, da in ihr nur der eigene Bereich gilt und verteidigt werden muß (vgl. Birsl, in: Falter u.a. 1996, S. 55).

Die Motive für diese Ausgrenzungsstrategien sucht Rommelspacher in den eigenen Benachteiligungserfahrungen der Frauen, in *„(...) damit einhergehender Sensibilisierung für Unrecht, aber auch* (in, K.H.) *der Weitergabe eigener Unterdrückung sowie der Teilhabe an der Dominanzkultur und damit einhergehender eigener Machtwünsche (...)"* (Ottens, in: Bitzan 1997, S. 197). Eine Gleichzeitigkeit von Diskriminierung und Dominanz ist festzustellen (vgl. ebenda). Frauen in der westlichen Gesellschaft profitieren von dieser, insofern sie selbst weiß sind, verinnerlichen das Überlegenheitsdenken und geben dieses Gefühl der Überlegenheit weiter (vgl. ebenda). Frauen machen somit Erfahrungen der Benachteiligung, die durch Rassismus gegenüber AusländerInnen, die innerhalb des Überlegenheitsdenkens tiefer stehen, kompensiert werden können (vgl. Engel/Menke, in: Engel u.a. 1995, S. 11).

Dieses Denken gilt für beide Geschlechter, wird bei Frauen aber um eine Komponente erweitert, indem andere Religionen als extrem frauenfeindlich empfunden werden oder die angebliche Gewalttätigkeit, insbesondere die sexuelle, von ausländischen Männern betont wird (vgl. Ottens, in: Bitzan 1997, S. 197). Die Tatsache, daß ausländische Männer als bedrohlicher angesehen werden als die zu ihrer Kultur gehörigen, erspart Frauen die Mühe, sich mit den eigenen Unterdrückungserfahrungen auseinanderzusetzen (vgl. Engel/Menke, in: Engel u.a. 1995, S. 11). Dies wahrt die „*Scheinharmonie in der Eigengruppe*" (Internet 3). Anders ausgedrückt: die unreflektierte Erfahrung mit der gesellschaftlichen Hierarchie und die Selbstunterwerfung der Frauen begünstigt die subtile Machtausübung gegen Schwächere (vgl. ebenda).

Die Geschlechterrollen, so betont dieser Ansatz, sind hierarchisch eingeteilt, wobei der Frau die untere Position zugewiesen wird (vgl. Ottens, in: Bitzan 1997, S. 198 u. s. Kap. 3). In anderen Rollen, nämlich im Umgang mit Menschen aus anderen kulturellen Gruppen oder sozialen Klassen, können (weiße deutsche) Frauen die dominante Rolle aufgrund des Überlegenheitsdenkens einnehmen (vgl. ebenda, S. 198).

In einer hierarchisierten Gesellschaft, die sich als höherwertig begreift, gibt es somit Dominanz und Unterwerfung als Schema der Konfliktlösung, dessen Merkmale Bitzan folgendermaßen beschreibt:

„*1. Einrichtung von Hierarchie (Verschiedenheit ist nicht einfach verschieden, sondern wird in eine Rangskala eingeordnet);*

2. in materieller Hinsicht wird die Lage nicht erst dann bedrohlich eingeschätzt, wenn ein tatsächlicher Mangel vorliegt, sondern wenn Privilegien (Reichtum, Vorrechte) bedroht zu sein scheinen, von denen mensch ausgeht, daß sie einer/m zustehen;

3. sich selbst als Norm zu setzen, als das einzige Richtige, Gesunde etc. Alles Fremde und Andere erinnert dann schmerzlich an die nichtgelebten Möglichkeiten, stellt die Selbstgerechtigkeit in Frage und bedeutet somit eine narzißtische Kränkung. Diese wird durch Ausgrenzung und Diskriminierung abgewehrt."

(Bitzan 2000, S. 71/72).

Der Wohlstand soll gesichert werden, es soll nichts davon abgegeben werden, und es herrscht Angst davor, es doch tun zu müssen (vgl. Holzkamp, in: Nestvogel 1994, S. 230). Aber es geht nicht nur um die Sicherung des Wohlstandes, sondern auch um die Verteidigung der eigenen Kultur und des eigenen Lebensstils (vgl. Birsl, in: Falter u.a. 1996, S. 54). Zu Punkt 3 läßt sich hinzufügen, daß Fremde, die nicht den Normen der eigenen Gesellschaft entsprechen, Wünsche wecken, eben diesen Lebensstil mit einschränkenden Werten und Zwängen zu verlassen, was zu Autoaggressionen führen kann, die wiederum auf die Fremden projiziert werden. Das heißt, daß die eigenen unterdrückten Wünsche an anderen bekämpft werden (vgl. Rommelspacher, in: Wlecklik 1995, S. 24). Frauen leben somit mit einer „*multiplen Identität*" zwischen Dominanz und Diskriminierung, wobei diese doppelte Bestimmung durch Fremde gestört wird, was zu einer rassistischen Einstellung führen kann (Birsl, in: Falter u.a. 1996, S. 54).

Rommelspacher geht in ihrem Ansatz von einer anderen Prämisse als Siller aus, nämlich, daß Gesellschaft rassistisch ist und Frauen ihren Anteil daran durch Ausgrenzung haben.

6.3.3   Zusammenfassung

Zu sehen ist, daß viele Faktoren, wie Unsicherheit, Zukunftsangst, Machtstreben, rassistisches Denken und Verunsicherung durch das Aufweichen der Rollenmuster wirken. Diese Faktoren spielen sowohl in den allgemeinen als auch in frauenspezifischen Ansätzen eine Rolle. Gruppen im rechten Spektrum bieten durch einfache Konzepte Lösungsmöglichkeiten an.

Allerdings stellt sich die Frage, ob es, wie im Ansatz von Siller, wirklich lediglich Unsicherheiten sind, die als Faktoren angesehen werden müssen oder ob es nicht auch „starke" Frauen in der Szene gibt, wie es bei den drei vorgestellten Frauen durchaus angenommen werden kann (vgl. Kap. 4).

6.4   Erklärungsansätze zur Gewalt

Ein weiteres Merkmal einiger Frauen im rechten Spektrum ist die von ihnen angewendete Gewalt. Aus diesem Grund sollen nicht nur Erklärungen für den Rechtsextremismus, sondern auch für die Gewalt dargestellt werden.

Zunächst aber sollen im Folgenden allgemeine Erklärungsansätze zur Gewalt vorgestellt werden, um weibliche Gewalt in einen Kontext stellen zu können.

6.4.1   Allgemeine Erklärungen zur Entstehung von Gewalt

Zur Entstehung von Gewalt gibt es mehrere Theorien, die hier kurz vorgestellt werden sollen:

1. Es gibt die *Trieb- und Instinkttheorie*, die von einem angeborenen Aggressionspotential ausgeht, das zur Lebenserhaltung dient. Auf den Menschen bezogen wird davon ausgegangen, daß sich Aggressionen aufstauen, die von Zeit zur Zeit entladen werden müssen, um dem Menschen Befriedigung zu verschaffen, und um den Drang nach Stimulierung geringer werden zu lassen. Hierbei spricht man von der kathartischen, also reinigenden, Wirkung. (Vgl. Bründel/Hurrelmann, S. 314-316).

2. Die *psychoanalytische Theorie* sieht Aggressionen als Zeichen von Angst, Unsicherheit und Enttäuschungen, mit denen der vergebliche Versuch unternommen wird, die Angst unter Kontrolle zu bringen. Die Gewalt, die daraus resultiert, wird als Notsignal verstanden. Sie hat die Funktion, Aufmerksamkeit zu erreichen. (Vgl. ebenda, S. 317-319).

3. Die *Frustrations-Aggressions-Theorie* sieht Gewalt als bewußte Provokation an, die benutzt wird, um andere zu verletzen. Dies läßt sich vor allem bei rassistischer Gewalt erkennen, die zum Angriff anderer Personen benutzt wird. In diese Gewalt treten „*Elemente des Machtstrebens und des Geltungsbedürfnisses*" (S. 319) ein. Aber auch „Lust auf Randale", Vergeltung und das Gefühl, sich verteidigen zu

müssen, spielen eine Rolle.
Oftmals stauen sich subjektiv wahrgenommene Demütigungserfahrungen auf,
die sich in einer Affekthandlung entladen.
(Vgl. ebenda, S. 319-322).

4. Die *Lerntheorie* geht nicht von einer natürlichen Aggression aus, sondern von
Aggression als einem erlernten Verhalten. Gewalt, die überall im Leben ausgeübt
wird, wird laut dieser Theorie schon von Kindern durch Nachahmung erlernt,
vor allem, wenn das aggressive Verhalten anderer erfolgreich ist. „Vorbilder"
können hierfür Eltern, Freunde oder Figuren im Fernsehen sein. (Vgl. ebenda, S.
322-326).

5. Die *Anomietheorie* geht davon aus, daß aggressives Verhalten nur als solches definiert werden kann, wenn vorher Regeln aufgestellt wurden, die es als solches bestimmen bzw. keine klaren sozialen Regeln bestehen, die Aggressionen verhindern. Aggressionen entstehen somit im Individuum selbst, werden aber durch
das Umfeld hervorgebracht und definiert. Als Auslöser für Aggressionen werden
fehlendes Miteinander, Mißerfolge, Ohnmachtsgefühle und Desinteresse gesehen, die als Ausgleich für Minderwertigkeitsgefühle benutzt werden und
Ausdruck der fehlenden sozialen Anerkennung sind. (Vgl. ebenda, S. 326-331).

6. Die *Etikettierungstheorie* ergänzt die Anomietheorie dahingehend, daß sie darauf
hinweist, daß Personen, die als aggressiv beschrieben werden, dieses Etikett nur
schwer loswerden können, da es sich innerhalb einer Gruppe verselbständigen
kann. Aggressiven Personen wird somit ein soziales Etikett aufgedrückt, sie
werden stigmatisiert und „abgestempelt", selbst wenn sie dieses Verhalten nur
selten zeigen. Ihnen wird eine Rolle zugeschrieben, die sie nicht mehr loswerden,
und ihr somit weiterhin ohne weiteres entsprechen können. (Im labeling
approach nennt sich dies self-fulfilling prophecy, vgl. Lamnek, S. 79.). (Vgl.
Bründel /Hurrelmann, S. 331-333).

7. Auch in der *Theorie der sozialen Kontrolle* spielt die Festschreibung des Verhaltens
eine Rolle. Durch Strafen, die als ungerecht angesehen werden, können sich
Gewalt und Aggression aufschaukeln. Des weiteren wird davon ausgegangen,
daß man zur Gewalttätigkeit Gleichgesinnte sucht, um sich zu bestärken, was
wiederum Gruppenidentität schafft und die eigene Identität stabilisiert. Innerhalb solcher Gruppen kommt es durch gegenseitige Anstachelung zur Gewalt.
(Vgl. ebenda, S. 333-335).

Es gibt, wie gesehen, einige Ansätze, die Gewalt erklären, wobei die Ansätze 3 und
5 im Blick auf rechtsextremistische Gewalt interessant sind, da sie Streben nach
Macht und Anerkennung und personenorientierte Merkmale einbeziehen.

6.4.2   Ansätze zur Erklärung weiblicher Gewalttätigkeit

Es gibt nicht viele Erklärungsansätze zur Gewalt bei Frauen. Aber dennoch kann anhand dieser wenigen herausgestellt werden, welche speziell weibliche Motive es zur Gewaltanwendung gibt. Hierbei läßt sich feststellen, daß rechte Frauen sich anhand ihrer Gewaltanwendung in zwei Gruppen einteilen lassen.

Rommelspacher hat weibliche Motive für Gewalt untersucht. Sie stellt heraus, daß Frauen meist dann aggressiv und gewalttätig reagieren, wenn sie sich oder Personen, die mit ihnen in Verbindung stehen, angegriffen sehen (vgl. Niebergall, in: Engel u.a. 1995, S. 103).

Es kann weiterhin angenommen werden, daß vor allem für Mädchen, die selbst körperliche Gewalt erfahren haben, rechte Gruppen attraktiv sein können, in denen sie die erfahrene Gewalt an anderen ausagieren können. Meist zeigt sich bei ihnen ein sehr großes Gewaltpotential (vgl. Heiliger, in: Wlecklik 1995, S. 122). Einige Mädchen versuchen durch Gewaltanwendung aus der Rollenerwartung an das friedfertige Geschlecht herauszubrechen (vgl. Niebergall, in: Engel u.a. 1995, S. 104). Der Wandel in der Sozialisation, der Durchsetzungsvermögen bei

Mädchen fordert und fördert, läßt die Vermutung zu, daß Gewaltbereitschaft bei Mädchen zunehmen wird (vgl. Ottens, in: Bitzan 1997, S. 192 u. Zeitung 79).

Daß Mädchen und Frauen aber auch innerhalb der Gruppen, vor allem in Skinhead-Gruppen, Gewalt erfahren (s. 3.3), wurde nicht mit in die Überlegungen einbezogen.

Weiterhin wird Gewalt von Frauen zur Durchsetzung ihrer Interessen, wenn sie sich bedroht fühlen und zur Konfliktlösung benutzt (vgl. ebenda, S. 101). Die Suche nach Anerkennung und Respekt durch die Anwendung von Gewalt muß ebenso als Motiv mit in Betracht gezogen werden (vgl. ebenda, S. 102).

Durch die Empathiefähigkeit fällt körperliche Gewalt bei Frauen laut Niebergall allerdings weniger hart und unfair als bei Männern aus (vgl. ebenda, S. 102). Ob dies allerdings immer zutrifft, wäre nachzuprüfen. Häufiger tragen sie ihren Teil durch Akzeptanz der Gewalt bei (vgl. Birsl, in: Aus Politik und Zeitgeschichte 1992, S. 26).

Weibliche Gewalt drückt sich des weiteren häufig durch persönliche, direkte verbale Gewalt aus, was zeigt, daß Frauen durchaus nicht friedfertiger als Männer sind (vgl. Guggenbühl 1995, S. 83 u. Kubink 1997, S. 122). Diese Art der Gewalt äußert sich durch Ignorieren, Vermeiden, Ausschließen oder Zurückweisen (vgl. Siller, in: deutsche jugend 1991, S. 30). Sie wählen somit andere Formen der Gewalt als Männer, lassen eher kämpfen und dominieren und bekommen dafür den Schutz der Männer und die Teilhabe an der Macht (vgl. Meyer, in: Otto u.a. 1993, S. 215).

Gewalt ist, so ist ersichtlich, nicht mit einem einzigen Ansatz erklärbar. Auch hier gibt es wieder mehrere Faktoren, die zur Gewalttätigkeit führen. Die Theorien 1 bis 7 müssen somit alle für die Erklärung von Gewalt im allgemeinen in Betracht gezogen werden.

Weiterhin müßte untersucht werden, warum Frauen Gewalt anwenden. Die

Motive, die zusammengetragen wurden, erlauben einen ersten Einblick, erklären diesen Sachverhalt aber nicht ausreichend. Hierzu müßten Untersuchungen durchgeführt werden, die über die „weibliche Form" der Gewalt, wie Ignorieren und Ausgrenzen, und die Annahme, daß Frauen nur dann gewalttätig werden, wenn sie angegriffen werden, hinausgehen.

Sicherlich ist weibliche Gewalt in der rechten Szene kein hervorstechendes Merkmal, aber sie ist eine Tatsache, die man nicht als „Ausrutscher" deklarieren sollte.

6.5   Zusammenfassung

Anhand der Erklärungsansätze bleibt zu beachten, daß politische und gesellschaftliche Voraussetzungen eine wichtige Rolle spielen. Denn wenn Rechtsextremismus latent in der Gesellschaft vorhanden ist und die Politik verstärkend wirkt, kann eine Verschärfung des Problems nicht verwundern. Seit der Diskussion im Sommer scheint sich die gesellschaftliche Einstellung zum Rechtsextremismus verändert zu haben (s. Kap. 7 u. 9).

Zu erkennen ist, daß Rechtsextremismus strukturelle, kulturelle und individuelle Faktoren zur Voraussetzung hat und wiederum drei Funktionen, politische, soziale und individuelle, ausübt.

Erklärt wird der Rechtsextremismus im allgemeinen mit Unsicherheit, der Suche nach Identität durch Gruppenzugehörigkeit und die Suche nach einfachen Lösungen. Rommelspacher zieht als einzige Rassismus in ihre Überlegungen mit ein. Siller hingegen bezieht sich auf Brüche innerhalb weiblicher Lebenskonzepte.

Gewalt ist, wie Rechtsextremismus an sich, nicht durch einen Ansatz zu erklären. Weibliche Gewalt beinhaltet durchaus andere Formen als männliche Gewalt und kann sich in bestimmten Gruppen, wie z.B. Gruppen in der Skinhead-Szene, mitunter in körperlicher Gewalt äußern.

7 Handlungsstrategien gegen Rechtsextremismus

Die Motive und die wissenschaftlichen Erklärungsansätze zeigen, daß bei der Entwicklung von Handlungsstrategien auf das Individuum und dessen Stärkung zu achten ist. Dies kann durch präventive Maßnahmen seitens der Schule oder Jugendgruppen geschehen (s. 7.2). Auf der anderen Seite scheint es aber auch wichtig, Jugendlichen wieder einen Halt in der Gesellschaft zu geben, wozu u.a. ausreichend Arbeitsplätze zählen.

Was kann gegen Rechtsextremismus getan werden? Um dies zu beleuchten, soll zunächst eine Handlungsmöglichkeit kurz vorgestellt werden, nämlich das Verbot von rechtsextremen Parteien und Gruppierungen. Weiterhin sollen präventive Maßnahmen, auch speziell für Mädchen und junge Frauen, vorgestellt werden, die schon frühzeitig ansetzen, um zu versuchen, ein Aufkommen von rechtsextremen Einstellungen zu verhindern. Garantieren kann man dies, wie in allen sozialen Feldern, nicht.

Exkurs: Zur aktuellen Diskussion (2000)

In den letzten Monaten, als sich die rechtsextremen Taten, vor allem die Gewalttaten häuften, wurde die Diskussion um Handlungsstrategien begonnen und Stimmen zur Bekämpfung des Rechtsextremismus wurden seitens der Politik laut. Es entstanden gesellschaftliche Organisationen und Initiativen, auf welche aber nicht näher eingegangen werden soll.

Warum kam es zu dieser Diskussion? Laut wurde sie vor allem nach dem Bombenanschlag auf die S-Bahn-Station in Düsseldorf im Juli 2000, bei dem ZuwanderInnen zum Teil schwer verletzt wurden. Es stellt sich die Frage, warum erst jetzt und nicht schon Anfang der 90er Jahre, als Asylbewerberheime angezündet wurden und das Problem schon deutlich zu erkennen war. Auf diese Frage soll hier keine Antwort gesucht werden.

Verbote und deren Wirkung

Eine Strategie gegen den Rechtsextremismus betrifft Verbote von Gruppierungen (Zeitung 11). Verbote werden seitens der Politik als sinnvoll angesehen, wobei der Verfassungsschutz (s. Anhang I) zu bedenken gibt, daß verbotene Parteien und Gruppierungen, oder Teile dieser, in den Untergrund gehen könnten, wodurch diese nur noch sehr schwer zu beobachten wären (Zeitung 12). Außerdem wird von einigen Parteien, so konnte man der Presse Mitte Oktober 2000 entnehmen, befürchtet, daß es zu einer Aufwertung der *Republikaner* und der *Deutschen Volksunion* (beides s. Anhang I) kommen könnte. Nach Verboten besteht außerdem die Gefahr, daß sich die Mitglieder der verbotenen Organisation reorganisieren oder in andere Organisationen ausweichen, was sich beim Verbot der *Freiheitlichen Deutschen Arbeiterpartei* zeigte (vgl. Buntenbach, in: Mecklenburg 1999, S. 35 u. s. Anhang I).

Ebenso kann das Verbieten rechtsextremer Internet-Seiten zu keinem Erfolg führen. So versuchen die Rechtsextremisten zur Zeit, ihre Seiten dem Zugriff deutscher Behörden zu entziehen, indem sie von deutschen zu US-amerikanischen Anbietern wechseln (Zeitung 69).

Durch Verbote läßt sich zwar eine Verunsicherung innerhalb der Szene feststellen, die aber nicht zur Einstellung der Aktivitäten führt (Internet 16). Verbote können somit nicht als Allheilmittel angesehen werden. Im Gegenteil kann die Wirkung dahingehend umschlagen, daß aus dem Untergrund heraus agiert wird, wodurch ein Reagieren unmöglich wird.

Festzuhalten ist, daß im Laufe des Sommers zahlreiche Initiativen gegen Rechts entstanden, wobei sich diese auf präventive oder intervenierende Maßnahmen stützen. Mögliche präventive Maßnahmen sollen nun im Folgenden vorgestellt werden.

7.1 Präventive Maßnahmen: interkulturelle Pädagogik und feministische Arbeit mit Mädchen und jungen Frauen

Durch die Intervention anhand von Verboten oder der härteren Durchsetzung der Gesetze sowie durch Aktionen gegen den Rechtsextremismus kann dieser nicht wirklich wirkungsvoll bekämpft werden. Dadurch würden nur Symptome behandelt, nicht aber das eigentliche Problem.

Nach Melzer muß auf zwei Ebenen angesetzt werden. Eine Ebene ist die gesellschaftliche Ächtung und die strafrechtliche Verfolgung, um zu zeigen, daß rechtsextreme Einstellungen und Handlungen in der Gesellschaft nicht geduldet werden. Die andere Ebene ist die *„Erziehung zu Pluralismus"* (vgl. Melzer, in: Mecklenburg 1999, S. 175).

Um das Problem von Grund auf anzugehen, erscheinen präventive Maßnahmen angebracht, die schon in der Kindheit ansetzen sollten.

An dieser Stelle sollen Beispiele für die Prävention innerhalb der Mädchen- und Frauenarbeit und innerhalb der Schule beschrieben werden.

Schon in der Schule kann deutlich gemacht werden, *„(...) daß eine demokratische Gesellschaft aus vielfältigen sozialen, religiösen oder kulturellen Minderheiten besteht."* (Buntenbach, in: Mecklenburg 1999, S. 35). Es geht somit um Bildung gegen die Verführung von Rechts. Diese Bildung muß das Erlernen sozialer Kompetenzen wie *„Einfühlungsvermögen, Toleranz, Konfliktfähigkeit, Kooperationsfähigkeit* (und, K.H.) *Solidarität"* beinhalten (Auernheimer 1995, S. 171).

Dies kann aber nicht allein von der Schule ausgehen. Die Politik muß hierbei mithelfen. Denn wenn Politiker populistische Diskussionen über die Themen Asyl und Einwanderung führen, Gewaltakzeptanz innerhalb der Gesellschaft nicht abgebaut wird, Politik und Gesellschaft Jugendlichen keinen Platz zuweisen können und die Verantwortung für die Prävention der Schule allein überlassen wird, kann dies nur zum Scheitern verurteilt sein (vgl. Pommerenke, in: Becker u.a. 1994, S. 99-101). Denn Erziehung auf Werte hin kann nur dann erfolgreich sein, *„(...) wenn in der von den Kindern und Jugendlichen erlebten gesellschaftlichen Wirklichkeit diese Werte auch gelebt werden."* (ebenda, S. 101). Schule und Gesellschaft müssen somit zusammenarbeiten, was heißt, daß es ebenso für Erwachsene Bildungsangebote geben muß, anhand derer sie sich informieren können (vgl. Internet 9).

Weiterhin ist eine Aufarbeitung der nationalsozialistischen Vergangenheit nötig, um mit den heutigen Problemen umgehen und diese besser verstehen zu können (vgl. Auernheimer, S. 201). Die Aufarbeitung wurde bisher größtenteils versäumt, was Folgen nach sich zieht: *„(...) zum einen das "unbewältigte Verhältnis zur Nation, zum Vaterland und zum Patriotismus"; zum zweiten die oft "makabre Verharmlosung des Faschismus" (...)."* (Hübner-Funk 1998, S. 337).

Für diese Arbeit wurde die interkulturelle Pädagogik als präventive Maßnahme ausgewählt, weil sie innerhalb und außerhalb der Schule eingesetzt werden kann, wie

folgende Ausführungen zeigen. Weiterhin ist die interkulturelle Pädagogik als politischer Ansatz zu verstehen, da die *„Erziehung gegen das Nationaldenken"* ein politisches Lernziel ist (Auernheimer 1995, S. 194).
Weiterhin wird auf den feministischen Ansatz eingegangen. Es gibt weitere Ansätze, welche meist nur aus Fragmenten bestehen. Aus diesem Grund wird die Darstellung auf die erwähnten Ansätze beschränkt.

7.1.1   Interkulturelle Pädagogik als präventive Maßnahme

Es gibt mehrere Projekte, die auf Prävention von Rechtsextremismus hinarbeiten. An dieser Stelle soll ein Ansatz, nämlich der der interkulturellen Pädagogik in der Schule und in der Mädchenarbeit, genauer beleuchtet werden.

Zunächst muß aber festgestellt werden, daß es, so beschreibt Auernheimer die Situation, keine genaue Definition dieses Begriffes gibt (vgl. S.166). Die nachfolgende Beschreibung der Ziele soll zeigen, worum es geht und dadurch eine Definition des Begriffs ersetzen.

Ziele interkultureller Pädagogik
Das Ziel interkultureller Pädagogik beschreiben Fischer und Kallinikidou folgendermaßen:
„Ziel interkulturellen Lernens sollte es sein, ein Wir-Gefühl herauszubilden, das sich nicht auf eine abstrakte Kategorie wie z.B. die der Nation bezieht, die von der vermeintlichen Homogenität eines Volkes ausgeht, dessen Identität in einer einheitlichen Rasse, Sprache und einem gemeinsamen kulturellen Erbe bestehen soll. Interkulturelles Lernen geht von der Heterogenität einer Gemeinschaft aus, wie sie faktisch in allen Gesellschaften besteht, in denen Menschen unterschiedlicher Kulturen leben. Beim interkulturellen Lernen kann bei aller Heterogenität dennoch so etwas wie Binnensolidarität und Gruppenkohäsion entstehen. Das Gefühl der Zusammengehörigkeit erwächst nicht aus einer von außen aufgestülpten, unreflektiert übernommenen Norm (...), sondern ist Ergebnis einer Gruppenarbeit und -erfahrung."
(in: Engel u.a. 1995, S. 202/203).
Auernheimer bezieht sich auf Sandfuchs, der die Aufgabe interkultureller Erziehung vor allem in der Kulturarbeit und in der Hilfestellung zur Bewältigung von Verunsicherungen und Ausgrenzungen sieht (vgl. ebenda, S. 168).

Zur Vermittlung der Ziele können Fahrten ins Ausland dienen, wobei andere Kulturen nicht nur erlebt, sondern verstanden werden sollen (vgl. ebenda, S. 169). Hierbei darf aber nicht vergessen werden, daß diese Fahrten gut vorbereitet werden müssen, damit das Abbauen von Vorurteilen gelingt (vgl. Butterwegge, in: Mecklenburg 1999, S. 114). Wie die Vorbereitung konkret aussehen soll, dazu äußert sich Butterwegge nicht. Anzunehmen ist, daß schon der Unterricht auf Gemeinsamkeiten und Unterschiede aufmerksam machen soll und die lehrende Person Programmpunkte planen muß, anhand derer die SchülerInnen sich orientieren können. Dies können Besuche in Institutionen sein, kulturelle Veranstaltungen oder Begegnungen und Gespräche mit Angehörigen fremder Kulturen. Weiterhin darf darüber hinaus nicht vergessen werden, sich ebenfalls mit der eigenen Gesellschaft zu beschäftigen, Höherwertigkeitsvorstellungen und Ausgrenzungsprozesse zu erkennen und sich mit ihnen auseinanderzusetzen (vgl. ebenda, S. 115/ 211).

Schlüsselkategorien des interkulturellen Lernens sind *„Krise, Konflikt, Interessengegensätze und Solidarität"* (Butterwegge, in: Mecklenburg 1999, S. 113), wobei in der Arbeit mit Gruppen auf *„Lebensnähe, Selbsttätigkeit, Spontaneität und Berücksichtigung individueller Unterschiedlichkeit"* geachtet werden sollte (Auernheimer 1995, S. 166).

Die interkulturelle Pädagogik legt somit Wert auf Toleranz, die durch Kennenlernen anderer Kulturen entstehen kann. Wie dieses Ziel durch die Schule erreicht werden kann, soll im Folgenden erläutert werden.

7.1.1.1 Interkulturelle Pädagogik in der Schule: Lernen von Akzeptanz und Toleranz

Zum Gelingen des Ansatzes trägt die Akzeptanz der Vielfalt bei, wozu die Akzeptanz von Vorurteilen gehört, die es in jeder Gesellschaft gibt und mit denen umzugehen gelernt werden muß (vgl. Hauff 1993, S. 144/145). Diese dürfen aber weder in der Gesellschaft noch in der Schule manifestiert werden und genau hier setzt die interkulturelle Pädagogik in der Schule an (vgl. ebenda, S. 147).

Konkrete Erfahrungen (s.o.) machen zu können, bedeutet in diesem Zusammenhang, daß der Unterricht so gestaltet werden muß, daß er SchülerInnen in bezug auf den Umgang mit dem Fremden, mit Menschen aus anderen Kulturkreisen, mit verschiedenen Einstellungen und Verhaltensformen und mit unbekannten Lebensbereichen konfrontiert (vgl. Graubner, in: Klawe u.a. 1993, S. 18/19). Andere Kulturen gehören somit in den Unterricht hinein, um Erfahrungen über sie sammeln zu können (vgl. Auerheimer 1995, S. 168). Dies kann durch selbständiges Arbeiten der SchülerInnen erreicht werden, wenn sie selbst Unterschiede und Gemeinsamkeiten der einzelnen Kulturen zusammentragen oder Ursachen und Gründe für die Unterschiede suchen und so neue Einsichten darüber gewinnen können, wie Kulturen entstehen und sich verändern (vgl. Graubner, in: Klawe u.a. 1993, S. 19). Aufgabe der Schule ist es somit, Kindern und Jugendlichen andere Kulturen und Sprachen näher zu bringen und dadurch Vorurteile abzubauen (vgl. Auernheimer 1995, S. 172). Die interkulturelle Erziehung kann durchaus in allen Fächern stattfinden. So können unterschiedliche Sichtweisen in Fächern wie Geschichte oder Religion und in naturwissenschaftlichen Fächern betrachtet werden (vgl. ebenda, S. 191). Dieser Erfahrungshintergrund ist für eine anschließende Reflexion dienlich.

Als Einstieg für dieses Lernen kann ein „internationales Frühstück" dienen, das Erfahrungen mit dem Unbekannten, z.B. Rezepte und Verhaltensweisen in anderen Kulturen, zuläßt, ohne zu überfordern (vgl. Graubner, in: Klawe u.a., S. 19). Eine andere Möglichkeit sieht Klawe in interkulturellen Spielen, bei denen es darum geht, sich zunächst selbst zu erkennen, Fremd- und Selbstbilder unterscheiden zu lernen

und Stereotype und Vorurteile erkennen zu können (vgl. Klawe,in: Klawe u.a.,S.79-
83).

Zum Umgang mit rassistischen Äußerungen in der Schule seitens der Schüler-
Innen bemerkt Auernheimer, daß zunächst die Intentionen der Äußerungen heraus-
gefunden werden sollten. Weiterhin sollte die lehrende Person ihre Haltung hierzu
ohne Überreaktion deutlich machen und das Thema zur Diskussion stellen. Auernheimer warnt davor, schulische Sanktionen auf rechte Äußerungen folgen zu lassen,
vielmehr sei im Vorfeld eine klare Grenzziehung festzulegen (vgl. S. 230-231).

Interkulturelle Pädagogik in der Schule bezieht sich somit auf Inhalte, wie die Beleuchtung anderer Kulturen, die in den Unterricht eingebunden werden können. Diese Maßnahmen bedeuten keine großen Kosten, setzen aber Engagement seitens der
Lehrerschaft und ein Integrieren dieser Maßnahmen in den Lehrplan voraus.

7.1.1.2   Interkulturelle Pädagogik in der Mädchenarbeit: Lernen gegen Rassismus

Die außerschulische Mädchenarbeit bezieht wie die interkulturelle Pädagogik in
der Schule Begegnungen mit dem Fremden mit ein.

Auernheimer benennt die Aufgaben der außerschulischen Jugendarbeit mit der
*„(...) Erweiterung der sozialen Kompetenzen, als Bildung des politischen Bewußtseins und als
Befähigung zum Umgang mit Fremdheit (...)"*, wozu die Auseinandersetzung mit der
eigenen Identität gehört (S. 244).

Debbing und Sengül berichten über die interkulturelle und antirassistische Mädchenarbeit im Mädchenzentrum Gladbeck (in: Engel u.a. 1995, S. 172-180). Dort
werden verschiedene Bildungsangebote gemacht, und es ist die Möglichkeit gegeben,
an Fahrten teilzunehmen und Mädchen unterschiedlichster Nationalitäten durch die
Gruppe kennenzulernen (vgl. ebenda, S. 172). Die Heterogenität innerhalb der Gruppe setzt zunächst voraus, daß eventuell vorhandene Vorurteile abgebaut werden
müssen (vgl. Fischer/Kallinikidou, in: Engel u.a. 1995, S. 209/210).

Die Themen, die hier behandelt werden, reichen von Schule und Beruf über
Gewalt und Mißbrauch bis hin zu Rassismus (vgl. Debbing/Sengül, in: Engel u.a.
1995, S. 173). Zum Thema Rechtsextremismus wird mit den Mädchen ebenso gearbeitet. So wurden beispielsweise Radioprojekte und Fotoausstellungen durchgeführt
(vgl. ebenda, S. 173). Es wird somit eine verstärkte Öffentlichkeitsarbeit betrieben,
um auf die Gefahren von Rassismus und Fremdenfeindlichkeit aufmerksam zu
machen (vgl. ebenda, S. 179). Weiterhin besucht die Gruppe Stadtarchive und
schreibt Texte zum Thema Nationalsozialismus. Des weiteren schlüpfen die Mädchen bei Rollenspielen in andere Rollen und nehmen an Aktionen von anderen
Organisationen gegen Rechtsextremismus teil (vgl. ebenda, S. 174/177). Eine weitere
Aktivität ist die Arbeit auf politischer Ebene. Hier engagieren sich die Mädchen z.B.
für Ausländerbeiratswahlen (vgl. ebenda, S. 178). Auf überregionaler Ebene beteiligen
sie sich an Treffen gegen Rassismus, an politischen Veranstaltungen und an Kultur-
austauschprogrammen (vgl. ebenda, S. 178/179). Hierbei spielt persönlicher Aus-

tausch von Erfahrungen und Ängsten eine große Rolle, wobei die Mädchen Erfahrungen mit anderen Kulturen durch Erzählungen von Mädchen unterschiedlicher Herkunft machen können (vgl. ebenda, S. 173/174).

In diesem Projekt wird nicht nur auf der Ebene des Wissenserwerbs, sondern auch auf der Ebene der Erfahrungssammlung durch verschiedene Projekte gearbeitet. Die interkulturelle Pädagogik ist somit ein Ansatz, der innerhalb und außerhalb der Schule angewendet werden kann und der Prävention und dem Sammeln von Erfahrungen mit anderen Kulturen dienen kann.

7.1.2 Die Arbeit mit Mädchen und jungen Frauen nach dem feministischen Ansatz

Die interkulturelle Pädagogik ist ein Weg zur Prävention. Ein anderer basiert auf dem feministischen Ansatz, der speziell für Mädchen und junge Frauen entwickelt wurde. Dieser Ansatz kann aber auch in der Arbeit mit rechtsextremen Mädchen und Frauen als intervenierende Maßnahme angewendet werden. Beide Herangehensweisen sollen nun dargestellt werden.

Antifaschistische Arbeit in bezug auf Mädchen und junge Frauen: eine intervenierende Maßnahme
Wie in Kapitel 5 und 6 zu erkennen war, ist Unsicherheit bei Frauen ein Grund, sich rechten Gruppen anzuschließen. Aus diesem Grund soll an dieser Stelle auf eine intervenierende Maßnahme eingegangen werden, die aber insofern präventiv ist, da sie bei Mädchen und jungen Frauen ein Manifestieren rechter Einstellungen verhindern kann.

Engel und Menke stellen Aufgaben an diese Art der Mädchenarbeit zusammen. So muß die Arbeit Entwicklungen im Prozeß des Erwachsenwerdens berücksichtigen und Frauenbilder, Rollenerwartungen und Lebenskonzepte zum Thema machen (in: Engel u.a., S. 14). Der letzte Punkt ist zu beachten, da bei Mädchen und jungen Frauen in der rechten Szene meist eine gebrochene Selbstwahrnehmung zu beobachten ist (vgl. ebenda, S. 14). Weiterhin muß die Arbeit eine akzeptierende sein, d.h. Erfahrungen und Probleme der Mädchen und jungen Frauen müssen ernst genommen werden (vgl. ebenda, S. 15). Vor allem Erfahrungen mit Gewalt und eigenen Aggressionen müssen in Gesprächen ihren Platz finden (vgl. ebenda, S. 15). Damit läßt sich zeigen, daß es andere Wege als Gewaltanwendung gibt, sich Respekt und Aufmerksamkeit zu verschaffen (vgl. ebenda, S. 16).
Für die Autorinnen ist ein weiterer wichtiger Punkt das Gemeinschaftsgefühl, in dem ein Faktor der Anziehungskraft rechter Gruppen liegt. Diesem Sachverhalt soll auch in antifaschistischen Gruppen eine wichtige Rolle beigemessen werden (vgl. ebenda, S. 15).
In der Arbeit mit rechtsextremen Mädchen und jungen Frauen ist es weiterhin wichtig, daß sie ihre negativen Erfahrungen, die sie im Alltag machen, innerhalb der

Gruppe aufarbeiten können (ebenda, S. 15). Dabei muß allerdings darauf geachtet
werden, so Bischoff, daß nicht gegen Männer und Jungen der rechten Gruppen gearbeitet wird, da den Mädchen die Anerkennung durch diese sehr wichtig ist und sie
sich sonst gegen eine weitere Zusammenarbeit mit der antifaschistischen Gruppe
stellen würden (vgl. Bischoff, in: Engel u.a., S. 126). Bischoff stellt weiterhin fest, daß
dies zu beobachten ist, wenn ihnen Verhaltensmuster und Lebenskonzepte aufok-
troyiert und keine anderen Alternativen aufgezeigt werden (vgl. ebenda).

Es geht somit um eine verstehende Pädagogik, die die Mädchen als Menschen
ernst nimmt, ihre rechtsextremen Einstellungen hingegen nicht toleriert.

**Feministische Arbeit in bezug auf Mädchen und junge Frauen: eine präven-
tive Maßnahme**

Eine weitere Möglichkeit der feministischen Arbeit setzt an einem Punkt an, der
noch vor der antirassistischen Arbeit liegt und somit zur Prävention geeigneter ist als
die zuvor beschriebene Maßnahme. Es geht hierbei nicht nur darum, gegen Rassismus anzugehen, sondern ebenso um die Aufdeckung von patriarchalen und autoritären Strukturen in der Gesellschaft, die Macht und Herrschaft konstituieren (vgl.
Köttig, in: Bitzan 1997, S. 236). Die Aufdeckung dieser Strukturen ist die Voraussetzung für freie Entscheidungen, die das eigene Handeln betreffen (vgl. Heiliger, in:
Wlecklik, S. 120/121).

Ein weiteres Ziel ist es, den herrschenden Rollenerwartungen und der häufig daraus resultierenden Selbstabwertung entgegenzuwirken und die Eigeninitiative der
Mädchen und Frauen zu fördern, d.h. sie u.a. zu Autonomie, Selbstbestimmung und
„(...) einer *normüberschreitenden Identität zu ermuntern"* (Köttig, in: Bitzan 1997, S. 236 u.
237). Dies bedeutet, daß die Mädchen und jungen Frauen eigene Lebenskonzepte
erstellen lernen und sich somit nicht dem „Schicksal fügen" müssen.

Erfahrungen mit anderen Kulturen zum Abbau von Vorurteilen und Informationen über den Nationalsozialismus sind außerdem Thema der feministischen Arbeit
(vgl. ebenda, S. 237). An diesem Punkt überschneiden sich interkulturelle Pädagogik
und feministische Arbeit.

In Aktionen und Gesprächen werden Themen wie Alltagsprobleme und Gewalt-
erfahrung bearbeitet, wobei ein Erfolg festzustellen ist:

*„Die Mädchen erwerben in den Mädchengruppen – (...) – Selbstvertrauen, ein positiveres Selbst-
bild und ein gesteigertes Selbstwertgefühl, was sie in der Gesamtgruppe eigenständiger und
offensiver auftreten läßt. "*
(ebenda, S. 238).

Die Mädchengruppen bieten einen geschützten Bereich, der Gelegenheit zum Austausch gibt (vgl. Engel/Menke, in: Engel u.a. 1995, S. 15). Die Mädchen sollen somit
im Widerstand gegen diskriminierende Haltungen gestärkt werden und ihre Aggressionen sollen so eingesetzt werden, daß sie den „ *(...) bestehenden gesellschaftlichen Hierarchien (...) entgegenwirken"* (Fantifa Kassel, in: Wlecklik 1995, S. 157 u. vgl. Heiliger, in:
Wlecklik 1995, S. 122/123).

Beide Maßnahmen gehen somit besonders auf weibliche Motive (s. Kap. 5) ein, indem sie die Stellung der Frau in der Gesellschaft zum Inhalt haben und die Arbeit daraus besteht, die Persönlichkeit zu stärken.

7.2 Fazit und Überlegungen zu den Handlungsstrategien

Zur Prävention gibt es zahlreiche Ansätze, die miteinander verbunden werden können. So müssen die Politik, die Gesellschaft, das Elternhaus, in dem Kinder häufig schon Vorurteile kennenlernen und diese übernehmen, und die Schule an einem Strang ziehen und als Vorbild für Kinder und Jugendliche dienen. Der Erfolg dieser Strategien hängt aber nicht nur von einem guten Zusammenspiel ab, sondern, wie immer in der Arbeit mit Menschen, auch von deren Willen, sich auf diese Projekte einzulassen. Bei der Prävention ist allerdings ebenso auf die Motive rechter Frauen einzugehen, deren Vielzahl beachtet werden muß, um rechten Einstellungen effektiv begegnen zu können, wie es im feministischen Ansatz getan wird.

In bezug auf Männer und Jungen scheint es wichtig, das Selbstwertgefühl der Frauen und Mädchen zu stärken und ihnen Alternativen zum Rechtsextremismus aufzuzeigen.

Verbote scheinen wenig wirkungsvoll, da sie im Gegensatz zu präventiven Maßnahmen keinen Angstabbau vor dem Fremden erreichen, wodurch die Suche nach einem Sündenbock unterbunden werden kann. Statt der Suche nach einem Sündenbock scheint es nötig, einzusehen, daß jeder für sein Leben maßgeblich verantwortlich ist. Die Wirkung von Verboten kann, wie gesehen, negativ sein.

Die vorgestellten präventiven Projekte scheinen zunächst einmal durchführbar und versprechen auf lange Sicht Erfolg. Zu bedenken bleibt aber, daß präventive Maßnahmen nur punktuell ansetzen können, da es in einer demokratischen Gesellschaft unmöglich ist, alle Kinder und Jugendliche in Projekte einzugliedern. Anders verhält sich dies mit der interkulturellen Pädagogik, die dadurch, daß sie innerhalb und außerhalb der Schule stattfinden kann, die Möglichkeit bietet, alle Kinder und Jugendliche in die Prävention einzubinden und ihnen ein Kennenlernen anderer Kulturen zu ermöglichen. Ein Problem, das die Durchführung behindern kann, sind die Lehrpläne, die oftmals keinen Platz für solche Projekte lassen. Weiterhin müßten sich die Lehrkräfte dazu bereit erklären, ihren Unterricht zu verändern. Vor allem aber müßte innerhalb der Schule das Umfeld hierfür geschaffen werden, was eine Prüfung der festgefahrenen Strukturen, den möglicherweise vorhandenen, latenten Rassismus innerhalb des Kollegiums und die Lehrpläne betrifft, die so umgestaltet werden müßten, daß kulturelle Vielfalt Platz hat (vgl. Auernheimer 1995, S. 225-227). Für die Konzeption würde das bedeuten, daß verschiedene Ansatzpunkte in den unterschiedlichen Schulstufen herausgearbeitet werden müßten. Weiterhin macht Auernheimer auf die Gefahr aufmerksam, durch Moralisieren lediglich eine äußere Verhaltensänderung, nicht aber eine Veränderung der Einstellung zu erreichen (vgl. S. 177).

In der Erwachsenenbildung könnte auf unterschiedlichen Ebenen angesetzt werden, so in den Volkshochschulen, im Sport und Tourismus, mit Begegnungsprogrammen, aber auch in der beruflichen Weiterbildung (vgl. ebenda, S. 244). Wahrscheinlich ist allerdings, daß man mit diesen Projekten nicht alle erreicht, es kann aber angenommen werden, daß es ein Großteil sein würde.

Was aber macht man mit Erwachsenen in der rechten Szene, deren Einstellungen so gefestigt sind, daß es unmöglich scheint, diese zu ändern? Hier sollte die Gesellschaft gegen Rechtsextremismus gestärkt und eine „Kultur des Hinsehens", wie es von der Politik gefordert wurde, geschaffen werden. Durch Gesetze, die auf Abschreckung zielen, wird man nicht viel erreichen, wie das Beispiel der USA zeigt, wo die Mordrate trotz der Todesstrafe nicht gesunken ist. Wieso sollte man also davon ausgehen, daß Gesetze rechtsextreme Einstellungen verändern und rechte Gewalttaten eindämmen?

Außerdem wäre es sinnvoll, Aussteiger der Szene mit in Initiativen gegen Rechts zu involvieren, um von ihnen zu erfahren, wie man vorgehen kann, damit die Aktionen Wirkung zeigen.

In Schweden gibt es therapeutische Angebote für AussteigerInnen. Diese Form der Therapie besteht aus Unterstützung bei der Ablösung von rechtsextremen Gruppen und „Kameraden" durch Selbsthilfegruppen. Diese Gruppen werden von AussteigerInnen geleitet. Es wird außerdem psychotherapeutische Hilfestellung gegeben. Weiterhin wird den AussteigerInnen bei der Wiedereingliederung in die Gesellschaft geholfen. Sie sollen in den Gruppen ihre Situation reflektieren, und es werden ihnen Alternativen aufgezeigt (vgl. Zeitung 53). Inwiefern es solche Angebote in Deutschland gibt, ist aus der Literatur nicht ersichtlich. Eine Einrichtung dieser wäre sinnvoll, um AussteigerInnen bei der Rehabilitation zu helfen.

Für Jugendliche gibt es solche Einrichtungen, wo sie mit ausländischen Jugendlichen zusammen wohnen und arbeiten und auf diese Weise Menschen aus anderen Kulturkreisen kennenlernen, wodurch Vorurteile abgebaut werden können. Durch die Möglichkeit, in dieser Einrichtung zu arbeiten, verringert sich außerdem die Orientierungslosigkeit, die durch Arbeitslosigkeit entsteht (Internet 19).

8 Vorstellung der eigenen Untersuchung zur Wahrnehmung rechter Frauen in der Öffentlichkeit

Um zu untersuchen, ob und wie rechte Frauen in der Öffentlichkeit wahrgenommen werden, wurden Interviews geführt und Zeitungsartikel nach der Erwähnung von Frauen in diesem Kontext durchgesehen. Die Interviews befinden sich im Anhang V, der Leitfaden im Anhang IV und einige der für die Studie verwendeten Zeitungsartikel sind im Anhang III zu finden.

8.1 Zur Vorgehensweise und zu den befragten Personen

Es wurde insgesamt zehn Interviews mit Studierenden der Technischen Universität Darmstadt geführt. Die Interviews sollen einen Eindruck von der Wahrnehmung rechter Frauen entstehen lassen. Dieser kurze Eindruck kann natürlich nicht repräsentativ sein.

Die Interviews wurden noch vor der Diskussion über den Rechtsextremismus im Sommer 2000 geführt.

Sie wurden ohne Dialekt und Füllwörter transkribiert, da es nicht um die Sprache oder um Pausen geht, sondern um deren Inhalt. Außerdem ist somit eine bessere Lesbarkeit gewährleistet.

Die Befragten wurden zufällig angesprochen. Insgesamt sechs Frauen und vier Männer waren für das Kurzinterview bereit.

Die Fächerverteilung ist sehr vielfältig:
Bauingenieurwesen und Maschinenbau studieren jeweils zwei der Befragten, Architektur, Psychologie, Wirtschaftsinformatik, Sportwissenschaften / Wirtschaftswissenschaften / Rechtswissenschaften auf Magister, Germanistik und Wirtschaftsingenieurwesen werden jeweils von einer Person studiert.

8.2 Auswertung der Interviews

Die Interviews sollen zunächst einzeln auf wichtige Punkte betrachtet werden, um die Aussagen genauer beleuchten zu können. In einem zweiten Schritt werden die Aussagen zusammengefaßt und verglichen.

Interview 1

Auf die Frage, welche Personen ihr zum Stichwort Rechtsextremismus einfallen, antwortet die Befragte mit Skinheads, die für sie hauptsächlich Männer sind. An Frauen denkt sie hierbei weniger. Dies begründet sie mit der Präsenz männlicher Skinheads in den Medien, in denen Frauen in diesem Zusammenhang nicht gezeigt werden. Frauen, so vermutet sie, könnten aber in der rechten Szene aktiv sein.

Eine Vorstellung vom Äußerlichen einer rechten Frau hat sie nicht, sie bezieht dies mehr auf die Einstellung, die sie mit Ausländerfeindlichkeit beschreibt.

Auf die Frage, wie groß denn der Anteil an rechten Frauen sein könnte, antwortet sie mit 20 bis 25 Prozent. Allerdings nimmt sie nicht an, daß Frauen im rechten Spektrum Führungspositionen einnehmen, sondern umschreibt die Funktion als *„Zuarbeiterfunktion"*.

Zu den Motiven sagt sie, daß es denkbar wäre, daß diese Frauen einem Gruppenzwang unterliegen. Weiterhin nennt sie ein geringes Selbstbewußtsein als Motiv: *„Eher so Personen, die vielleicht nicht so ein Selbstbewußtsein haben, die da mitlaufen, weil sie dann da ihre Aufgabe haben und auch irgendwie da mitmischen können. Und vielleicht auch selbst gar nicht darüber nachdenken, was sie da gerade machen."*

Für die Befragte sind Frauen in der rechten Szene Mitläuferinnen, die nicht über die Situation und ihr Tun nachdenken. Dadurch spricht die Befragte den Rechtsextremistinnen generell das Denken ab. Einerseits zeugt dies von einer geringen Kenntnis der rechten Frauen, die durchaus ihr Handeln nach ihren Maßstäben durchdenken (s. 4.5.1), andererseits kann es auch als Inschutznahme gesehen werden.

Auf die Frage nach einer Strategie, wie man Rechtsextremismus unterbinden könnte, nennt sie *„gute Politik"* ohne Gewalt als Weg, konkretisiert diese Aussage aber nicht.

Wahrscheinlich sähe dies anders aus, wenn die Befragung nach der öffentlichen Diskussion durchgeführt worden wäre.

Anhand dieses Interviews läßt sich erkennen, daß die sich Befragte rechte Frauen zwar vorstellen kann, aber mit dem Problem des weiblichen Rechtsextremismus noch nicht konfrontiert wurde. Dies läßt sich u.a. auf die weitestgehende Ausblendung rechter Frauen durch die Medien erklären.

Interview 2

Der Befragten fallen spontan Skinheads ein, als sie nach rechten Personen gefragt wird. Frauen werden von ihr nicht einbezogen. Auf die Frage, warum dies so ist, antwortet sie damit, daß in den Medien Männer in diesem Zusammenhang genannt werden, die auch meist die Täter seien. Bei rechtsextremen Frauen denkt sie an die Zeit des Nationalsozialismus.

Unter der Frage nach dem Gedankengut rechter Frauen kann sie sich mehr vorstellen und antwortet, daß es wahrscheinlich die *„weiße Rasse"* als bessere Menschen hinstellt. *„Daß man halt generell sagt, die eine Rasse oder die eine Sorte Mensch ist einfach mehr wert. Oder taugt mehr oder ist intelligenter."*

Zu den Äußerlichkeiten bemerkt sie, daß sich eine rechtsextreme Einstellung nicht unbedingt durch die Kleidung oder die Frisur zeigen muß, in der Skinhead-Szene allerdings schon, wenn Frauen hier dazu gehören wollen. Auf die Frage nach dem Anteil rechtsextremer Frauen schätzt sie diesen auf 10 Prozent, wirft aber ein, daß es schwer sei, hier eine Grenze zu ziehen:

„Ob man sagt, bei manchen Themen denkt man auch eher rechts, ob das schon sofort die Grenze ist, oder ob man sagt, daß es die Grenze ist, wenn jemand tätlich wird gegen jemanden."

Somit kann ihrer Meinung nach die Anzahl rechtsextremer Frauen und Männer nicht genau ermittelt werden.

Die Rollen und Funktionen rechter Frauen sieht sie in der Werbung weiblicher Wählerschaft für rechte Parteien.

Als Reiz, an einer solchen Gruppe teilzuhaben, sieht sie angestrebtes Macht- und Überlegenheitsgefühl, wobei die Gruppe zur Stabilisierung der Persönlichkeit dienen könne.

Auf die Frage nach einer Strategie antwortet sie zunächst mit ihrer eigenen Verhaltensweise im Ausland. Sie versucht dort, sich anzupassen und die jeweilige Sprache zu sprechen. Diese Art der Anpassung verlangt sie auch von den AusländerInnen in Deutschland, damit Mißverständnissen vorgebeugt werden kann.

Weiterhin sieht sie in persönlichen Kontakten eine Möglichkeit zum besseren gegenseitigen Verständnis. Die Frage, ob schon in der Schule gegen Rechtsextremismus gearbeitet werden solle, bejaht sie.

Hier läßt sich die nicht vorhandene Wahrnehmung rechter Frauen wiederfinden. Es fällt der Befragten schwer, sich Frauen im heutigen Rechtsextremismus vorzustellen. Die Aussagen über Motive und Gedankengut sind allerdings konkreter und werden von ihr denen der Männer gleichgestellt.

Interview 3

Die Befragte denkt bei rechten Personen an Männer, Frauen sieht sie eher als Mitläuferinnen oder als Frauen, die aus Sympathie zu den Männern in dieser Szene sind. Sie spricht rechten Frauen somit eigene Entscheidungen ab, und es scheint so, als wolle sie für diese Frauen eine Entschuldigung vorbringen. Dies zieht sich fort in der Aussage, Frauen seien nicht aggressiv und gewalttätig.

Frauen aus diesem Spektrum seien weiterhin nicht im Blick der Öffentlichkeit und den Medien vertreten. Auf die Frage, wie sie sich rechte Frauen vorstellt, geht sie zunächst auf das Äußerliche ein, das sie sich langweilig, nicht auffällig und konservativ vorstellt. Allgemein stellt sie sich unter rechten Frauen, die ihre Einstellung nach außen hin zeigen, junge Frauen vor, ältere, so betont sie, tragen rechtes Gedankengut eher in sich und zeigen es nicht.

Das Gedankengut beschreibt sie dahingehend als rassistisch, daß versucht wird, die eigene Gruppe aufzuwerten:

„Was heißt es denn, wenn jemand rassistisch ist? Also, er möchte die in-group, also, er möchte seine Gruppe, die ist besonders toll, die andere möchte er abwerten. Hat vielleicht Probleme mit seinem Selbstwertgefühl, oder so. (...). Und dadurch, daß er in einer Gruppe ist, die halt sehr extrem sind, die dann wirklich auch einen großen Zusammenhalt haben, vielleicht in der Gruppe

sich stärker fühlt (...). "

Auffällig ist hierbei, daß die Befragte von „er" spricht. Ob dies ein Versehen war, oder ob sich ihre Bemerkung ausschließlich auf Männer bezog, ist nicht ersichtlich.

Ihre Aussage zur Gruppe konkretisiert sie bei der Frage nach dem Anreiz, der für sie darin liegt, daß Personen sich in der Gruppe stärker fühlen und eventuell ihren Willen nach außen hin durchzusetzen versuchen. Als weiteres Motiv sieht sie den Zusammenhalt innerhalb der Gruppe.

Die Anzahl rechter Frauen schätzt sie auf 10 Prozent.

Für Funktionen rechter Frauen in Gruppierungen und Parteien nennt sie keine Beispiele, beschreibt die Rolle aber als schlichtende und besänftigende und sieht die Frauen eher im Hintergrund.

Bei der Frage nach Strategien gegen Rechtsextremismus antwortet sie, daß es kein Patentrezept gibt und Maßnahmen schwer durchzuführen wären:

„Oh, das ist jetzt ganz schwer, weil es Stereotype sind. Ausländerfeindliche Menschen haben ja auch einen ganz bestimmten Stereotypen vom Ausländer, und die sind ganz schwer auszumerzen, weil wenn man jetzt nur sagen würde: „Schau mal, das ist jetzt ein Italiener, aber der ist doch ganz ordentlich, der stinkt nicht, der sieht ganz gut aus, und er arbeitet, zahlt Steuern und macht alles das, was Du auch machst, der ist genau wie Du." Aber da würde er sagen: „Das ist ja auch die Ausnahme. Aber da sind ja noch 20 andere, und das sind nämlich die Wirklichen."

Als Chance sieht sie das Vorleben, durch das gezeigt werden kann, daß AusländerInnen keine wesentlichen Unterschiede zu Deutschen aufweisen. Unter diesem Aspekt kommt sie auf die Medien zu sprechen, die ihren Sprachgebrauch überprüfen müßten:

„ (...) und es gibt Nachrichten, wenn irgend jemand irgendwas verbrochen hat, heißt es „der Türke Ali Sowieso hat diese und jene böse Sache gemacht", wenn es aber ein Deutscher war, dann wird da nicht drauf hingewiesen „es war ein Deutscher" das ist dann halt ‚irgend jemand hat mal wieder randaliert". Und das ist natürlich ganz subtile, auch, ja, es „pusht" halt diese Sache auch ganz subtil."

Damit verweist sie auf einen wichtigen Punkt im Prozeß des „Hinsehens".

Die Befragte scheint Rechtsextremismus als männliches Phänomen anzusehen, in dem Frauen als „Beigabe" auftreten. Sie macht sich zwar im Laufe des Interviews Gedanken zum Rechtsextremismus, kann diese aber nicht auf Frauen beschränken.

Interview 4

Auf die Frage nach rechtsextremen Personen nennt der Befragte zunächst das Dritte Reich und Hitler, auf eine Nachfrage zum heutigen Rechtsextremismus fügt er Jörg Haider und die Skinheads hinzu.

An Frauen denkt er hierbei nicht: *„Weil man von denen auch nie was gehört hat."* Frauen, so sagt er, seien generell weniger im politischen Bereich zu finden: *„Und vielleicht bekennen sie nicht so extrem Farbe wie es Männer tun."*

Rechte Frauen stellt er sich mit kurzen Haaren als eine *„Art Feministinnen-Verschnitt"* vor, die Vorurteile haben, ausländerfeindlich sind und dem „Rassedenken" anhängen.

Er kann sich nicht vorstellen, daß „*(...) die da irgendwie also ordentlich mitmischt*", sieht Frauen hier mehr im Hintergrund für die Organisation zuständig, eventuell auch in der Rolle als Rädelsführerinnen und somit als Anführerinnen kleinerer Aktionen. Weiterhin spricht er Frauen in dieser Szene die intellektuelle Rolle zu, was er mit dem Halten von Vorträgen konkretisiert. Gewalttätige Frauen hingegen kann er sich nicht vorstellen.

Die Suche nach Sündenböcken und Schwächeren, auf die die Schuld geschoben werden kann, sieht er als Motiv für die Zugehörigkeit zu rechten Gruppen. Weiterhin sieht er in der Unzufriedenheit mit der eigenen Situation und im Zusammenhalt der Gruppe durch ein gemeinsames Feindbild Motive. Dies bezieht er sowohl auf Frauen als auch auf Männer.

Danach macht er sich Gedanken, wo die Grenze zu rechtsextrem zu ziehen sei und kommt zu dem Schluß, daß dies individuell verschieden ist.

Maßnahmen gegen den Rechtsextremismus erachtet er als schwierig, da es keine realen und fundierten Gründe für Rechtsextremismus gibt, wodurch es schwer wird, jemanden von diesem Gedankengut abzubringen.

Als Chance sieht er Aufeinanderzugehen: „*Ja, generell halt Offenheit unter den Rassen, also, allein dieses Wort Rassen ist ja schon so...abgrenzend.*" Als Möglichkeiten, diese Offenheit zu erreichen, sieht er gemeinsame Unternehmungen und Hintergrundinformationen zu den verschiedenen Kulturen.

Rechtsextreme Frauen sind in seiner Betrachtung kaum enthalten. Er erklärt dies damit, daß über rechte Frauen in den Medien selten berichtet wird.

Interview 5

Der Befragte nennt auf die Frage nach rechtsextremen Personen Jörg Haider, zum deutschen Rechtsextremismus fallen ihm keine Namen ein. Frauen sind in seiner Wahrnehmung nicht enthalten, was er damit begründet, daß es auch im Nationalsozialismus keine Frauen gegeben habe, die Führungspositionen inne hatten und die Medien heute überwiegend Männer darstellen.

Vorstellungen, wie rechte Frauen sein könnten, hat er keine. „*Ich kann mir jetzt keine vorstellen, die so radikal wäre.*" Dieses Phänomen kann man mit „Frauchenschema" umschreiben. Das Bild der friedfertigen Frau wird von ihm nicht in Frage gestellt.

Den Anteil schätzt er demgemäß auf 1 Prozent.

Die Frage, welche Funktionen Frauen innerhalb der rechten Szene ausfüllen, beantwortet er nicht.

Den Reiz für Frauen und Männer sieht er in der Vorstellung, durch die Ausweisung der AusländerInnen aus Deutschland etwas bewegen zu können.

Die Antworten auf die Frage nach Strategien beinhalten die Forderung nach Gesetzen und eine persönliche Ohnmacht, gegen rechtsextreme Handlungen nicht angehen zu können:

„*(...) Einfach nur Gesetze dagegen, ja. Sonst kann man da überhaupt nichts machen. (...). Jeder hat seine Einstellung, und wenn da einer so eine Einstellung hat, dann bekomme ich die nicht mehr aus ihm raus. (...). Und da kann ich noch so viel erzählen und reden, den ändere ich nicht. (...). Die haben die Einstellung von unserer früheren Geschichte und, wie gesagt, die ist ja*

nicht mehr änderbar, und da schätze ich mal, kann man die Leute nicht davon abbringen. Die
haben aus, was weiß ich, aus Büchern, aus etc. die ganzen Einstellungen von denen früher
erfahren und haben sich denen jetzt praktisch geistig angeschlossen. "
Rechte Frauen kann er sich nicht vorstellen, und es hat den Anschein, als würde er
dies nicht wollen, um sein Bild von der friedfertigen Frau nicht zu gefährden. Insgesamt steht er dem Problem des Rechtsextremismus, welches er als gegeben hin-
nimmt, ohnmächtig gegenüber.

Interview 6
Zu rechtsextremen Personen fallen der Befragten spontan Männer ein, obwohl sie
auf eine Nachfrage sagt, daß es wahrscheinlich auch Frauen in rechten Gruppen gibt.
Allgemein stellt sie sich rechtsextreme Personen als wenig gebildet vor und als solche,
die nur wenige Ausländer kennen.
Aus Medienberichten kennt sie rechte Frauen nicht.
Dennoch hat sie eine Vorstellung von ihnen und beschreibt sie mit kurzen Haaren
und als eher männliche Typen.
Zum Gedankengut sagt sie, „(...) daß es ihr (der Deutschen, Anm. K.H.) besser geht,
wenn die Ausländer weg sind, daß sie halt mehr Arbeit haben, und daß es sowieso besser wäre,
wenn da nur Deutsche sind in Deutschland. "
Den Anteil rechter Frauen schätzt sie auf 1 Prozent.
Daß Frauen in der rechten Szene Führungspositionen einnehmen, kann sie sich
nicht vorstellen und teilt ihnen eher Schreibarbeiten oder die Rolle als Freundinnen
der Männer zu.
Ebenso glaubt sie nicht, daß Frauen aus eigener Motivation heraus in rechten
Gruppen aktiv werden. Für sie liegt der Anreiz darin, daß die Frauen die Männer der
Gruppe attraktiv finden. Hiermit spricht sie den Frauen das Fällen eigener Ent-
scheidungen ab. Dies wird weiterhin deutlich, wenn sie sagt, daß diese Frauen „(...)
weniger selber denken" und die „normale Frauenrolle", womit sie die Rolle als Freundin
meint, übernehmen.
Eine Vorstellung zur Strategie hat sie nicht.
Für die Befragte sind Frauen im rechten Spektrum nur als Mitläuferinnen und
„Anhängsel" der Männer denkbar. Allgemein schreibt sie rechten Personen wenig
Bildung zu, wodurch diese verharmlost werden.

Interview 7
Heutige Rechtsextremisten kennt die Befragte nicht, ihr fällt spontan lediglich
Hitler ein. In den Medien sind ihr außerdem keine Berichte über rechte Frauen
aufgefallen.
Rechte Frauen stellt die Befragte sich als „Mannweiber" vor, die nicht sehr weiblich,
dafür aber sehr hart sind. Danach kommen ihr Zweifel, ob Frauen diesem Bild
eigentlich entsprechen können: „Keine Ahnung, aber Frauen, wie gesagt,... . Ich weiß nicht,
wir sind einfach zu...zu süß, wir können das nicht sein. " Hier greift wieder die Vorstellung
von der friedfertigen Frau.
Zur Einstellung rechter Frauen hat sie keine Vorstellung.
Den Anteil schätzt sie nicht, sagt aber, daß es nicht viele sein können.

Die Mutterrolle sieht sie als Funktion der Frauen im rechten Spektrum an. Sie sollen Kinder bekommen und diese rassistisch erziehen. Rechte Frauen in Führungspositionen kann sie sich nicht vorstellen. Als Anreiz sieht sie die Gemeinschaft, in der die Frauen sich stark fühlen können.

Zur Frage nach der Strategie sagt sie, daß sie sich des öfteren Gedanken zu diesem Thema gemacht hat und ihre Idee sei dahingehend, Rechtsextremisten für eine Weile ins Ausland zu schicken, wo sie selbst fremd sind und sich zurechtfinden müssen. Auch der Schule, die hierfür multikulturelle Klassen haben müßte, weist sie eine Bedeutung zu. Sie schränkt die Möglichkeit allerdings dahingehend ein, daß sie befürchtet, wenn die Eltern ihre Kinder rassistisch erziehen, die Schule keinen Einfluß mehr ausüben könnte.

Mit Rechtsextremismus und Maßnahmen gegen diesen hat die Befragte sich beschäftigt. Die Vorstellung, daß es rechte Frauen gibt, scheint sie dennoch zu „überrumpeln", da dies nicht zu ihrem Bild paßt, welches sie von Frauen im allgemeinen hat.

Interview 8

Jörg Haider wird von diesem Befragten spontan genannt. Frauen sind weniger in seinem Blickfeld, da, wie er bemerkt, doch eher rechte Männer in der Öffentlichkeit stehen. In Medienberichten, so fügt er hinzu, seien Frauen zwar mitgedacht, die Berichte seien aber nicht direkt auf sie bezogen.

Die Einstellung rechter Frauen beschreibt er mit Ausländerfeindlichkeit. Er kann sich nicht vorstellen, wie diese Frauen aussehen könnten, da das Aussehen für ihn nichts mit dieser Haltung zu tun hat.

Zur Frage nach dem Anteil macht er keine Angaben, da er auch nicht weiß, wie viele rechte Männer es gibt. Das Thema Rechtsextremismus scheint für ihn allgemein uninteressant zu sein.

Die Rolle der Frau in rechten Gruppen sieht er als Frau und Mutter und begründet dies damit, daß es im Nationalsozialismus so war und sich dieses Bild nicht geändert habe. Frauen haben somit für ihn keine Führungspositionen inne.

Einen Anreiz ausgehend vom Rechtsextremismus kann er sich weder für Frauen noch für Männer vorstellen.

Handlungsbedarf sieht er keinen:

„Ich glaube, das ist zur Zeit sowieso nicht nötig, da irgendwo zu intervenieren. Es ist ja nicht so besonders effektiv, die ganzen Vereinigungen."

Rechtsextremismus als gesellschaftliches Phänomen bzw. Problem scheint ihn weder in bezug auf Männer noch auf Frauen zu beschäftigen.

Interview 9

Auf die Frage nach Personen fallen dem Befragten die NPD, Skinheads, die für ihn Männer sind, und Hitler sowie weitere NS-Größen ein.

Frauen bleiben unerwähnt: *„Frauen und Rechtsextremismus bringe ich eigentlich nicht so in Verbindung."* Dies begründet er damit, daß rechtsextreme Frauen wenig in der Öffentlichkeit und in den Medien präsent sind.

Weiterhin kann er sich nicht vorstellen, wie rechte Frauen aussehen und welche Einstellungen sie haben könnten.

Auf die Frage nach Funktionen fällt ihm die Vorsitzende der FPÖ ein; er schließt somit Führungspositionen für Frauen nicht aus.

Den Anteil rechtsextremer Frauen schätzt er auf insgesamt 500.

Daß es einen Reiz für Frauen geben kann, kann er sich nicht vorstellen. Dies begründet er folgendermaßen:

„Frauen und Rechtsextremismus? Also, ich finde, das paßt irgendwie überhaupt nicht zu dem Bild, was man normal von einer Frau hat. Also, rechtsextrem und Frausein schließt sich irgendwie ziemlich aus. Finde ich. (...) Ja, Rechtsextremismus hat was mit Aggression zu tun, mit Haß und mit Gewalt, und das sind halt so die Sachen, die man einer Frau normalerweise nicht zuordnen würde. So typischerweise."

An dieser Aussage läßt sich erkennen, wie gut das Bild der friedfertigen Frau wirkt.

Als Handlungsstrategien sieht er die Bekämpfung der Arbeitslosigkeit und die Erstellung von sozialen Netzen, die gegen die Entwicklung von Haß helfen sollen. Außerdem sieht er eine Möglichkeit in der Bildung.

Für ihn sind Rechtsextremismus und Frauen zwei verschiedene Pole, die einander ausschließen. Ein Zusammenbringen liefe seinem Bild der Frau zuwider. Dies zeigt sich daran, daß er auf der einen Seite eine rechte Frau benennt, auf der anderen Seite Rechtsextremismus und Frauen nicht in Verbindung bringt.

Interview 10

Auf die Frage nach Personen sagt die Befragte zunächst, daß man es niemandem direkt ansieht. Als einzige der interviewten Personen kann sie es sich ohne Nachfrage vorstellen, daß auch Frauen mitwirken. Die Männer sieht sie in der Überzahl, aber Frauen scheinen in ihrem Bild des Rechtsextremismus beinhaltet zu sein. Sie sagt, daß sie Berichte im Fernsehen zu diesem Thema gesehen habe.

Zur äußerlichen Vorstellung sagt sie, daß es für sie kein bestimmtes Bild gibt, sondern, daß es jeder sein könne.

Die Einstellung beschreibt sie mit Patriotismus und *„Mein Volk ist das Beste".*

Den Anteil der Frauen schätzt sie auf 20 bis 40 Prozent.

Als Funktionärinnen in der rechten Politik sieht sie Frauen weniger und bemerkt, daß sie sich Hausfrauen und Angestellte, also Frauen ohne gute Ausbildung, wie sie betont, mit dieser Einstellung vorstellen kann. Als Führungskräfte kann sie sich Frauen aber in Gruppen, die sich den Naturschutz auf die Fahnen geschrieben haben, vorstellen, da Frauen hierfür sensibler seien. Hierzu ist zu bemerken, daß es neuheidnische Gruppen gibt, deren Gedankengut neben rechtsextremen Einstellungen, wie Rassismus, auch Ökologie einschließt (vgl. Awadalla, in: Bitzan 1997, S. 44).

Als Reiz sieht sie Anerkennung durch die Gruppe und Selbstbestätigung, da sie annimmt, daß Frauen, die sich nicht durchsetzen können, sich rechten Gruppen zuwenden.

Als Strategien sieht sie Aufklärung und die Möglichkeit, andere Kulturen kennenzulernen.

„Ich finde, solche Sachen sollten schon in der Schule anfangen, damit man mit verschiedenen Leuten eigentlich aufwächst und sieht, daß sie alle gleich sind."

Rechtsextremismus und Frauen schließen sich für die Befragte nicht aus. Dies kann daran liegen, daß sie aus den Medien etwas zu diesem Thema erfahren hat.

Zusammenfassung der Ergebnisse

Um die Sichtweise der Frauen denen der Männer gegenüberzustellen, sollen die jeweiligen Antworten getrennt voneinander betrachtet werden.

Unter rechtsextremen Personen werden von fünf der befragten Frauen Männer verstanden, nur eine Befragte schließt beide Geschlechter mit ein. Die befragten Männer können sich rechte Frauen nicht vorstellen und nennen spontan Männer.

Vier Frauen schließen auf eine Nachfrage hin die Möglichkeit mit ein, daß am Rechtsextremismus Frauen beteiligt sein können, wobei eine Befragte diese als Mitläuferinnen bezeichnet. Die befragten Männer hingegen schließen Frauen im Rechtsextremismus weitgehend aus. Dies verdeutlicht, warum der Anteil rechter Frauen von beiden Gruppen relativ gering eingeschätzt wird, zeigt aber auch eine Diskrepanz zwischen Frauen und Männern und ihrem Bild der Frau, das bei den Männern „friedfertiger" ausfällt. Die Begründungen hierfür sind bei den Männern, daß Frauen generell weniger als Männer in der Öffentlichkeit stehen, daß es auch im Nationalsozialismus nicht anders gewesen sei, und daß es keine Verbindung zwischen Frauen und Rechtsextremismus gebe. Bei den Frauen lassen sich diese Begründungen finden: die Täter seien meist Männer und Frauen seien nicht so gewalttätig.

Beide Gruppen sehen die Tätigkeiten rechter Frauen eher im Hintergrund, und es werden ihnen meist keine Führungspositionen zugesprochen, aber es wird die Möglichkeit in Betracht gezogen, daß sie im Organisationsbereich tätig sind. Von den Frauen werden noch weitere Funktionen, wie die besänftigende Rolle, die Mutterrolle oder die Rolle als Freundin, genannt.

Als Gedankengut nennen die Frauen Ausländerfeindlichkeit, Überlegenheitsdenken, Rassismus und Patriotismus. Die Männer beschreiben die Einstellung mit Rassismus, Vorurteilen und Ausländerfeindlichkeit. Hieran läßt sich allgemein Kenntnis über den Rechtsextremismus erkennen.

Die Motive, die von den Frauen genannt wurden, unterscheiden sich stärker von denen, die die Männer nannten. So sehen die Frauen Gruppenzwang, Stärkung geringen Selbstbewußtseins, Mitläufertum, Attraktivität der Männer, Gemeinschaft, Machtgefühl und Nicht-Nachdenken als Motive. Bei den Männern lassen sich Feindbilder und Sündenböcke, Zusammenhalt, Unzufriedenheit und der Glaube, in Deutschland etwas bewegen zu können, finden.

Als mögliche Strategien nennen die Frauen „gute Politik", keine Gewalt, Anpassung der AusländerInnen, Bildung, persönliche Kontakte, Vorbilder und Erziehung durch das Elternhaus, wobei aber befürchtet wird, daß Fremdenfeindlichkeit schwer zu bekämpfen ist. Letztere Aussage läßt sich auch in der Gruppe der Männer wiederfinden, die noch die Bekämpfung der Arbeitslosigkeit, gemeinsame

Unternehmungen, Bildung und Gesetze nennt. Von einem Mann wird kein Handlungsbedarf gesehen.

Allgemein läßt sich eine Verharmlosung des Sachverhaltes feststellen. Der Rechtsextremismus scheint nicht als Problem angesehen zu werden. Außerdem ist festzustellen, daß das Bild der friedfertigen Frau in den meisten Köpfen ist und sich auf die Haltung zum Rechtsextremismus überträgt. Festzuhalten ist, daß neun von zehn Befragten Rechtsextremismus und Frauen spontan nicht in Verbindung bringen. Ihnen scheint der Gedanke fremd und wird von einigen Befragten auch abgelehnt. Ein zweites Ergebnis ist, das neun Befragte zum Zeitpunkt der Interviews noch nichts von rechten Frauen gehört hatten. Dies weist darauf hin, daß rechte Frauen weitgehend von den Medien und der Gesellschaft außer Acht gelassen werden.

8.3   Sichten von Zeitungsartikeln nach Nennungen rechter Frauen

Im Zeitraum vom 01. Februar 2000 bis zum 30. September 2000 wurden Zeitungsartikel der Odenwälder Heimatzeitung gesammelt, die sich mit Rechtsextremismus befassen und in denen Personen aus dem rechten Spektrum genannt werden. Insgesamt sind 34 Artikel in die Auswertung einbezogen worden, die im Literaturverzeichnis separat aufgeführt sind. Die Artikelpassagen, in denen Frauen vorkamen, sind im Anhang IV beigefügt. Der Lesbarkeit halber wurden sie abgeschrieben.

Im Folgenden soll kurz auf die „neutrale" Nennung von Personen eingegangen werden. Im Anschluß daran werden die Nennungen der Frauen beschrieben.

In den meisten Artikeln läßt sich keine geschlechtsspezifische Differenzierung feststellen. Hier werden die Personen „neutral" benannt, wobei man mutmaßen kann, daß hierbei keine Frauen gemeint sind. Solche „neutralen" Nennungen sind:
-    junge Leute/Jugendliche
-    Rechtsextremisten/Neonazis/Gesinnungsgenossen/Gruppen von Rechtsradikalen/ Skinheads
-    Unbekannte
-    Tatverdächtige/Mittäter/Angeklagte/Randalierer
In einigen Artikeln werden Männer explizit genannt.

Nennungen von Frauen kommen hingegen nur in fünf Artikeln vor. In diesen werden sie allerdings näher beschrieben. So wird von Mädchen als Zuschauerinnen bei Gewalttaten berichtet, von jungen Frauen, die nach einem Brandanschlag festgenommen wurden, von Frauen, die als Rädelführerinnen verhaftet wurden und von jungen Frauen, die als Begleiterinnen beschrieben werden. Die Erwähnungen von Frauen erfolgen aber meist nur am Rande.

In einem Artikel allerdings geht es um Mädchen, die gewalttätig sind. Der Artikel, „Jung, weiblich, brutal" von Dörte Tewes, ist neueren Datums. Er erschien im September und somit nach Beginn der Diskussion. Die anderen vier Artikel wurden im

Februar, August und September 2000 veröffentlicht. Der im Februar erschienene Artikel macht deutlich, daß die Erwähnung von Frauen nichts mit der Diskussion über Rechtsextremismus zu tun hat.

Festzuhalten ist, daß rechte Frauen in vielen Artikeln keine Präsenz haben und somit nicht ins öffentliche Bewußtsein gelangen können. Die Möglichkeit der Wahrnehmung wird dadurch weiter eingeschränkt.

8.4 Schlußfolgerung

Anhand der Interviews und der bearbeiteten Zeitungsartikel kann gesagt werden, daß rechtsextreme Frauen nicht oder nur selten in der Wahrnehmung enthalten sind. Rechte Frauen werden zugunsten des Bildes der Friedfertigkeit der Frau ausgeblendet.

Ein weiterer auffälliger Punkt ist das scheinbare Desinteresse und die wenigen Informationen, die die Befragten haben. Dies könnte sich im Laufe der aktuellen Diskussion geändert haben, was nachzuprüfen wäre. Denn wenn sich dies nicht geändert haben sollte, wäre über weitgefächerte Bildungsangebote nachzudenken. Außerdem wäre zu befürchten, daß der Kenntnisstand von Personen, die weniger Bildung genossen haben, weit schlechter ist.

9 Fazit

Der Rechtsextremismus, dessen Ideologie aus mehreren Faktoren besteht, und die Beteiligung von Frauen daran hat viele Facetten und ist somit nicht so übersichtlich, wie es oft behauptet wird. Vor allem die Verbindungen zur Mitte sind zu beachten, die aufzeigen, daß es notwendig ist, auf Äußerungen und auf das Verhalten Einzelner zu achten.

Das Bild rechter Frauen setzt sich aus mehreren Facetten zusammen. Zum einen werden Frauen und ihre Aufgaben nach dem ideologischen Frauenbild definiert, welches Frauen als „Naturwesen" und als Mutter zum Volkserhalt darstellt. Hierzu gibt es Theorien zur Hierarchisierung und Unterordnung der Frau, die sich auch in Parteiprogrammen wiederfinden lassen. Männer der rechten Szene befürworten dieses Frauenbild, welches Parallelen zum NS-Frauenbild aufweist. Zum anderen gibt es Selbstbilder, die sich vom ideologischen Bild absetzen und ihm bisweilen widersprechen, so im Punkt über Beteiligung der Frauen an Gewalttaten und an Entscheidungen über politische Fragen. Des weiteren sind rechte Frauen häufig gegen die geforderte Unterordnung und wollen berufstätig sein. Die Familie als Lebensaufgabe ist trotzdem im Lebenskonzept mancher Frauen enthalten. All diese Facetten lassen sich in den rechten Frauenorganisationen finden. Außerdem wurde deutlich, daß Frauen in der rechten Szene aktiv sind, wie die Vorstellung dreier rechter Frauen zeigte.

Frauen im rechten Spektrum werden in der Gesellschaft und von den Medien kaum wahrgenommen oder in verzerrten Bildern dargestellt. Für die Gesellschaft zeigt sich dies anhand der Interviews und der Untersuchung der Zeitungsartikel. Rechtsextremismus aber nur auf Männer zu reduzieren, vereinfacht das Bild. Die Präsenz von Frauen muß somit beachtet werden. Männer bekommen zugegebenermaßen die öffentlichen Aufgaben durch die Ideologie zugeteilt, aber auch Frauen haben in rechten Gruppen Funktionen z.B. als Lehrende und Autorinnen und vertreten die Ideologie, die Menschen in „gut" und „schlecht" einteilt, genauso wie Männer. Zwar ist die Bedeutung der Frauengruppen gering, der Einfluß einzelner Frauen darf aber, vor allem in der Wirkung auf andere Frauen, nicht unterschätzt werden.

Dadurch, daß das ideologische Bild für viele Frauen der rechten Szene nicht von Bedeutung ist, was sich anhand der facettenreichen Selbstbildern zeigt, spielt Rassismus als Anziehungskraft eine große Rolle. Als weitere Anreize wurden Gruppenzugehörigkeit, Macht und Gewalt genannt. Gewalt stellt hierbei ein Instrument der Unterdrückung dar. Das Bild der „friedfertigen Frau" bröckelt somit nicht nur aufgrund angewendeter Gewalt, sondern ebenso aufgrund des vertretenen Rassismus, der mit „Friedfertigkeit" nicht zu vereinbaren ist.

Weiterhin sind rechte Gruppen in ihrem Einfluß nicht zu unterschätzen. Selbst wenn sie verboten werden, ist es realitätsfremd, zu glauben, daß sie ihre Aktivitäten nicht in irgendeiner Weise weiterführen werden, notfalls im Untergrund, was schwer zu beobachten ist und Interventionen erschwert.

Es kann angenommen werden, daß rechte Gruppen im Untergrund weiterhin Einfluß auf Teile der Gesellschaft und somit auf Jugendliche haben werden. Auf kurze Sicht wird dies nicht zu ändern sein, auf lange Sicht kann sich nur etwas ändern, wenn Parteien und Gesellschaft an einem Strang ziehen. Wie gesehen, gibt es Projekte, die zur Prävention innerhalb und außerhalb der Schule genutzt werden können.

Für ein Gelingen ist aber Unterstützung notwendig, wofür zunächst Bereitschaft geschaffen werden muß. Ein erster Punkt muß hierfür die Bewußtmachung in der Öffentlichkeit sein, wodurch deutlich werden muß, daß die Politik sowie die Gesellschaft Voraussetzungen für den Rechtsextremismus stellen.

Ob die Bekämpfung allerdings als Ziel noch vor Augen ist, wenn der Rechtsextremismus nicht mehr täglich in den Medien präsent ist, bleibt abzuwarten. Zur Zeit lassen sich noch verstärkt Aktionen und Proteste in Form von Demonstrationen gegen rechte Gewalt beobachten, wie lange dies so bleibt, oder ob es mit zunehmender Dauer Aktionen Einzelner werden, wird sich zeigen.

Gewalteindämmung sollte zunächst Vorrang haben, wobei die Sensibilisierung der Gesellschaft ein wichtiger Schritt ist. Die Notwendigkeit ist anhand der Tatsache erkennbar, daß im Monat August 2000 doppelt so viele rechte Straf- und Gewalttaten beobachtet wurden wie in den Monaten Januar bis Juli. Hier stellt sich die Frage, ob die rechte Szene zu mehr Gewalt bereit ist und verstärkt gewalttätig handelt, oder ob dies auf die Sensibilisierung der Gesellschaft und somit auf ein verändertes Anzeigeverhalten zurückzuführen ist. Meldungen über rechte Gewalttaten sind bisweilen täglich in der Presse zu finden. Es ist aber auch festzustellen, daß weite Teile der Gesellschaft mit rechten Parteien sympathisieren. Für Thüringen ist dies durch eine

Studie, die vom Ministerpräsidenten in Auftrag gegeben wurde, bestätigt.

Die Eindämmung der rechten Gewalt und die Verringerung der „deutschen Kultur des Wegsehens und Schweigens" muß in Angriff genommen werden, bevor Bubis´ dunkle Vorahnungen von einer Wiederbelebung des Nationalsozialismus in all seinen Erscheinungsformen Realität werden.

Anhang I

Anmerkungen zu Personen, Institutionen, Zeitungen und Gruppierungen

(in alphabetischer Reihenfolge)

Aktionsfront Nationaler Sozialisten (ANS) / Nationale Aktivisten (ANS/NA) (vgl. Mecklenburg 1996, S. 149/150): Die ANS wurde 1977 gegründet, die weiterführende Organisation ANS/NA 1983; beide wurden am 07. Dezember 1983 verboten; die Zahl der Mitglieder belief sich auf 300 - 400; Funktionäre waren u.a. **Michael Kühnen** und **Christian Worch**; Zeitschriften waren *Die Innere Front* und *Das Korps*; 1978/79 wurde die Führungsspitze inhaftiert, nach seiner Entlassung 1982 beginnt Kühnen mit der Reorganisation; die Gruppierung bekannte sich zum Nationalsozialismus und Hauptziel war die Wiederzulassung der NSDAP; sie orientierte sich weiterhin an der SA; zu Beginn der 80er Jahre war die Organisation eine der größten neofaschistischen Gruppen in Deutschland; nach dem Verbot entstand als Nachfolgeorganisation die **Gesinnungsgemeinschaft der Neuen Front.**

Armanen – Orden (vgl. Mecklenburg 1996, S. 368/369): gegründet 1979 von Sigrun und Adolf Schleipfer hat der Orden 50 - 100 Mitglieder; Aktivitäten sind das Feiern gottesdienstartiger Kult-Handlungen, wie die Sonnwendfeste; der Orden gibt die Zeitung *Irminsul – Stimme der Armanen* heraus; das Programm stützt sich auf den österreichischen Antisemiten Guido von List, nach dem die Armanen Führer und Priester der Germanen waren; der Orden hängt der „Weltverschwörungstheorie" an; Ziel ist die Züchtung einer „Edelrasse" (vgl. Fantifa Marburg, in: Mecklenburg 1996, S. 751).

Bund Deutscher Mädel (BDM) (vgl. Kammer/Bartsch 1999, S. 36 – 38): der BDM war innerhalb der Hitlerjugend die Organisation für 14 - 18jährige Mädchen; er entstand 1930 durch die Zusammenführung mehrerer nationalsozialistischer Mädchengruppen; das Ziel bestand darin, starke und tapfere Frauen zu erziehen, die die NS-Weltanschauung verinnerlicht hatten; zur weltanschaulichen Schulung, zur Verbreitung der Rassenkunde, gab es Heimabende, in denen ebenso gesungen und gebastelt wurde; sportliche Leistungen nahmen einen großen Stellenwert ein; durch gemeinsame Fahrten sollte den Mädchen Gemeinschaftsgefühl und Zugehörigkeitsgefühl zur deutschen Volksgemeinschaft vermittelt werden.

Bund Deutscher Unitarier (vgl. Mecklenburg 1996, S. 373): diese Gruppierung wurde 1991/92 gegründet; sie verbreitet die Ideen und Theorien von *Sigrid Hunke*: Rückkehr zur eigenen Religion Europas und damit zur deutschen Identität; Indianermystik, Geschichtsrevisionismus, Germanenmythos und Runenkunde spielen weiterhin eine Rolle.

Bürgerrechtsbewegung Solidarität (vgl. Mecklenburg 1996, S. 224/225): gegründet 1992 hat diese Gruppierung ca. 700 Mitglieder; die Programmatik ist von antisemitischem und autoritärem Gedankengut geprägt; die Gruppierung ist Teil der

LaRouche-Connection, die Verbindungen in alle Welt hat, u.a. nimmt man Kontakte zu westlichen Geheimdiensten an.

Deutsche Alternative (DA) (vgl. Mecklenburg 1996, S. 231 - 233): die Partei wurde 1989 in Cottbus gegründet und 1992 verboten; sie hatte ca. 700 Mitglieder; Aktivitäten waren Gedenkmärsche und der Aufbau von Wehrsportgruppen, deren Mitglieder dazu aufgerufen wurden, aktiv am Krieg in Kroatien teilzunehmen; als Mitteilungsblatt wurde der *Brandenburger Beobachter* herausgegeben; Programmpunkte waren die Wiederherstellung des Deutschen Reiches, Ausländerrückführung, Austritt aus der EG und die Förderung von Nationalstolz.

Deutsches Kulturwerk Europäischen Geistes (DKEG) (vgl. Mecklenburg 1996, S. 253 – 255): diese Gruppierung wurde 1950 gegründet; sie richtet „Dichtertreffen" aus und verleiht Preise wie den *Schillerpreis* und die *Kant-Plakette*; sie versteht sich als „*Tatgemeinschaft für die Erhaltung der deutschen Kultur*"; man zählt sie zum deutschen Neofaschismus (vgl. Bitzan 2000, S. 310).

Deutsche Unitarier Religionsgemeinschaft e.V. (DUR) (vgl. Mecklenburg 1996, S. 378/ 379): gegründet 1950, hat die Gemeinschaft ca. 2.600 Mitglieder; *Hunke*, die Vize- und Ehrenpräsidentin war, prägte diese nachhaltig; Aktivitäten sind Gesprächskreise, Alten- und Krankenbetreuung (hierdurch ist sie gesellschaftlich etabliert), Tagungen und Seminare zu Themen wie Religion, Philosophie und Ökologie; zum Programm gehören die „europäische Religion" nach germanischem Vorbild und die Propagierung der Volksgemeinschaft; sie ist völkisch, rassistisch und nationalistisch motiviert.

Deutsche Volksunion (DVU) (Mecklenburg 1996, S. 244 - 247): gegründet 1971 hat die Partei heutzutage weniger als 20.000 Mitglieder; Vorsitzender und Begründer der DVU ist Gerhard Frey; die Wahlerfolge der Partei liegen meist zwischen 5 und 10 Prozent; die Programmatik der DVU setzt sich aus Forderungen nach einem weltweiten Apartheidsystem und der „*Säuberung der deutschen Kultur*" zusammen; für die rechte Szene ist die Partei als „*Rekrutierungsfeld für Neueinsteiger*", als Geldgeber und für Propagandazwecke von Bedeutung.

Elemente (vgl. Mecklenburg 1996, S. 406/407): als Zeitschrift des **Thule – Seminars** 1986 gegründet; enthält u.a. Artikel mit Beiträgen zur Kultur Europas und mit Forderungen zur Bekämpfung der „Verwestlichung".

Europäische Arbeiterpartei (EAP) (vgl. Internet 17): diese Gruppierung tritt immer wieder unter anderem Namen auf, wie *Patrioten für Deutschland* oder *Bund freier Bürger*; sie arbeitet eng mit der **Bürgerrechtsbewegung Solidarität** zusammen.

Europa vorn (vgl. Mecklenburg 1996, S. 408 -410): eigenständige Zeitschrift, die 1988 gegründet wurde; sie orientierte sich zunächst an den **Republikanern**, später auch an anderen Gruppierungen; Themen sind u.a. die Herstellung einer deutschen Identität und Interviews mit **Skinheads**.

Freiheitliche Deutsche Arbeiterpartei (FAP) (vgl. Mecklenburg 1996, S. 258 -
260): 1979 gegründet, 1995 verboten; wurde in anderen Zusammenhängen weiter-
geführt bzw. in andere Gruppen überführt; die Partei hatte ca. 1.000 Mitglieder; für
weibliche Mitglieder gab es die **FAP-Frauenschaft**; Aktivitäten waren Aufmärsche
und gewalttätige Aktionen; Ziel war die Rehabilitierung des Nationalsozialismus, vor
allem nach der Übernahme der Mitglieder der **ANS/NA**; die Partei war bis zu ihrem
Verbot die größte neofaschistische Organisation in Deutschland.

FAP-Frauenschaft (vgl. Mecklenburg 1996, S. 259, 747):Gruppierung für weibliche
Mitglieder der **FAP**; entstand nach der Spaltung der *Deutschen Frauenfront* und hatte
die gleichen Grundsätze wie diese; wurde am 28.März 1990 offiziell aufgelöst, Gründe hierfür sind nicht bekannt (vgl. Bitzan 2000, S. 447).

Gesamtdeutscher Verlag Anneliese Thomas (vgl. Mecklenburg 1996, S. 410 -
411): gegründet wurde der Verlag 1990; veröffentlicht zahlreiche rechtsextreme
Zeitschriften, wie *Europa* und *na klar!* und Bücher von rechtsextrem eingestellten
Autoren.

Gesinnungsgemeinschaft der Neuen Front (GdNF) (vgl. Mecklenburg 1996, S.
269/270): gegründet 1984 hatte diese Gruppe zeitweilig einige hundert Mitglieder,
zur Zeit sind es ca. 50 - 80; die Mitglieder stammen aus der seit 1983 verbotenen
ANS/NA; Vorbild ist die NSDAP; Aktivitäten sind u.a. die Vorbereitung von
Aufmärschen und paramilitärisches Training; Zeitschrift ist *Die Neue Front*; die
Programmatik orientiert sich an Hitlers „Mein Kampf" (in diesem Buch verlieh Hitler
seiner menschenverachtenden Haltung Ausdruck); Ziele sind die Errichtung eines
Vierten Reiches und der politische Umsturz, das Hauptaugenmerk liegt hierbei auf
der weißen Rasse; nach dem Tod **Kühnens**, der Funktionär war, schieden viele
Mitglieder aus.

Goebbels, Joseph (Kammer/Bartsch 1999, S. 331/332): geboren 1897, starb 1945
durch Selbstmord; war seit 1924 Mitglied der NSDAP; ab 1926 war er Gauleiter von
Berlin bis er 1930 Reichspropagandaleiter der NSDAP wurde; 1933, nach der
Machtübernahme, wurde er Reichsminister für Volksaufklärung und Propaganda und
Präsident der Reichskulturkammer; durch diese Ämter konnte er die NSDAP durch
Propagandamaßnahmen in den Medien unterstützen und hatte erheblichen Einfluß
auf die Meinungsbildung großer Teile der Bevölkerung; ab 1944 war er *„General-
bevollmächtigter für den Totalen Kriegseinsatz".*

**Hilfsgemeinschaft für nationale politische Gefangene und deren Angehörige
e.V. (HNG)** (vgl. Mecklenburg 1996, S. 274 – 276): gegründet 1979; die Mitgliederzahl liegt bei ca. 300; die Zeitschrift der Gruppierung nennt sich **Nachrichten der
HNG** und enthält Namen und Adressen inhaftierter Rechtsextremisten; Ziele sind
die Anerkennung der rechten Inhaftierten als nationale, politische Gefangene und die
Abschaffung der Anti - NS - Paragraphen; hat in Justizvollzugsanstalten eine eigene
Struktur aufgebaut, um den Kontakt zu rechtsextremen Inhaftierten nicht abreißen
zu lassen.

Horst-Wessel-Lied (Kammer/Bartsch 1999, S. 116): war seit 1930 das offizielle Lied der NSDAP; der Text wurde während des Dritten Reiches im Anschluß an die Nationalhymne gesungen: *„Die Fahne hoch! Die Reihen fest geschlossen! SA marschiert mit ruhig festem Schritt! Kameraden, die Rotfront und Reaktion erschossen, marschier`n im Geist in unsern Reihen mit!"*; der Text stammt von Horst Wessel, der seit 1926 Mitglied der NSDAP und SA war und 1930 an den Folgen einer Schießerei starb, die einer persönlichen Auseinandersetzung folgte; **Goebbels** ließ verbreiten, daß Wessel von Kommunisten erschossen worden sei; Wessel wurde dadurch zum Märtyrer und Helden der Partei erklärt.

Junge Freiheit (vgl. Mecklenburg 1996, S. 414 – 416): 1986 gegründete Zeitschrift; erscheint wöchentlich mit vielen Artikeln rechtsextremer AutorInnen; orientiert sich an den **Republikanern**.

Krebs, Pierre (Mecklenburg 1996, S. 483/484): geboren 1947; ist Jurist und Politologe, außerdem Schriftsteller, Publizist und Chefredakteur von **Elemente**; war zeitweilig Dozent an der Volkshochschule Kassel; Leiter des **Thule - Seminars**, das er 1980 mitbegründete; ist hauptsächlich in Frankreich und Deutschland tätig und hat in beiden Ländern Kontakte zu rechten Organisationen; referiert auf Schulungen, Veranstaltungen und Seminaren; er hat zahlreiche Bücher veröffentlicht, wie z.B. *Die europäische Wiedergeburt.*

Kühnen, Michael (vgl. Mecklenburg 1996, S. 484/485): geboren am 21.Juni 1955, gestorben am 25. April 1991 an AIDS; war Organisationsleiter der **ANS**, später Sprecher der **ANS/NA**; baute die **GdNF** auf; war einer der wichtigsten und bekanntesten Rechtsextremisten, vor allem durch seine Medienpräsenz; beteiligte sich maßgeblich am Aufbau rechtsextremer Strukturen und verfügte über zahlreiche Kontakte im In- und Ausland; seine Homosexualität spaltete die rechte Szene über Jahre hinweg.

Lebensborn e.V. (vgl. Kammer/Bartsch 1999, S. 142/143): dieser Verein wurde 1935 von Heinrich Himmler, dem Reichsführer - SS, gegründet; 1940 gab es in deutschen Gebieten insgesamt 20 Lebensbornheime; das Ziel war es, den Kinderreichtum zu fördern und Mütter *„guten Blutes"* zu schützen und zu betreuen; Müttern, die nachweisen konnten, daß sie *„rassisch und erbbiologisch wertvoll"* waren, wurde eine Aufnahme in eines der Heime versprochen, um Abtreibungen zu verhindern; die Vormundschaft für uneheliche Kinder hatte der Verein und er bestimmte, ob die Kinder bei ihren Müttern blieben oder zur Adoption freigegeben wurden; die Anzahl der dort geborenen Kinder ist unklar; der Zweck der Züchtung „reinrassiger" Kinder ist durch amtliche Unterlagen nicht zu belegen, Zeitzeugen aber bestätigen diesen.

Malcoci, Christian (vgl. Mecklenburg 1996, S. 274, 281/282, 289, 297, 579, 633): Malcoci ist der Kopf der **HNG** und Funktionär bei der *Nationalen Offensive* und beteiligte sich im *„Komitee zur Vorbereitung der Feierlichkeiten zum 100. Geburtstag Adolf Hitlers"*; weiterhin war er Mitglied der **ANS/NA**; 1992 gründete er einen **Thule - Orden**; er war Autor für *Eine Bewegung unter Waffen*, einer rechten Zeitschrift.

Mädelbund der ANS (vgl. Mecklenburg 1996, S. 150, 235, 947): wurde als Frauenorganisation der **ANS/NA** eingerichtet; war Vorläuferorganisation der *Deutschen Frauenfront*; wurde 1983 zusammen mit der **ANS/NA** verboten.

MUT (vgl. Mecklenburg 1996, S. 419/420): Gründung der Zeitschrift 1964; steht von 1967 – 1982 rechtsextremen Jugendorganisationen nahe und wurde bis 1983 vom Verfassungsschutz beobachtet; bewegt sich im Feld zwischen bürgerlich-konservativ bis extrem rechts; die Zeitschrift wird auch in bürgerlichen Kreisen gelesen.

Nachrichten der HNG (vgl. Mecklenburg 1996, S. 275, 663): Zeitschrift der **HNG**, die Namen und Adressen inhaftierter Rechtsextremisten enthält; weiterhin werden hier Prozesse dokumentiert, über gruppeninterne Aktivitäten berichtet und Briefe von Inhaftierten veröffentlicht.

Nationaldemokratische Partei Deutschlands (NPD) (vgl. Mecklenburg 1996, S. 282 -284): gegründet wurde die Partei 1964 und zur Zeit wird über ihr Verbot diskutiert; seit 1996 ist Udo Voigt Vorsitzender; bei Wahlen auf Bundes- und Länderebene bleibt die Partei meist unter 1 Prozent (NPD im Visier, OHZ, 10.10.00, S. 3); für 1996 gibt sie ihre Mitgliederzahl mit 2.800 Personen an (vgl. ebenda); die *Jungen Nationaldemokraten* (JN), die Jugendorganisation der NPD, haben ca. 400 Mitglieder und fungieren als Scharnier zwischen der NPD und neonazistischen Gruppen (vgl. ebenda); im Programm werden Nationalismus, Rassismus, Antisemitismus und die Propagierung eines Führerstaates vertreten; weiterhin werden NS - Verbrechen relativiert; dient als Sammelbecken für Mitglieder verbotener Parteien und Gruppierungen.

National - Freiheitliche Alternative (vgl. Mecklenburg 1996, S. 217): beteiligte sich zusammen mit der **DA** 1992 an Kameradschaftsabenden und Flugblattaktionen der Aktionsfront der *Aktionspartei Nationalrevolutionärer Kameraden*, die 1993 aufgelöst wurde.

Nationale Front (vgl. Mecklenburg 1996, S. 467, 620, 658, 859): neofaschistische Gruppierung, die die DDR als Bollwerk gegen zersetzende Einflüsse des Westens bezeichnete; hatte ein internationales Netzwerk, in das mehrere Organisationen eingebunden waren, agierte auch in Österreich; wurde 1992 verboten.

Nationale Liste (vgl. Mecklenburg 1996, S. 287 – 289): wurde 1989 gegründet und 1995 verboten; bereitete seit 1989 die *Rudolf-Heß-Gedenkmärsche* vor; veranstaltete Wehrsportübungen; das Programm enthielt die Forderung nach Kampf gegen Überfremdung, sofortige Ausweisung aller Ausländer und Loslösung von der EG; die Zeitschrift der Organisation hieß *Index*.

NS-Frauenschaft (vgl. Kammer/Bartsch 1999, S. 172/173): wurde 1931 als Zusammenschluß mehrerer Frauenverbände gegründet; 1934 wurde Gertrud Scholtz-Klink Führerin der NS-Frauenschaft und des *Deutschen Frauenwerkes*; bis 1939 hatten diese beiden Organisationen 3,3 Millionen Mitglieder, der politische Einfluß war aber gering; Aufgabe war es, „Führerinnen" zu erziehen, die „*politisch und weltanschaulich*"

zuverlässig waren; die Schulung sollte den Frauen das nationalsozialistische Gedankengut nahebringen und dieses zu ihrer Überzeugung werden lassen; Schwerpunkt lag auf der Erziehung der Frauen zu Hausfrauen und Müttern; aufgrund der
politischen Aufgabenstellung stellte die NS-Frauenschaft eine Auslese dar, da nur
„bewährte" Frauen eintreten konnten, während das *Deutsche Frauenwerk* für alle offen
stand.

NS - Kampftruppe Mainz (vgl. Mecklenburg 1996, S. 496): besteht seit ungefähr
Ende der 60er Jahre; hat zahlreiche Kontakte zu NS - Gruppen und Rechtsextremisten.

Republikaner (REP) (vgl. Mecklenburg 1996, S. 299 – 302): gegründet am 27.
November 1983; hat ca. 16.000 Mitglieder; gibt für einzelne Städte und Bundesländer
verschiedene Zeitungen heraus; propagiert den *„radikalen Nationalismus"*, das *„Deutsch-
sein"* und stellt den Staat über die Gesellschaft, dazu gehört die Unterordnung des
Individuums unter die Gemeinschaft; gefordert wird der Austritt Deutschlands aus
der NATO und die Herstellung „Großdeutschlands" (an welche Grenzen hierbei gedacht wird, ist unklar); Ausländer dienen als Feindbild und Ausländerfeindlichkeit ist
Programm.

Rieger, Jürgen (vgl. Mecklenburg 1996, S. 513/514): geboren am 11. Mai 1946; ist
als Rechtsanwalt in Hamburg tätig; Vorsitzender der *Gesellschaft für biologische Anthro-
pologie, Eugenik und Verhaltensforschung* und Vorstandsmitglied des *Nordischen Rings*; ist
seit Jahrzehnten bevorzugter Strafverteidiger im rechten Lager; sein Schwerpunkt ist
die Verteidigung bei Verfahren, die die Leugnung des Holocausts zum Inhalt haben;
er verbreitet rassebiologische Standpunkte.

Rosenberg, Alfred (Kammer/Bartsch 1999, S. 343/344): geboren 1893, wurde 1946
bei den Nürnberger Prozessen zum Tode verurteilt und hingerichtet; 1923 war er
Chefredakteur des *Völkischen Beobachters*; 1930 wurde er Mitglied des Reichstages; im
gleichen Jahr wurde sein Hauptwerk „Der Mythos des 20. Jahrhunderts" veröffent-
licht, in dem er seine antichristliche und judenfeindliche Ideologie darstellt und eine
Lehre der nationalsozialistischen Weltanschauung entwirft; 1933 wurde er Reichsleiter des außenpolitischen Amtes der NSDAP; ab 1934 war er Beauftragter für die
Überwachung der *„geistigen und weltanschaulichen Schulung und Erziehung"*; 1940 wurde er
Chef des „Einsatzstabes Reichsleiter Rosenberg", einer Truppe, die in den besetzten
Gebieten für Kunstraub in Millionenhöhe verantwortlich war; ab 1941 war er Reichs-
minister für die besetzten Ostgebiete.

Skinheads (vgl. Internet 9 / 20 / 21):
Kennzeichen: kahle Schädel; in 60er Jahren im englischen Arbeitermilieu entstanden;
zunächst unpolitisch und auf Fußballspiele fixiert oder als kommunistische Gruppierungen aktiv; durch Kampagnen der *Nationalen Front* folgte eine politische Kehr-
wende eines Teils der Skinheads: gegen Zuzug von Ausländern und „Überfremdung"
und rassistische Parolen; Ende der 70er Jahre kam die Skinhead – Bewegung in die
BRD, zunächst auch hier unpolitisch; Mitte der 80er Jahre wurde sie hierzulande zu

einer ausländerfeindlichen, rassistischen und rechtsextremen Bewegung; nach der Wiedervereinigung Zunahme der Skinheads im Osten Deutschlands (dort gab es sie aber auch schon vorher);

Boneheads: der eigentliche Name rechter Skinheads, übernahmen Kleidung der Skinheads, diese Verwechslung führt heute noch zur Verfälschung des Wissens über Skinheads;

80er Jahre: die Entstehung der *SHARP* – *Bewegung* (Skinheads against racial prejudice) zeigt, daß es nicht nur rechte Skinhead - Gruppen gibt; rechtsextreme Parteien stehen Skinheads meist ablehnend gegenüber (trifft auf die NPD nicht zu) v.a. wegen ihrer Disziplinlosigkeit, welche der rechten Weltanschauung widerspricht; trotz dessen werden sie häufig von rechten Parteien für verschiedene Aufgaben angeheuert, wie Plakate kleben oder Ordnerdienste bei Veranstaltungen, werden aber meist nicht in die Partei eingebunden;

Neonazis und Skinheads: viele führende Neonazis stammen ursprünglich aus der rechten Skinhead - Szene; in beiden Gruppen ist latente Gewaltbereitschaft vorhanden; Kontakte zwischen diesen Gruppen bestehen: Teilnahme rechter Skinheads an neonazistischen „Kameradschaftstreffen" (ideologische Schulung), diese Beziehungen sind meist kurzfristig;

Skinhead - Gruppen verfügen nicht über feste Strukturen und Organisationen mit Mitgliederlisten, deshalb ist es schwer, ihre genaue Anzahl zu ermitteln, weiterhin bietet dies Gelegenheit, Skinheads in Neonazi - Strukturen einzubinden, Neonazis benutzen zur Indoktrination der Skinheads Musik und Zeitschriften.

Thule-Seminar e.V. – Arbeitskreis für die Erforschung und das Studium der europäischen Kultur (vgl. Mecklenburg 1996, S. 311 - 313): gegründet 1980; hat ca. 50 Mitglieder; veröffentlicht Zeitschriften und Bücher mit rechtsextremem Inhalt; die gruppeneigene Zeitschrift heißt **Elemente**; das Programm beinhaltet ein biologistisches Menschenbild, das die Ungleichheit betont; das Juden- und Christentum wird abgelehnt und statt dessen werden vorchristliche Religionen als Grundlage für nationale Identität hervorgehoben; der Hauptfeind ist der „Meltingpot" USA.

Verfassungsschutz (vgl. Knaurs Lexikon 1985, S. 1003): in BRD am 27.09.1950 durch Gesetz eingeführt; Bund und Länder haben jeweils einen eigenen Verfassungsschutz; diese sind zur Zusammenarbeit und Austausch von Material verpflichtet.

Worch, Christian (vgl. Mecklenburg 1996, S. 543/544): geboren am 14. März 1956; ist gelernter Notariatsgehilfe; gründete mit **Kühnen** die **ANS/NA** und ist der führende Kopf der **Gesinnungsgemeinschaft der Neuen Front**; übernimmt das Amt des Schriftleiters der **Nachrichten der HNG**; seit 1993 ist er stellvertretender Vorsitzender der **Nationalen Liste**; koordiniert Aufmärsche und Veranstaltungen der **GdNF**; ist Hauptkraft in der *Anti-Antifa- Kampagne;* wurde 1996 für mehrere Jahre inhaftiert.

Anhang II

Literaturverzeichnis

Ahlheim, Klaus: Wider den sozialpädagogischen Gestus. Rechtsextremismus als Herausforderung an die Pädagogik; in: Fremdenangst und Fremdenfeindlichkeit /Jansen, Mechthild ; Ulrich Prokop; Frankfurt am Main 1993, S. 219 - 233

Antifaschistisches Autorenkollektiv: Drahtzieher im braunen Netz. Ein aktueller Überblick über den Neonazi-Untergrund in Deutschland und Österreich; Konkret Literatur Verlag, Hamburg 1996, S. 257 - 263

Auernheimer, Georg: Einführung in die interkulturelle Erziehung; 2. Auflage, Wissenschaftliche Buchgesellschaft, Darmstadt 1995, S. 166 - 246

Becker, Georg E. / Coburn-Staege, Ursula (Hg.): Pädagogik gegen Fremdenfeindlichkeit, Rassismus und Gewalt. Mut und Engagement in der Schule; Beltz Verlag, Weinheim 1994, S. 89 - 105; 209 - 233; 308 - 323

Benz, Wolfgang (Hg.): Rechtsextremismus in Deutschland. Voraussetzungen, Zusammenhänge, Wirkungen; Fischer Taschenbuch Verlag, Frankfurt am Main 1994

Birsl, Ursula: Frauen und Rechtsextremismus, in: Aus Politik und Zeitgeschichte, Beilage zur Wochenzeitung Das Parlament; Band 3-4/92, S. 22 - 30

Birsel, Ursula: Rechtsextremismus: weiblich – männlich?. Eine Fallstudie zu geschlechtsspezifischen Lebensverläufen, Handlungsspielräumen und Orientierungsweisen; Leske+Budrich, Opladen 1994, S. 21 - 32; 179 - 193; 279 - 293

Bitzan, Renate (Hg.): Rechte Frauen. Skingirls, Walküren und feine Damen; Elefanten Press, Berlin 1997

Bitzan, Renate: Selbstbilder rechter Frauen. Zwischen Antisexismus und völkischem Denken; edition diskord, Tübingen 2000

Bründel, Heidrun / Hurrelmann, Klaus: Gewalt macht Schule. Wie gehen wir mit aggressiven Kindern um?; Knaur Verlag, München 1997, S. 28; 39 - 41; 259 - 376

Büchner, Britta R.: Rechtsextreme Frauen als verfolgende Opfer. Über die Problematik einer Haltung; in: Haug, Frigga; Wolfgang Fritz Haug (Hg.); Das Argument 203/1994, Zeitschrift für Philosophie und Sozialwissenschaften, S. 59 - 65

Der Große Brockhaus 8 Mor – Pha, 18. Auflage Wiesbaden 1979, S. 125

Engel, Monika / Menke, Barbara (Hg.): Weibliche Lebenswelten – gewaltlos?. Analysen und Praxisbeiträge für die Mädchen- und Frauenarbeit im Bereich Rechtsextremismus, Rassismus, Gewalt; agenda Verlag, Münster 1995

Falter, Jürgen W. u.a. (Hg.): Rechtsextremismus -Ergebnisse und Perspektiven der Forschung; Westdeutscher Verlag, Opladen 1996, S. 49 - 63

Farin, Klaus/Seidel-Pielen, Eberhard: Skinheads, C.H.Beck Verlag, München 1993, S. 140 - 163

Feldmann – Neubert, Christine: Frauenleitbild im Wandel 1948 – 1988. Von der Familienorientierung zur Doppelrolle; Deutscher Studienverlag, Weinheim 1991, S. 33 - 35; 41; 49; 138; 168; 189; 220; 254; 286

Fromm, Rainer: Am rechten Rand. Lexikon des Rechtsradikalismus; Schüren Presseverlag, Marburg 1994, S. 179 - 188

Gamm, Hans-Jochen: Führung und Verführung. Pädagogik des Nationalsozialismus. Eine Quellensammlung; 2. Auflage, Campus Verlag, Frankfurt am Main 1984, S. 22- 41; 45-61; 99-101; 105-108; 114 -118; 149-153; 170-179; 182-184; 280-284; 298-308; 342-345

Grundgesetz, 32. Auflage, dtv Verlag, München 1994

Guggenbühl, Allan: Die unheimliche Faszination der Gewalt; dtv Verlag, München 1995, S. 82-85; 91-93; 107-143

Hauff, Mechthild: Falle Nationalstaat. Die Fiktion des homogenen Nationalstaates und ihre Auswirkungen auf den Umgang mit Minderheiten in Schule und Erziehungswissenschaft; Waxmann Verlag, Münster 1993, S. 139 - 176

Heß, Ulrike: Fremdenfeindliche Gewalt in Deutschland: eine soziologische Analyse; Profil Verlag, München 1996, S. 17-27; 131-156

Hübner - Funk, Sibylle: Loyalität und Verblendung. Hitlers Garanten für die Zukunft als Träger der zweiten deutschen Demokratie; Verlag für Berlin-Brandenburg, Potsdam 1998, S. 272-277; 316-319; 324-343; 354-360; 369-373; 387-393

Jäger, Siegfried u.a.: BrandSätze. Rassismus im Alltag; 2.Auflage, DISS, Duisburg 1992, S. 32-46; 65-76; 121-154; 295-302

Jansen, Mechthild: „Zum Wohle des Volkes". Frauenpolitik und Frauenprogrammatik der Republikaner, in: Dem Haß keine Chance, Der neue rechte Fundamentalismus / v. Hellfeld, Matthias (Hg.); Pahl-Rugenstein Verlag, Köln 1989, S. 74-88

Jaschke, Hans-Gerd: Rechtsextremismus und Fremdenfeindlichkeit. Begriffe, Positionen, Praxisfelder; Westdeutscher Verlag, Opladen 1994, S. 23-31; 121-125

Jugendwerk der Deutschen Shell: Jugend '92; Band 4,Leske+Budrich, Opladen 1992, S. 140

Kammer, Hilde/Bartsch, Elisabet: Lexikon Nationalsozialismus. Begriffe, Organisationen und Institutionen; Rowohlt Taschenbuch Verlag, Reinbek 1999, S. 36-38

Kappeler, Manfred: Rassismus. Über die Genese einer europäischen Bewußtseinsform; Verlag für Interkulturelle Kommunikation, Frankfurt am Main 1994, S. 62-70

Keim, Wolfgang: Erziehung unter der Nazi-Diktatur; Band 1 und 2, Primus Verlag, Darmstadt 1995/1997

Kinz, Gabriele: Der Bund Deutscher Mädel. Ein Beitrag zur außerschulischen Mädchenerziehung im Nationalsozialismus; Europäische Hochschulschriften Reihe XI Pädagogik; Band 421, Verlag Peter Lang GmbH, Frankfurt am Main 1990, S. 114-124; 154-161; 164-249; 259-279

Klawe, Willy / Matzen, Jörg (Hg.): Lernen gegen Ausländerfeindlichkeit. Pädagogische Ansätze zur Auseinandersetzung mit Orientierungsverlust, Vorurteilen und Rassismus; Juventa Verlag, Weinheim 1993, S. 15-21; 49-53; 61-67; 79-87; 111-116; 132-137; 147-151; 157-160; 161-165

Knapp, Gudrun-Axeli: Frauen und Rechtsextremismus: „Kampfgefährtin" oder „Heimchen am Herd"?; in: Welzer, Harald: Nationalstolz und Moderne; Edition Diskord, Tübingen 1993, S. 208-239

Knaurs Lexikon von A-Z; Droemer Verlag, München 1985

Kock, Lisa: „Man war bestätigt und man konnte was!". Der Bund Deutscher Mädel im Spiegel der Erinnerungen ehemaliger Mädelführerinnen; Internationale Hochschulschriften, Band 131, Waxmann Verlag GmbH, Münster 1994, S. 21-35; 45-73; 96-233; 257-271

Kubink, Michael: Fremdenfeindliche Straftaten. Polizeiliche Registrierung und justizielle Erledigung – am Beispiel Köln und Wuppertal; Band 21, Duncker & Humblot Verlag, Berlin 1997, S. 120-129

Lamnek, Siegfried: Theorien abweichenden Verhaltens; 6. Auflage, W. Fink Verlag, München 1996, S. 41/42; 160/161; 181-184; 289; 291

Lange, Astrid: Was die Rechten lesen. Fünfzig rechtsextreme Zeitschriften. Ziele, Inhalte, Taktik; C.H. Beck Verlag, München 1993, S. 140/141

Lillig, Thomas: Rechtsextremismus in den neuen Bundesländern. Erklärungsansätze, Einstellungspotentiale und organisatorische Strukturen; Schriftenreihe der Forschungsgruppe Deutschland, Mainz 1994, S. 79-97

Lohmeier, Cornelia: Wie immun sind Mädchen gegen Rechtsextremismus?, in: deutsche jugend, Zeitschrift für die Jugendarbeit; 39. Jg. 1991, Juventa Verlag Weinheim/München, S. 33-38

Mecklenburg, Jens (Hg.): Handbuch Deutscher Rechtsextremismus; Elefanten Press Verlag GmbH, Berlin 1996

Mecklenburg, Jens (Hg.): Was tun gegen rechts; Elefanten Press, Berlin 1999, S. 26-37; 72-115; 139-155; 170-181; 209-227

Meyers Großes Taschenlexikon in 24 Bänden; Mannheim 1983

Mosse, George L.: Der nationalsozialistische Alltag; 3. Auflage, Hein Verlag, Frankfurt am Main 1993, S. 65-67; 285-297; 302-303; 311-319

Nestvogel, Renate (Hg.): Fremdes oder Eigenes? Rassismus, Antisemitismus, Kolonialismus, Rechtsextremismus aus Frauensicht; Verlag für Interkulturelle Kommunikation, Frankfurt am Main 1994, S. 10-26; 126-137; 189-201; 229-239

Otto, Hans-Uwe / Merten, Roland (Hg.): Rechtsradikale Gewalt im vereinigten Deutschland. Jugend im gesellschaftlichen Umbruch; Bundeszentrale für politische Bildung; Band 319Leske+Budrich Verlag, Opladen 1993, S. 211-225

Pinn, Irmgard: Das ewig-weibliche... . Zum Frauenbild der „alten" und „neuen" Rechten; in: beiträge zur feministischen theorie und praxis; 13. Jg. 1990, Heft 27, S. 143-151

Rabe, Karl-Klaus (Hg.): Rechtsextreme Jugendliche. Gespräche mit Verführern und Verführten; Lamuv Verlag, Göttingen 1980, S. 106-115

Rohr, Barbara: Die allmähliche Schärfung des weiblichen Blicks. Eine Bildungsgeschichte zwischen Faschismus und Frauenbewegung; Argument Verlag Hamburg, Berlin 1992

Rommelspacher, Birgit: Schuldlos – Schuldig?. Wie sich junge Frauen mit Antisemitismus auseinandersetzen; Konkret Literatur Verlag, Hamburg 1995, S. 9-15; 127-143; 162-192

Rosenthal, Gabriele (Hg.): Die Hitlerjugend-Generation. Biographische Thematisierung als Vergangenheitsbewältigung; Band 1, Verlag die blaue eule, Essen 1986, S. 55-179; 198-205; 337-343; 365-401

Sigmund, Anna Maria: Die Frauen der Nazis;Verlag Carl Ueberreuter, Wien 1998, S. 9; 11-13; 18/19

Siller, Gertrud: Junge Frauen und Rechtsextremismus. Zum Zusammenhang von weiblichen Lebenserfahrungen und rechtsextremistischem Gedankengut; in: deutsche jugend, Zeitschrift für die Jugendarbeit, 39. Jg. 1991, Juventa Verlag Weinheim/München, S. 23-32

Stöss, Richard: Die extreme Rechte in der Bundesrepublik. Entwicklung – Ursachen – Gegenmaßnahmen; Westdeutscher Verlag, Opladen 1989, S. 17-38; 170/171

Strafgesetzbuch; 33. Auf.., dtv, München 1999

Bundesministerium des Innern (Hg.): Verfassungsschutzbericht 1995; Bundesdruckerei GmbH, Bonn 1996, S. 147

Wlecklik, Petra (Hg.): Frauen und Rechtsextremismus; Lamuv Verlag, Göttingen 1995, S. 7-157

Internetberichte

1.)www.lrz-muenchen.de/~mchatwin
2.) www.rep.de/republikaner.org/repfrauen
3.)www.nadir.org/nadir/archiv/Feminismus/Gender: Killer/gender (Text v. Renate Bitzan und Beate Hans)
4.) www.muenster.org/femaidl/nazigirls
5.) www.muenster.org/femaidl/nazigirls2
6.)www.frauennews.de/themen/herstory/braunerrand
7.)www.pds-online.de/partei aktuell
8.)www.frauenbuero.uniosnabrueck.de/weristtillner (Text von Christiane Tillner)
9.)www.uni-marburg.de(UN- Sonderbericht), www.uni-marburg.de/dir/MATERIAL / DOKU, www.uni-marburg.de/STATIST
10.)www.uni-leipzig.de/~kmw/newwws/archiv (SFD)
11.)www.wittenberg.de/seiten/personen (Beschreibung Ulrich von Hutten)
12.)AOL – Nachrichten vom 02.08.2000: „Null Toleranz" gegen Rechts
13.)AOL – Nachrichten vom 03.08.2000: Rechtsextremistische Zwischenfälle
14.)www.infolinks.de (Zeitungsartikel)
15.)www.pluto.informatik.uni-oldenburg.de (Rechtsextremismus heute)
16.)www.bmi.bund.de/publikationen/vsb1999 (Verfassungsschutzbericht 1999)
17.)www.religio.de/politik
18.)www.magic-wotan.de (Runenkunde)
19.)www.fr-aktuell.de
20.)www.polizei.bayern.de
21.)www.verfassungsschutz.de/publikationen

Zeitungsartikel (Nennung des Verfassers soweit bekannt, nach Datum sortiert)

Odenwälder Heimatzeitung:

1.)Gross-Umstadt (hol): „Wenn´s langweilig ist, werden wir aggressiv", 18.02.00,S. 15
2.)Cottbus (dpa): Hass auf Ausländer über den Tod hinaus, 26.02.00, S. 3

3.)Trauner, Sandra/Frankfurt: Das stereotype Bild vom Fremden, 20.06.00, S. 3
4.)Berlin (ap): Rau fordert Gesetze gegen Hass im Internet, 27.06.00, S. 2
5.)Berlin(dpa):Regierung will härter gegen Rechtsextremismus vorgehen, 29.07.00,S. 2
6.)Düsseldorf (dpa): Es war eine Rohrbombe, 31.07.00, S. 1
7.)Berlin (afp/dpa): Gemeinsam gegen Gewalt von rechts, 02.08.00, S. 1
8.)Wien(afp): Rechtsextreme Vorfälle, 02.08.00, S. 3
9.)Tiemann, Claus-Peter/Hamburg: Skinheads und Neonazis marschieren oft getrennt, 02.08.00, S. 3
10.)Fischer, Michael/Berlin: Bündnisse für Toleranz gibt es viele, 02.08.00, S. 3
11.)Bernarding, Bernard/Berlin: Von rechten Glatzen und der Schwäche des Staates, 02.08.00, S.3
12.)Berlin (ap/afp/dpa): Regierung sieht keine Chance für ein Verbot der NPD 03.08.00, S. 1/2
13.)Wortmann, Martin/Berlin: Wie geht man mit Extremisten um?, 03.08.00, S. 3
14.)Berlin (afp): Bund will Waffenrecht verschärfen, 05.08.00, S. 1
15.)Stäcker, Dieter/Berlin: Brauner Osten?, 08.08.00, S. 2
16.)Berlin (ap/dpa): Schröder dringt auf Härte gegen Neonazis, 09.08.00, S. 2
17.)Darmstadt-Dieburg (tb): „Wider die braune Pest", 10.08.00, S. 16
18.)Möhl, Sönke/München: Kultur des Hinsehens, 10.08.00, S. 3
19.)Ebner, Christian/Frankfurt: Rechte Schläger haben in Frankfurt schlechte Karten, 11.08.00, S.4
20.)Berlin (bb/ap): Bund und Länder wollen Signal gegen Rechtsextremismus setzen, 12.08.00, S. 1/2
21.)Berlin (afp): Forscher: Unheilige Allianz zwischen Jung und Alt, 12.08.00, S. 2
22.)Schlender, Rainer H.: Augen rechts, 12.08.00,S. 2
23.)Trankovits, Laszlo/Frankfurt: „Was hätte Bubis jetzt getan?", 12.08.00, S. 2
24.)(KS): Darmstadt tritt dem „Bündnis gegen rechts" bei, 12.08.00, S. 28
25.)Niemeier, Uwe / Stech, Ariane: „Das bisschen, was da passiert, hat mit Rechtsradikalismus nichts zu tun", 15.08.00, S. 15
26.)Berlin(ap/dpa): Millionen für den Kampf gegen Rechtsextremismus, 17.08.00,S. 1
27.)Stäcker, Dieter/Berlin: „Man will von den eigenen Schwächen und Fehlern ablenken", 17.08.00, S. 3
28.)Erbach (psi): Akustisches Fanal gegen rechte Gewalt, 17.08.00, S. 15
29.)Reichelsheim (kn): Thema Gewalt im Unterricht, 19.08.00, S. 13
30.)(DE): Sprachen können Vorurteile abbauen, 24.08.00, S. 18
31.)Gross-Bieberau (de): „Autorenlesung gegen Rechts", 26.08.00, S. 27
32.)Berlin (afp): Rüttgers rüffelt Koch, 26.08.00, S. 2
33.)Darmstadt-Dieburg (LT): CDU: Blick nicht nur nach rechts, sondern auch nach links, 26.08.00, S. 27
34.)Wiesbaden (lhe): Bouffier fordert „Augenmaß" im Kampf gegen extreme Rechte, 30.08.00, S. 4
35.)(ari): Benz: Flagge zeigen und einmischen, 30.08.00, S. 17
36.)Halle (afp/ap): „Der Tod war in ihren Köpfen", 31.08.00, S. 1
37.)Stäcker, Dieter/Berlin: Hart und gerecht, 31.08.00, S. 2

38.)Dessau (ap): Schröders Geste gegen Rechtsextreme, 01.09.00, S. 1

39.)Neumann-Prystaj, Petra: Keine Bedienung als Protest gegen rechts, 02.09.00,S. 27

40.)Berlin (dpa): Kein Führerschein für Rechtsextreme?, 05.09.00, S. 1

41.)Bochum (dpa): Keine Glatzen bei der Polizei, 05.09.00, S. 1

42.)Bad Hersfeld (lhe): Schilder gegen Rassismus, 05.09.00, S. 4

43.)Magdeburg (dpa): Schlag gegen Neonazi – Musikszene, 06.09.00, S. 1

44.)Erbach (ess):„Bündnis gegen rechts",06.09.00,S. 9

45.)Oeder, Jürgen/Berlin: Grölen für den Tag der Rache, 15.09.00, S. 3

46.)Berlin (afp/dpa): Schily verbietet Neonazi – Organisationen, 15.09.00, S. 1

für Untersuchung benutzte Zeitungsartikel aus der Odenwälder Heimatzeitung

47.)Karlsruhe (dpa):„Bedrohliches Ausmaß rechtsextremer Gewalt", 03.02.00, S. 2

48.)Stäcker, Dieter/Berlin: „Bitte, bringen Sie uns hier weg!", 19.02.00, S. 4

49.)Mainz(dpa/ap): Schändungen aufgeklärt, 26.06.00, S. 4

50.)(dpa): Immer wieder Überfälle auf Ausländer, 15.06.00, S. 3

51.)Pötzsch, Birgitt/Dessau: Gruppenzwang mit Todesfolge, 15.06.00, S. 3

52.)Frankfurt (ap/dpa): Rechtsextreme machen im Internet mobil, 26.06.00, S. 3

53.)Ohlin, Pia/Stockholm: Therapie für Neo- Nazis, 17.07.00, S. 3

54.)Frankfurt (ap): Rechtsextreme bedrohen politische Gegner offen im Internet, 24.07.00, S. 2

55.)Eisenhüttenstadt (dpa): Rechte Pöbeleien, 25.07.00, S. 2

56.)Karlsruhe (afp/ap): Innere Sicherheit in Gefahr, 26.07.00, S. 1

57.)Potsdam (afp/dpa): Rassistische Schläger greifen Schüler an, 27.07.00, S. 1

58.)(bp): Gewalt bei jungen Straftätern nimmt zu, 27.07.00, S. 18

59.)Ahlbeck(dpa): Rechtsextreme Schläger machen Jagd auf Obdachlose,28.07.00,S. 1

60.)Frankfurt/Berlin/Eisenach (ap/dpa/ap):   Wachsende Sorge wegen rechter Gewalt: „Verhängnisvoll für unser Land", 31.07.00, S. 1

60.)Ludwigshafen (dpa): Nach dem Brandanschlag: Stadt räumt Asylunterkunft, 01.08.00, S.4

61.)Nieswandt, Joachim: Der alltägliche Fremdenhass, 02.08.00, S. 2

62.)Leipzig/Berlin (dpa/ap): Neue Angriffe auf Ausländer, 04.08.00, S.1

63.)Stäcker, Dieter7Berlin: „Man muss immer gucken, wo der Feind ist",04.08.00,S. 3

64.)Hamburg (dpa): NPD antwortet mit einer Provokation, 05.08.00, S. 1

65.)Berlin (afp): Bundesgrenzschutz soll der Polizei beim Kampf gegen rechte Gewalt helfen, 07.08.00, S.1

66.)Berlin/Düsseldorf (ap/dpa): Im Kampf gegen Rechtsextremismus sollen die Deutschen „Gesicht zeigen", 08.08.00, S. 1/2

67.)Eisenach/Berlin (ap): Rechtsextreme Gewalt reißt nicht ab, 11.08.00, S. 1

68.)Genthin/Berlin (ap): Gesuchter Rechtsextremist geht der Polizei ins Netz, 14.08.00, S. 1

69.)Hamburg/Mahlow (dpa/ap): Neonazi bedroht Polizeigewerkschafter mit dem Tod, 18.08.00, S. 2

70.)Hamburg (dpa/ap): Schröder appelliert an die Justiz, 21.08.00, S. 2

71.)Hüttenfeld/Rimbach(fs/bb): Rechtsradikale schlagen auf Kerwegast ein, 22.08.00, S. 15

72.)Hamburg (dpa): Wieder Hatz auf Ausländer, 28.08.00, S. 2

73.)Halle (afp/dpa/ap): „Dumpfer Ausländerhass trifft den Kern der Sache", 23.08.00, S. 1

74.)Waiblingen (dpa): Brandanschlag auf Asylbewerberheim, 31.08.00, S. 2

75.)Stäcker, Dieter/Berlin: Ein bekennender Neonazi in Diensten des Staatsschutzes, 01.09.00, S. 3

76.)Berlin (dpa): Schily gelobt Härte gegen rechts, 16.09.00, S. 2

77.)Schleswig (dpa): Skinheads gestehen, 18.09.00, S. 2

78.)Wuppertal/Düsseldorf(dpa):Brandanschlag auf Flüchtlingsheim, 25.09.00, S. 1

79.)Tewes, Dörte/Nürnberg: Jung, weiblich, brutal, 30.09.00, S. 5

Anhang III

Zeitungsartikel mit Erwähnung rechter Frauen aus der Odenwälder Heimat-
zeitung
(in Literaturliste aufgeführt)

Schändungen aufgeklärt, 26.02.00, S. 4

„(...) Die Schändungen der Synagoge in Worms und des jüdischen Friedhofs in
Alsheim (...) durch Hakenkreuze und antisemitistische Parolen vom August und Oktober 1999 sind nach Auskunft des Mainzer Polizeipräsidiums aufgeklärt. Als Täter
seien zwei Frauen im Alter von 36 und 16 Jahren sowie ein 24 Jahre alter Mann aus
Rheinhessen festgenommen worden. Alle drei hätten Geständnisse abgelegt, hieß es
am Freitag."

Der alltägliche Fremdenhass, von Joachim Nieswandt, 02.08.00, S. 2

„(...) Die in dem Seebad Usedom festgenommenen Tatverdächtigen gaben bei der
Polizei zu Protokoll, „Asoziale und Landstreicher" passten nicht in diese Gesellschaft. Bevor sie den Obdachlosen Norbert P. mit unglaublicher Brutalität tottraten,
hatten sie eigens einige Gesinnungsgenossen, darunter ein paar Mädchen, an den
Tatort geholt. (...)."

Neue Angriffe auf Ausländer: Beckstein dringt auf Verbot der NPD – BDI für
Berufsverbot, 04.08.00, S. 1

„(...) Die Serie rassistischer Übergriffe von Rechtsextremen vor allem im Osten
Deutschlands reißt nicht ab. Wenige Tage nach der Jagd auf zwei Asylbewerber in
Eisenach riefen dort rund 20 Jugendliche in der Nacht zum Donnerstag rechtsradikale Parolen. Neun junge Männer sowie eine Frau wurden festgenommen,
berichtete die Polizei. (...)."

Brandanschlag auf Flüchtlingsheim, 25.09.00, S. 1

„(...) Nach einem Brandanschlag auf ein Übergangswohnheim in Wuppertal ist am
Sonntag gegen vier 20 bis 23 Jahre alte Männer Haftbefehl wegen versuchten Mordes
und besonders schwerer Brandstiftung erlassen worden. Das Quartett war am Sams-
tag gemeinsam mit drei jungen Frauen festgenommen worden. Die Frauen kamen
später wieder auf freien Fuß. (...). Die vier Männer und ihre Begleiterinnen werden
der rechten Szene in Wuppertal zugerechnet. In Düsseldorf hatte am späten
Samstagabend eine Horde Betrunkener einen 50 Jahre alten Schwarzafrikaner
verprügelt und mit rassistischen Parolen beschimpft. (...). Die Horde umzingelte den
Mann, beschimpfte ihn und prügelte auf ihn ein. Polizeibeamte, (...), nahmen zwei
Frauen und einen Mann als mutmaßliche Rädelsführer vorübergehend fest."

Anhang IV

Frauen und Rechtsextremismus

Leitfragen für Interviews

Es geht um das Thema Rechtsextremismus.
- Wenn Du darüber nachdenkst, welche Personen fallen Dir spontan ein?
- Männer? Wieso (nicht)?; Frauen? Wieso (nicht)?
- Denkt man bei Rechtsextremismus überhaupt an Frauen?
- Nimmt man rechte Frauen überhaupt wahr?
- Wie werden sie, wenn überhaupt, in den Medien dargestellt?
- Sind Dir in den Medien rechte Frauen schon begegnet? Oder auch woanders?
- Welche Erfahrungen hast Du?
- Wie sehen für Dich rechte Frauen aus?
- Gibt es ein konkretes Bild?
- Welche Einstellung, welches Weltbild würden sie haben?
- Wie viele rechte Frauen, schätzt Du, gibt es?
- Welche Rolle nehmen sie in Gruppierungen oder Parteien Deiner Meinung nach ein?
- Was könnte dort ihre Aufgabe sein?
- Welchen Reiz, glaubst Du, übt der Rechtsextremismus auf Frauen aus?
- Warum engagieren sie sich hier?
- Was ist Deine persönliche Meinung?

Studierende verschiedener Fachbereiche, zufällig angesprochen, ca. 10 Personen

Anhang V

Interview 1

Die Befragte studiert Bauingenieurwesen.

Frage: Es geht um das Thema Rechtsextremismus. Und da wollte ich Dich mal fragen, wenn Du da mal drüber nachdenkst, was für Leute fallen Dir ein, was für Personen?

Antwort: Skinheads.

F.: Jetzt mehr so Männer oder auch Frauen?

A.: Eigentlich schon eher Männer.

F.: Und Frauen nicht so?

A.: Eher weniger.

F.: Woran könnte das liegen, daß man an die eigentlich gar nicht so denkt?

A.: Ich weiß nicht. Vielleicht an den Fernsehbildern. Man kriegt ja meistens nur die Glatzköpfe gezeigt und... .

F.: Und... In den Medien ist Dir jetzt noch nichts aufgefallen, daß da jetzt Frauen gezeigt werden? Oder sind das hauptsächlich Männer?

A.: Ja, das sind hauptsächlich Männer. Aber es sind schon auch Frauen aktiv. Jetzt das mit dem Haider, da Österreich, als der an die Macht kam, waren ja auch einige Frauen, die dazu gesprochen haben.

F.: Sind die Dir in den Medien begegnet?

A.: Eine, glaub ich, aber ich weiß den Namen nicht.

F.: Und wenn Du jetzt an andere Leute auch denkst, die Du kennst, nehmen die Frauen in dem Spektrum wahr, oder hast Du da auch noch nichts so irgendwie gehört, oder ist das jetzt gar kein Thema?

A.: Eher weniger, glaub ich.

F.: Also, ist dir jetzt auch noch nie so jemand begegnet?

A.: Nein, eigentlich nicht.

F.: Und wenn Du Dir jetzt,... ja, das ist jetzt eigentlich so ein kleines Gedankenexperiment, wenn Du Dir mal eine rechtsextreme Frau vorstellst, wie könnte die aussehen? Kannst Du Dir da ein Bild von machen?

A.: Ja, so ein spezielles Bild eigentlich nicht. Das ist ja mehr das Gedankengut, was dann rechtsextrem ist, weniger das Auftreten.

F.: Und was für ein Gedankengut wäre das?

A.: Also, ich verbinde damit eher Ausländerfeindlichkeit und, ja... „Deutschland den Deutschen", oder so.

F.: Also, ein äußerliches Bild hast Du da jetzt weniger?

A.: Nein, also, ich könnte jetzt nicht konkret jemanden benennen, wo ich sagen würde, ja, dem sieht man es an. Oder der sieht man an, daß sie rechtsextrem ist.

F.: Und was würdest Du schätzen, wie viele Frauen gibt es jetzt so in der Szene?

A.: Das ist schwer zu sagen. Ich weiß es nicht. Ich würde mal so 20, 25% schätzen. Aber ... keine Ahnung.

F.: Frauen sind auch in rechtsextremen Parteien zum Beispiel aktiv. Was meinst Du, welche Rollen nehmen sie hier und auch in anderen Gruppierungen ein?
A.: Ich würde sagen, keine Führungsrollen, eher so, ja... Zuarbeiterfunktionen.
F.: Und was wäre dann konkret ihre Aufgabe?
A.: Ich weiß nicht, was es in Parteien so für Aufgabenverteilungen gibt. Gerade in diesen Parteien. Keine Ahnung.
F.: Und was meinst Du, könnte ein Reiz sein, was könnte ein Ansporn sein, da mitzumachen, bei so etwas?
A.: Ja, vielleicht dieser Gruppenzwang, das man in der Gruppe einfach stark ist und .... Wie es in der „Welle" (Roman von Morton Rhue, Anm. K.H.) beschrieben wurde. Daß man einfach in der Gruppe dann halt mitläuft und da seine Position hat und mit der Gruppe stark ist. Eher so Personen, die vielleicht nicht so ein Selbstbewußtsein haben, die da mitlaufen, weil sie dann da ihre Aufgabe haben und auch irgendwie da mitmischen können. Und vielleicht auch selbst gar nicht darüber nachdenken, was sie da gerade machen.
F.: Also, weniger aus persönlichem Engagement?
A.: Ja. Würde ich schon sagen.
F.: Und wie schätzt Du persönlich das Ganze so ein?
A.: Was?
F.: Ja, wenn Du jetzt noch mal an die Fragen zurückdenkst, wie ist Deine Meinung dazu? Zu rechten Frauen, zu Rechtsextremismus?
A.: Also, ich halte da nicht viel von. Ja, ich denk´, man sollte versuchen, halt durch gute Politik die Leute von solchen Parteien wegzubekommen. Was man genau machen kann, weiß ich nicht.
F.: Ja, das wollte ich gerade fragen, wie gute Politik dann aussieht.
A.: Ja, ich weiß es nicht, wie man die Leute davon wegbekommen kann. Nur, ich denke, es ist keine Lösung, da mit Gewalt irgendwie vorzugehen.
F.: Dann danke ich Dir vielmals.

Interview 2

Die Befragte studiert Architektur.

Frage: Es geht um das Thema Rechtsextremismus. Und da wollte ich fragen, an wen Du spontan denkst? Welche Personen fallen Dir dazu ein?
Antwort: Die Skinheads. Die Krawalle, die brennenden Asylbewerberheime. Ja, das so spontan.
F.: Und was ist mit Frauen, fallen die Dir auch dazu ein? Oder eher weniger?
A.: Eher weniger.
F.: Und was meinst Du warum?
A.: Und vielleicht auch durch die Medien, daß man es mehr immer auf Ausländer bezieht. Daß da mehr darüber kommt, und daß das andere mehr unter dem Thema Gewalt gegen Frauen läuft. Daß das eine jetzt eher das Umfassende ist und aus Frauen muß man ein Spezialgebiet machen.
F.: Und rechtsextreme Frauen?
A.: Da bekommt man relativ wenig von mit. Meistens heißt es immer die Männer,

und die Männer hätten auch ein größeres Repräsenzpotential. Was man halt sonst so mitbekommt.

F.: Das heißt, es kommt also von den Medien, daß man das irgendwie selektiv wahrnimmt, daß man die Frauen eigentlich gar nicht dazuzählt zu diesen Gruppen?

A.: Auf jeden Fall weniger, weil doch die Täter meistens Männer sind.

F.: Und sind Dir in den Medien schon mal rechtsextreme Frauen begegnet? Hast Du es schon mal wahrgenommen, daß da `was berichtet wurde?

A.: Kann ich mich jetzt nicht dran erinnern. Könnte aber schon sein, ich glaub, bei Hitler gab es auch ein paar Frauen, die was zu sagen hatten. Kenn´ ich mich nicht gut aus in der Materie, sag ich ganz ehrlich.

F.: Und so außerhalb der Medien? Vielleicht ist Dir ja da schon mal was aufgefallen?

A.: Jetzt nicht bewußt. Also, höchstens, also, ich wohne in der Nähe von Kranichstein, und da ist das ein Problem, weil dort viele Sozialhilfeempfänger da wohnen und sehr viele Ausländer. Und da ist das mit den Deutschen, die da wohnen öfter mal ein Problem. Aber so direkt, nein.

F.: Also, ich entnehme jetzt dem Ganzen, daß rechtsextreme Frauen eigentlich nicht so in der Wahrnehmung mit drin sind.

A.: Ja.

F.: Und wenn Du jetzt ein kleines Gedankenexperiment machst, wie sehen für Dich rechtsextreme Frauen aus? Welche Einstellung haben sie?

A.: Also, ich glaub, daß es da keinen Unterschied gibt zu den Männern, daß man da sagt, die weiße Rasse oder die Deutschen sind halt besser als die Ausländer und haben mehr drauf. Also, da denke ich, ist vom Gedankengut her kein großer Unterschied. Daß man halt generell sagt, die eine Rasse oder die eine Sorte Mensch ist einfach mehr wert. Oder taugt mehr oder ist intelligenter. Wie es halt immer ausgebreitet wird.

F.: Und vom Äußerlichen her?

A.: Ich tue mich etwas schwer mit diesen Klischees, die man auch immer gegenüber Emanzen hat, mit kurzen Haaren oder mit Anzügen oder schlabberlich. Also, das muß nicht auffällig sein. Es kann in die Skinhead... . Wenn man so in eine ganz bestimmte Gruppe dazugehören will und wenn man das nach außen hin zeigen will, dann ja, aber sonst, denke ich, muß sich das nicht nach außen hin repräsentieren.

F.: Was meinst Du, wie viele rechtsextreme Frauen es gibt, was schätzt Du ?

A.: Oh Gott, damit hab ich mich noch überhaupt noch nicht beschäftigt! 10 Prozent? Ich weiß es nicht. Das kommt ja auch immer drauf an, wo man hier die Grenze zieht. Ob man sagt, bei manchen Themen denkt man auch eher rechts, ob das schon sofort die Grenze ist, oder ob man sagt, daß es die Grenze ist, wenn jemand tätlich wird gegen jemanden. Ärgern kann man sich immer über jemanden. Und ob das jetzt ein Ausländer oder ein Deutscher ist.

F.: Und was meinst Du, welche Aufgaben Frauen in rechtsextremen Parteien oder Gruppierungen haben können? Was für eine Rolle sie dort spielen?

A.: Also, bestimmt auch, um dann das weibliche Wählerpotential, auch dafür aufgeschlossener zu machen.

F.: Also praktisch Werbung dafür?

A.: Ja. Schon. Und, ja. Da fällt mir jetzt nichts mehr anderes ein.

F.: Was meinst Du, könnte der Reiz sein für Frauen, an so etwas teilzunehmen?

A.: Wie bei jedem anderen auch. Daß man ein bißchen Machtgefühl hat und das Bewußtsein, daß man aus irgendeinem Grund, mag es jetzt die Herkunft sein, besser ist als irgend jemand anders. So diese ganz allgemeinen Sachen.

F.: Und was ist Deine persönliche Meinung, zum Beispiel, wie man da auch entgegenwirken könnte? Oder auch überhaupt zu dem Thema?

A.: Das ist schwierig. Also, ich finde schon, also, das geht mir auch so, daß wenn ich in irgendein Land komme, daß ich mich bemühe, in gewisser Weise mich anzupassen. Und auch versuche, in der Sprache zu kommunizieren, wenn es geht. Und, das finde ich, ist oft zu wenig der Fall, daß die Leute zu wenig deutsch können und sich damit zu wenig verständlich machen können. Und so entstehen dann halt auch schnell Mißverständnisse. Wenn man da, sagen wir mal, eine sprachliche Basis schon mal hat, und dann auch mit Veranstaltungen und die Kultur und alles, was dazu gehört und die Musik und Essen und alles. Und die Leute dabei, daß man dann ins Gespräch kommen kann, daß man da Vorurteile dann auch leichter abbauen kann. Das, denke ich, läuft immer sehr viel besser über einen persönlichen Kontakt als über die Medien oder wenn irgend jemand was Allgemeines sagt. Wenn es von Mensch zu Mensch ist, dann ist es immer einfacher.

F.: Zum Beispiel auch in der Schule, daß man da... .

A.: Ja.

F.: O.k.. Dann danke ich Dir.

Interview 3

Die Befragte studiert Psychologie.

Frage: Es geht um das Thema Rechtsextremismus. Und da wollte ich fragen, was Dir spontan einfällt. Welche Personen fallen Dir ein?

Antwort: Welche Personen?

F.: Ja.

A.: So ganz stereotypische Glatzköpfe, mit Springerstiefeln, Bomberjacken.

F.: Und welches Geschlecht haben die dann?

A.: Meistens männlich.

F.: Frauen dann eher weniger?

A.: Eher weniger. Ich glaub, Frauen sind mehr am Rande, vielleicht Mitläufer, weil sie gar nicht wissen, was überhaupt... . Einfach aus Sympathie zu den Männern, was weiß ich.

F.: Denkt man bei dem Stichwort eigentlich nicht an Frauen?

A.: Das Stereotyp ist eigentlich eher so der Mann.

F.: Also, rechte Frauen nimmt man dann nicht wahr, in dem Sinne, daß sie auch irgendwie... .

A.: Ja, ich denk mal auch, weil sie vielleicht nicht so aggressiv - gewalttätig sind. Was ja besonders hervorsticht, sind ja die Aggressionen, die Gewalttätigkeiten. Sonst sind die Frauen wohl eher im Hintergrund. Und fallen nicht so auf.

F.: Und wenn man jetzt so an die Medien denkt, werden da rechte Frauen dargestellt und wenn, wie?

A.: Also, ich schaue sehr wenig fern. Ja, wie werden sie so dargestellt? Eigentlich überhaupt gar nicht. Da fällt mir gar nichts zu ein.

F.: Und jetzt so woanders, hast Du da irgendwelche Erfahrungen?

A.: Mit Rechtsextremismus?

F.: Ja, genau.

A.: Nein, eigentlich nicht. Hab ich keine direkten Konfrontationen `mit gehabt, Gott sei Dank.

F.: Ja, jetzt machen wir mal ein kleines Gedankenexperiment. Wenn Du Dir jetzt vorstellst, wie rechte Frauen aussehen, wie könnten sie dann aussehen?

A.: Langweilig. Wie könnten rechte Frauen aussehen? Konservativ, würde ich sagen, aber auch nicht richtig, also, ich glaub, ich stell mir vor allem jüngere rechtsextreme Frauen vor. Ich stelle mir auch jüngere rechtsextreme Männer vor, weil die sich vielleicht öffentlicher und aggressiver dazu bekennen. Ältere das vielleicht mehr so in sich tragen und nicht nach außen gehen lassen auch. Nicht mehr den Aggressionsdrang haben, wahrscheinlich. Wie stelle ich mir denn die Frauen vor? Kann ich überhaupt gar nicht sagen. Also, nicht sehr auffällig jedenfalls.

F.: Und von der Einstellung her, vom Weltbild?

A.: Was heißt es denn, wenn jemand rassistisch ist? Also, er möchte die in-group, also, er möchte seine Gruppe, die ist besonders toll, die andere möchte er abwerten. Hat vielleicht Probleme mit seinem Selbstwertgefühl, oder so. Ich weiß es nicht. Und dadurch, daß er in einer Gruppe ist, die halt sehr extrem sind, die dann wirklich auch einen großen Zusammenhalt haben, vielleicht in der Gruppe sich stärker fühlt, ich weiß es nicht.

F.: Rassismus wäre dann auf jeden Fall schon mal ein Thema.

A.: Ja.

F.: Und was meinst, was schätzt Du, wie viele rechtsextreme Frauen gibt es?

A.: Oh, kann ich nicht sagen. Also, prozentual an was gemessen, oder 2, 10 50, 100 Prozent, ich weiß es nicht.

F.: Nur einfach so grob geschätzt... .

A.: Wenn ich jetzt, also, was nehme ich denn als Grundmenge? An Rechtsextremen?

F.: Ja.

A.: Also, wie viele davon jetzt Frauen sind? Wenig, also, 10% vielleicht.

F.: Und was meinst Du welche Aufgaben, welche Rollen sie in rechten Parteien oder Gruppen haben?

A.: Da kommt jetzt wieder das Klischee zum Zug. Also, eher die schlichtende, besänftigende Rolle, also ich weiß nicht. Also, das ist jetzt alles sehr stereotyp gedacht, wie das jetzt in meinen Kopf kommt.

F.: Ja, das ist ja kein Problem. Ich überfalle hier ja die Leute mit diesem Thema, und da ist es ganz klar, daß da auch spontane Sachen kommen.

A.: Ja, wie soll man auch anders drüber denken, man kann ja keine 100 Einzelfälle hier aufzählen. Ich denke, daß sie da eher eine schlichtende und integrierende Rolle spielt, nicht so die Vorkämpferin, aber im Hintergrund.

F.: Und was meinst Du, was der Reiz sein könnte für Frauen, was ist der Reiz am Rechtsextremismus?

A.: Das möchte ich auch mal wissen! Da gibt es keine Reize. Also, wenn sich jemand zum Rechtsextremismus bekennen würde, was für einen Reiz...?

F.: Ja, genau. Also, es muß ja irgend etwas geben, was die Frauen daran toll finden, daß sie da überhaupt mitmachen.

A.: Also, das ist ja so ein bißchen stark sein. Rechtsextremismus verbinde ich mit stark auftreten gegen andere, also seinen Willen durchsetzen, also. Ich denke, daß Frauen immer mehr so, wie nennt man das, zurückgehen, anstatt nach vorne, und daß sie so in der Gruppe auch nach vorne gehen können.

F.: Und das wäre jetzt praktisch die letzte Frage: Was ist so Deine persönliche Meinung dazu? Welche Handlungsstrategien gäbe es auch, um dagegen anzugehen?

A.: Oh, das ist jetzt ganz schwer, weil es Stereotype sind. Ausländerfeindliche Menschen haben ja auch einen ganz bestimmten Stereotypen vom Ausländer, und die sind ganz schwer auszumerzen, weil wenn man jetzt nur sagen würde: „Schau mal, das ist jetzt ein Italiener, aber der ist doch ganz ordentlich, der stinkt nicht, der sieht ganz gut aus, und er arbeitet, zahlt Steuern und macht alles das, was Du auch machst, der ist genau wie Du." Aber da würde er sagen: „Das ist ja auch die Ausnahme. Aber da sind ja noch 20 andere, und das sind nämlich die Wirklichen." Ja, ich glaube, es gibt noch kein Patentrezept, sonst würde man es vielleicht schon ausprobiert haben.

F.: Ja, das ist wohl wahr.

A.: Ja, wie kann man das machen? Einfach nur, indem man immer wieder zeigt, daß auch Ausländer im Prinzip genauso sind, wie man selber auch. Daß sie einfach nur woanders geboren sind. Und, was ich ganz wichtig finde, in den Medien, also, was mir da immer auffällt, ist, wenn ich mal kucke, und es gibt Nachrichten, wenn irgend jemand irgendwas verbrochen hat, heißt es „der Türke Ali Sowieso hat diese und jene böse Sache gemacht", wenn es aber ein Deutscher war, dann wird da nicht drauf hingewiesen „es war ein Deutscher", das ist dann halt „irgend jemand hat mal wieder randaliert". Und das ist natürlich ganz subtile, auch, ja, es „pusht" halt diese Sache auch ganz subtil.

F.: Worauf man dann auch aufmerksam machen müßte. Vielen Dank.

A.: Ja, klar. Medien sind ganz machtvoll, und die müßten sehr vorsichtig mit den Sachen umgehen.

Interview 4

Der Befragte studiert Wirtschaftsinformatik.

Frage: Es geht um Rechtsextremismus.

Antwort: Ja.

F.: Und da wollte ich Dich fragen, an welche Personen Du so denkst, wenn ich Dir jetzt einfach dieses Stichwort nenne.

A.: Rechtsextremismus?

F.: Ja.

A.: So generell halt Drittes Reich - Zeit, Hitler und ganz aktuell halt auch Skins. Aber keine konkreten Personen, außer den ganzen Nationalsozialisten von damals.

F.: Von heute jetzt nicht unbedingt?

A.: Na gut, Haider könnte ich jetzt nennen. Ja gut, von mir aus Haider, wobei ich da, muß ich ganz ehrlich sagen, nicht das tiefgründige Wissen habe, um das wirklich beurteilen zu können.

F.: Denkst Du da auch an Frauen, die da mitmischen? Bei rechtsextremen Gruppen?

A.: Eher nicht.

F.: Und warum ist das so? Warum nimmt man die eigentlich gar nicht richtig wahr?

A.: Weil man von denen auch nie was gehört hat.

F.: Also, in den Medien kommt da nichts vor?

A.: Hab ich nichts mitgekriegt. Nichts gehört, nein.

F.: Woran könnte das liegen?

A.: Da könnte ich jetzt wild spekulieren, aber so richtig fundiert, also, ich meine, generell ist es ja so, daß auch im politischen Bereich meistens nicht so viele Frauen sind. Und vielleicht bekennen sie nicht so extrem Farbe wie es Männer tun.

F.: Aber sonst hast Du keine Erfahrung mit rechtsextremen Frauen, hast noch keine gesehen oder...?

A.: Nein.

F.: Aber wenn Du Dir jetzt mal so eine vorstellst, wie könnte die aussehen?

A.: Klischeemäßig würde ich kurze Haare sagen, aber ansonsten... . Also, nicht unbedingt rasiert, sondern mehr so eine Art Feministinnen - Verschnitt.

F.: Und von der Einstellung her, was hätte die für eine Einstellung?

A.: Also, jetzt gegenüber, im Verhältnis zu Männern?

F.: Auch, also überhaupt... .

A.: Also, jetzt im Unterschied zu rechtsextremen Männern?

F.: Nicht unbedingt nur im Unterschied, generell.

A.: Also, gut, die ganzen Programme, die das umfaßt halt. Das Rassendenken und vorurteilbehaftet, und ausländerfeindlich und die ganze Geschichte.

F.: Es gibt schon Frauen in rechtsextremen Gruppierungen und Parteien. Welche Rolle oder welche Aufgaben, meinst Du, übernehmen sie dort? Welche Aufgaben erfüllen sie?

A.: Mehr so im Hintergrund. Mehr so organisatorisch, die Organisation von der ganzen Geschichte, also. Und vielleicht auch so Rädelsführerinnen, aber jetzt keine, die da irgendwie also ordentlich mitmischt. Sondern mehr die halt irgendwelche, was weiß ich, Vorträge oder so hält. Also, eher dann die intellektuellere Seite.

F.: Also, nicht die gewalttätige.

A.: Nein.

F.: Und, was meinst Du, welchen Reiz könnte der Rechtsextremismus haben?

A.: So generell sehe ich es eigentlich so, daß Rechtsextremismus dadurch beliebt ist, daß sie teilweise, die Leute einfach einen Sündenbock oder einen Schwächeren einfach finden. Und mit ihrer eigenen Situation nicht zufrieden sind und letztendlich einen suchen, der dafür in geringster Form dafür verantwortlich sein könnte oder einfach so ein Feindbild. Wenn man nämlich ein gemeinsames Feindbild hat, das schweißt ja zusammen. Das wird ja überall auch eingesetzt und wurde immer eingesetzt.

F.: Und was ist so Deine persönliche Meinung dazu?

A.: Zum Rechtsextremismus?

F.: Ja.

A.: Find´ ich absolut bescheuert, also bei mir ist das so, daß ich eine Einstellung habe, daß ich sage, alle, die jetzt wirklich mit Grund hier anwesend sind, also politisch Verfolgte, das ist absolut o.k., aber ich finde, die sollten sich dann eigentlich auch wie Gäste verhalten. Also, wenigstens anfangs. Das heißt, ich finde es ein Unding, wenn ich abends rausgehe und muß Angst haben, daß ich was auf die Mütze kriege. Das ist aber sicherlich individuell verschieden. Also, nicht, daß ich jetzt sage, alle Türken, alle Ausländer sind so, machen das, sind zu verurteilen. Also, das finde ich absoluten Schwachsinn, dieses generelle Verurteilen, aber individuell beurteilen und...da sollte halt, was Stoiber, Kanther und so damals angesprochen haben, das wird ja teilweise dann mehr als rechts angesehen, aber das finde ich eigentlich gar nicht so schlimm, weil die entscheiden ja individuell. Die sagen so dann, das muß vielleicht härter bestraft werden, mit Abschiebung oder so Sachen, aber die scheren das ja nicht über einen Kamm.

F.: Was meinst Du, was es so an Handlungsstrategien geben könnte? Um da ein bißchen zu intervenieren bei der ganzen Angelegenheit?

A.: Gegen Rechtsextremismus?

F.: Ja.

A.: Ja, das ist sehr schwer, weil so Öffentlichkeitsarbeit oder so, ich meine, die haben ja nicht wirklich irgendwelche gescheiten oder intelligenten, fundierte Gründe dafür, ja. Und von daher finde ich es auch sehr schwer, die vom Gegenteil zu überzeugen. Ich meine, einer, der die Auschwitzlüge halt vertritt, wie will man den überzeugen? Ich meine, der Typ ist halt krank.

F.: Aber jetzt vorher schon, bevor sie solche Einstellungen haben?

A.: Ja, generell halt Offenheit unter den Rassen, also, allein dieses Wort Rassen ist ja schon so...abgrenzend. Also, unter den Menschen halt einfach offen, und das ist ja auch hier so. Es sind, weiß nicht, so 10, 20%, glaub ich, ausländische Studenten, und das man da halt einfach keine Grenzen zieht. Und einfach diese Schwelle, die existiert, oder die existieren kann, erst gar nicht aufkommen lassen oder versucht abzubauen. Was weiß ich. Gemeinsame Unternehmungen, durch auch Informationen der Hintergründe, also, der kulturellen Hintergründe.

F.: O.k.. Das war es dann von meiner Seite. Danke schön.

Interview 5

Der Befragte studiert Sportwissenschaften, Wirtschaftswissenschaften und Rechtswissenschaften auf Magister.

Frage: Es geht um Rechtsextremismus. Wenn Du jetzt so daran denkst, welche Personen fallen Dir dazu ein?

Antwort: Rechtsextremismus in heutiger Zeit?

F.: Genau, in heutiger Zeit.

A.: In heutiger Zeit? Haider! Hier in Deutschland, so auf Anhieb,... Rechtsextremismus und bekannte Personen,... drück mal grad auf Stop, ich muß nachdenken.

F.: Nein, das kann ich schon laufen lassen. Laß Dir ruhig Zeit, ist ja kein Problem.

A.: Nein, der erste war eigentlich Haider.

F.: Es geht jetzt nicht nur unbedingt um Personen. Mit der Frage wollte ich eigentlich nur rausfinden, ob da vielleicht auch ein weiblicher Name auftaucht. Aber an Frauen denken die meisten nicht.

A.: Ein weiblicher Name, nein. Nein.

F.: Du auch nicht?

A.: Nein, nur Männer.

F.: Und warum, meinst Du, denkt man eigentlich immer nur an Männer, wenn man das hört?

A.: Das ist ja ganz klar, weil früher, die den Rechtsextremismus geprägt haben, waren ja auch nur Männer. Und ich kenne keine Persönlichkeit aus früherer Zeit, die eine weibliche war. Adolf Hitler war ja auch ein Mann, oder so irgend etwas. Aber sonst? Weiblich, denkt man eigentlich nicht.

F.: Also, nimmt man es auch gar nicht wahr, daß es auch rechtsextreme Frauen gibt?

A.: Genau, ja.

F.: Und auch in den Medien, meinst Du, daß die sich hauptsächlich auf Männer...?

A.: Überwiegend. Überwiegend Männer, würde ich sagen.

F.: Und sonst hast Du auch keine Erfahrungen, daß Du mal jemanden hast darüber reden hören, oder so?

A.: In meinem Umfeld, nein, eigentlich nicht, nein. Eigentlich nur aus den Medien.

F.: Wenn Du Dir jetzt mal vorstellst, wie so eine rechte Frauen aussehen könnte, wie wäre die denn so, von ihrer Einstellung her und vom Äußeren?

A.: Ja, das ist schwer zu beantworten, weil ... eine rechte Frau? Einen Oberlippenbart hat sie mit Sicherheit nicht... . Ja, die ist ganz schwer, die Frage. Wie soll die aussehen? Da habe ich jetzt keine Antwort drauf. Ich kann mir jetzt keine vorstellen, die so radikal wäre.

F.: Auch nicht von der Einstellung her?

A.: Nein, eher so moderat, würde ich sagen.

F.: Es gibt einige Frauen in rechten Gruppierungen und Parteien. Kannst Du Dir vorstellen, welche Rollen sie dort spielen, welche Aufgaben sie dort haben?

A.: Welche Aufgaben? Gute Frage. Kannst Du mal eine nennen, die so eine Aufgabe hat, oder die eine rechte Person in so einer Rolle ist? Ich komme jetzt auf keine.

F.: Ich weiß nicht, ob Dir Ursula Müller was sagt, oder es gibt auch noch ein paar andere. Aber das sind jetzt nicht die Frauen, die irgendwie im öffentlichen Leben oder in den Medien zur Zeit eine Rolle spielen würden.

A.: Ja, ganz schwer, ich wüßte jetzt nicht, ich kann mir da keine drunter vorstellen und habe keinen Bezug zu dem Ganzen. Ich weiß jetzt nicht, wie ich das beantworten soll.

F.: Nehmen wir jetzt mal an, was würdest Du denn schätzen, wie viele rechtsextreme Frauen es gibt?

A.: Was heißt schätzen? Was soll das heißen? Jetzt in Prozent?

F.: Ja, daß Du Dir jetzt einfach mal eine Gruppe vorstellst von rechtsextremen Personen und Du Dir überlegst...

A.: Von hundert Frauen?

F.: ...wie viel Frauen da drin sind.

A.: Von hundert Frauen vielleicht eine. So in der Größenordnung würde ich sagen. Also, nicht mehr auf jeden Fall. Ich weiß jetzt nicht, wie es bei den Männern aussieht, aber bei den Frauen würde ich das so schätzen. Ganz moderat.

F.: Und wenn Du jetzt den Reiz vorstellst? Es muß ja irgendeinen Reiz geben, da mitzumachen.

A.: Der wird genauso sein, wie bei Männern. Irgendwie, in Deutschland irgendwie etwas zu bewegen. Ich weiß nicht, in was für einer Hinsicht. Mit den ganzen Slogans „Ausländer raus" etc., das wird das gleiche auch hier sein. Wird sich nicht viel unterscheiden, eben von den Männern.

F.: Was ist Deine persönliche Einstellung zu dem Ganzen?

A.: Meine persönliche Einstellung?

F.: Ja.

A.: Ja, ich verurteile das natürlich, das ist klar. Und,... jeder, wie er es braucht. Ich kann dagegen nichts machen.

F.: Ja, das wäre nämlich meine nächste Frage, ob Du Dir vorstellen kannst, welche Handlungsstrategien es geben könnte.

A.: Gute Frage. Einfach nur Gesetze dagegen, ja. Sonst kann man da überhaupt nichts machen. Ich weiß nicht. Jeder hat seine Einstellung, und wenn da einer so eine Einstellung hat, dann bekomme ich die nicht mehr aus ihm raus. Das ist meine Meinung, ja. Und da kann ich noch so viel erzählen und reden, den ändere ich nicht.

F.: Aber wenn man jetzt gar nicht mehr die Personen ändern will, sondern schon die Leute vorher so beeinflussen, daß sie nicht in diese Richtung gehen. Was könnte man denn da machen?

A.: Gute Frage. Von irgendwoher muß es ja kommen, ja. Aus der Geschichte raus, aber die Geschichte kann man nicht mehr ändern, würde ich sagen. Die haben die Einstellung von unserer früheren Geschichte und, wie gesagt, die ist ja nicht mehr änderbar, und da schätze ich mal, kann man die Leute nicht davon abbringen. Die haben aus, was weiß ich, aus Büchern, aus etc. die ganze Einstellungen von denen früher erfahren und haben sich denen jetzt praktisch
geistig angeschlossen. Das ist meine Meinung.

F.: O.k.. Das war es jetzt. Danke schön.

Interview 6

Die Befragte studiert Germanistik.

Frage: Also, es geht um Rechtsextremismus. Und da wollte ich als erstes mal fragen, an welche Personen man da denkt, wenn man das hört.

Antwort: Also, ich hoffe, ich verstehe das Wort richtig, aber ich denke da, leider, nur an die Geschichte, da ich die Politiker hier oder die Leute in Deutschland nicht kenne. Ich wohne hier seit einigen Monaten. Und deswegen muß ich dann natürlich den Hitler nennen. Habe ich das Wort richtig verstanden?

F.: Ja.

A.: Nicht, das wir da sprachliche Probleme haben.

F.: Nein, das paßt schon. Also, von der heutigen Zeit weniger?

A.: Ja, da weiß ich leider nicht so, ... also, ich kann da keine Namen nennen. Ich weiß zwar, daß so was ziemlich häufig, oder daß so was passiert, aber Namen kenne ich leider nicht.

F.: Wenn Du so generell an Gruppen denkst, sind das eher männliche Personen oder weibliche Personen?

A.: Also, ich würde sagen, eher männliche, obwohl da auch bestimmt weibliche dabei sind. Aber dann doch so, ja,... männliche Personen. Und, jetzt habe ich Vorurteile, aber ich würde sagen, eher nicht ausgebildet, also so Leute, die weniger studiert haben, vielleicht, und, ja, das war es auch. Also, ich meine Leute, die vielleicht weniger Ahnung haben. Die wenig Ausländer kennen und die selber vielleicht nicht im Ausland waren. Das sage ich jetzt so. Einfach nur so. Ohne nachzudenken.

F.: Also, weniger Frauen, also, dann doch eher Männer?

A.: Vielleicht doch eher Männer, aber ich würde nicht sagen, daß es nur Männer sind. Da sind bestimmt auch Frauen dabei.

F.: Und in den Medien, ist Dir da schon mal `was begegnet, eine rechtsextreme Frau? Oder überhaupt auch mit Frauen, die in solchen Gruppierungen sind?

A.: Nein, nein. Also, ich muß sagen, ich habe auch wenig Zeit, fernzusehen, da ich keine Zeitungen abonniert habe, habe ich da leider wenig Ahnung.

F.: Und so im Umfeld? Hast Du da schon mal etwas mitbekommen?

A.: Nein, also, ich persönlich habe nie so was gesehen, geschweige denn, so was selber erlebt, und nein, da muß ich auch nein sagen.

F.: Und wenn Du Dir jetzt vorstellst, wie so eine rechte Frau aussehen könnte, wie wäre die denn dann? So vom Äußerlichen her, aber auch von der Einstellung her.

A.: Da muß ich auch sagen, also, wahrscheinlich eher auch so ein bißchen einfacher vielleicht und so ein männlicher Typ vielleicht, also kurze Haare, so eine (?)-Hose, weiß ich nicht. Das fällt mir ein.

F.: Und von der Einstellung her?

A.: Von der Einstellung, also, zu was? Zu Ausländern, oder?

F.: Auch. So, ja. Was zeichnet die aus? Wie denken sie?

A.: Sie denkt wahrscheinlich genauso, wie die Leute in Finnland denken, also, daß es ihr besser geht, wenn die Ausländer weg sind, daß sie halt mehr Arbeit haben, und daß es sowieso besser wäre, wenn da nur Deutsche sind in Deutschland. Oder sehe ich das jetzt zu so...?

F.: Nein.

A.: Gut.

F.: Und wie viele rechte Frauen, denkst Du, gibt es?

A.: Ich weiß auch nicht, wie viele rechte Männer es gibt, also. Ich denke mal, was würde ich nur sagen, nein, vielleicht sage ich da jetzt keine Zahl, weil ich da wirklich keine Ahnung von habe. Also, ich würde sagen, vielleicht so 1% der Rechten und die anderen dann Männer.

F.: Und kannst Du Dir vorstellen, welche Rollen und Aufgaben sie in rechten

Gruppierungen und Parteien einnehmen?

A.: Leider so Aufgaben, die für Frauen sind. Also, vielleicht irgendwas schreiben oder sind Freundinnen von diesen Männern, oder so. Aber das war wieder so ein Vorurteil, da ich so was ja gar nicht kenne.

F.: Also, nicht, daß sie jetzt eine Führungsposition hätten?

A.: Denke ich nicht, nein.

F.: Und was meinst Du, was der Reiz ist für solche Frauen an so was mitzumachen? In einer solchen Gruppierung teilzunehmen?

A.: Also, ich denke fast, daß das wirklich so Freundinnen sind von den Männern, und daß sie die Männer einfach attraktiv finden.

F.: Also, nicht, daß sie sich jetzt von sich aus dort engagieren, sondern doch eher auf die Männer bezogen?

A.: Weniger, ja, also, da ich davon ausgehe, daß die Leute sowieso etwas einfacher sind, dann denke ich, daß die Frauen auf diese Frauenrolle, diese normale Frauenrolle eben haben. Daß sie wirklich nur die Freundinnen sind für die Männer. Daß sie weniger selber denken.

F.: Und was ist so Deine persönliche Meinung dazu?

A.: Also, ich bin natürlich stark dagegen. Also, nicht gegen diese Leute, aber gegen diese Gedanken.

F.: Und was gäbe es für Handlungsstrategien oder dem irgendwie entgegen zu wirken?

A.: Oje. Weiß ich nicht. Hoffentlich weiß es irgend jemand. Also, ich habe immer ganz gute Ideen, aber ich kann jetzt so schnell keine Strategien mir jetzt überlegen.

F.: O.k.. Dann bedanke ich mich vielmals.

Interview 7

Die Befragte studiert Bauingenieurwesen.

Frage: Es geht um das Thema Rechtsextremismus, und da wollte ich Dich mal fragen, welche Personen Dir einfallen, wenn ich Dir jetzt einfach nur so den Begriff nenne?

Antwort: Rechtsextremismus? Ich weiß nicht, geht es jetzt um Rassismus?

F.: Auch, ja. Spielt da auch eine Rolle.

A.: Also, Hitler würde mir einfallen, auf jeden Fall. Mehr fällt mir im Moment nicht ein.

F.: Und für heute so die Zeit?

A.: Für heute so die Zeit?

F.: Das ist ja schon Vergangenheit mit Hitler.

A.: Die Nazis. Mehr fällt mir da echt nicht ein, weil ich wurde nicht mit so was konfrontiert bis jetzt. Deshalb, also, sorry.

F.: Also, keine bestimmten Gruppen?

A.: Nein, keine bestimmten Gruppen. Eigentlich nicht. Also, ich weiß nicht, mir ist das bisher noch nicht aufgefallen. Da kann ich jetzt nichts zu sagen.

F.: Es geht nämlich in meiner Magisterarbeit um Frauen und Rechtsextremismus, und mit der Frage wollte ich dann rausfinden, ob eigentlich auch Frauen mitgedacht werden. Normalerweise ist es nämlich so, daß die Leute immer an Männer gedacht haben, aber nie an Frauen. Ist Dir das denn schon mal in den Medien oder auch woanders begegnet, daß Du Dich da an was erinnerst, daß Du da mal was von rechten Frauen gehört hast?

A.: Nein.

F.: Und wenn Du jetzt einfach mal ein Gedankenexperiment machst, wie könnten denn solche Frauen aussehen?

A.: So Mannweiber, würde ich mal sagen. Die einfach nicht so weiblich sind, die ziemlich hart sind, die ziemlich, also... meinst Du jetzt vom Äußeren...?

F.: Beides.

A.: Also, äußerlich würde ich sagen, die sind ziemlich, also, die würden so eine, wie nennt man das? Mannweib hört sich vielleicht ein bißchen krass an, aber es gibt Personen, die einfach ziemlich mies aussehen, wie soll ich sagen, die ziemlich hart aussehen, vor denen du einfach, also.... . Du weißt von Anfang an, daß du mit denen nicht das machen kannst, was du mit anderen Leuten machen kannst. Du kannst nicht Hallo sagen, oder vielleicht mit den Personen halt reden. Das würde mir vielleicht auffallen und die Art halt. Ich weiß nicht. Keine Ahnung, aber Frauen, wie gesagt,... . Ich weiß nicht, wir sind einfach zu ... zu süß, wir können das nicht sein.

F.: Und von der Einstellung her, was würde sie für eine Einstellung haben?

A.: Was sie für eine Einstellung haben könnte? Keine Ahnung, ich weiß es nicht. Männern gegenüber vielleicht, ich weiß nicht.

F.: Und wie wäre die dann Männern gegenüber?

A.: Wie die Feministinnen halt. Vielleicht Rechte, daß die besser sind wie die Männer, und daß die auch eigentlich alles viel besser können wie die Männer. Da war ich Dir keine große Hilfe, oder?

F.: Ich bin noch nicht ganz fertig.

A.: O.k..

F.: Und was meinst du, wie viele rechte Frauen gibt es so ungefähr?

A.: Wie viele Frauenrechte es gibt?

F.: Nein. Wie viele rechte Frauen.

A.: Ach so.

F.: Also, rechtsextreme Frauen.

A.: Ich habe da keine Vorstellung, ich weiß es nicht. O.k., in den Filmen, und so, kriegst Du was mit, bei den Nazis laufen da ein paar mit, aber ich glaube nicht, daß das viele sind, eigentlich. Frauen sind eigentlich nicht dazu da, daß sie irgendwie, o.k., sie können Gehirnwäsche verpaßt bekommen, aber daß sie so richtig extrem sind, daß kann ich mir gar nicht vorstellen.

F.: Das wäre schon fast meine nächste Frage, nämlich, wenn sie dann in solchen Parteien und Gruppierungen mit drin sind, welche Aufgaben sie dann haben, welche Rolle sie dann in diesen Gruppierungen spielen.

A.: Sie kriegen wahrscheinlich die Mutterrolle, also, Mutterrolle in dem Sinn, ich glaub nicht, daß sie jetzt rausgeschickt werden und sollen dann da draußen irgendwas machen, ich glaube eher, daß sie dann Kinder bekommen sollen und die sollen die Kinder dann halt so erziehen, daß sie dann ziemlich, von klein auf schon diesen Gedanken haben, diesen rassistischen Gedanken, würde ich mal jetzt sagen. Also, so was würde mir einfallen, sonst eigentlich nichts.

F.: Also, keine Führungspositionen?

A.: Das glaube ich eher nicht, nein.

F.: Was meinst Du, was könnte der Reiz sein für solche Frauen an so was teilzunehmen? Bei so was mitzumachen?

A.: Ich kann dazu nur sagen, also, ich meine, das ist eine Gemeinschaft, also, das ist eine Gruppe, und in einer Gruppe fühlt man sich doch immer stark. Denke ich mir mal. Das wird wahrscheinlich da dann sein, daß man halt dazugehört einfach.

F.: Und was ist Deine persönliche Meinung zu der ganzen Sache?

A.: Über Rassismus?

F.: Ja, Rassismus, Rechtsextremismus.

A.: Ich finde es bescheuert!

F.: Und, was meinst Du, was es für Handlungsstrategien geben könnte? Daß man da irgendwie gegen angeht?

A.: Also, ich würde sagen, also, ich habe mir das mal als kleines Kind überlegt, aber mein Vater hat mir dann erklärt, daß es ziemlich unmöglich wäre. Zum Beispiel die Nazis, die so ziemlich viele Krawalle und so machen, die sollte man einfach mal nach Arabien, nach Irak oder Iran schicken, und da sollen sie auch mal, also, sie sollen richtig raus, und da sollen sie auch mal vier Monate da unten leben und es einfach mal sehen, wie es da unten ist, als Ausländer sich an einem anderen Ort zurecht-zufinden, würde ich mal sagen. Und mal zu kucken, also, daß sie diese Schwierigkeiten auch mal erleben. Sie werden dann zwar nicht angegriffen, aber daß sie halt mal sehen, wie es anders ist, weil anders wird es nicht gehen, glaub ich, also, das war immer meine Idee.

F.: Wenn man jetzt aber an Leute denkt, die noch nicht so eingestellt sind, zum Beispiel an Kinder, wie könnte man denn da vorbeugen?

A.: Kinder vorbeugen?

F.: Also, nicht die Kinder vorbeugen, sondern, daß man das in der Schule zum Beispiel schon thematisch anschneidet oder irgendwie versucht, Kinder auf einer nicht - rechten Bahn zu halten.

A.: Also, ich komme jetzt aus Frankfurt, und da gibt es eine Schule, das ist die Mathildenschule, und das ist auch die Schule, die die meisten Ausländeranteil an Kindern hat. Und da ist es halt so, da sind auch deutsche Kinder dabei, und die finden sich da zum Beispiel ganz gut zu recht. Es gibt aber auch manchmal Schulen, wo es nicht so viele Ausländer gibt, es sind nur Deutsche, da hat man es, glaube ich, eher schwieriger, daß man so eine bestimmte Anzahl erreichen sollte, aber in den Schulen ist es, glaube ich, nicht so kraß, es hängt immer von der Erziehung ab, wenn die Eltern schon so denken, dann kann man, glaube ich, nichts machen, ich weiß nicht.

F.: O.k.. Das waren dann die Fragen. Vielen Dank.

Interview 8

Der Befragte studiert Maschinenbau.

Frage: Es geht um Rechtsextremismus. Und da wollte ich Dich fragen, welche Personen Dir dazu einfallen.

Antwort: Haider.

F.: Das ist jetzt ein Mann.

A.: Ja.

F.: Fallen Dir auch Frauen dazu ein?

A.: Nicht direkt, nein. Eine prominente, rechtsextremistische Frau kenne ich nicht.

F.: Und jetzt weniger prominente? Daß Du jetzt einfach mal an so Gruppen denkst?

A.: Nein, im Gedächtnis bleiben einem ja hauptsächlich diese Glatzköpfe.

F.: Also, dann hauptsächlich Männer?

A.: Ja.

F.: Und was meinst Du, woran das liegen könnte, daß Frauen da eigentlich gar nicht so mitgedacht werden?

A.: Weil sie nicht in öffentliche Erscheinung so stark treten wie Männer, in dem Zusammenhang.

F.: Jetzt überhaupt in der Politik oder nur in dem Zusammenhang?

A.: Nein, jetzt rede ich nur von dem Fall.

F.: Und in den Medien? Ist Dir da schon mal irgend so ein Bericht begegnet? Jetzt im Fernsehen oder auch in Zeitungen?

A.: Zu rechtsextremen Frauen?

F.: Ja.

A.: Nicht speziell auf sie ausschließlich bezogen, nein.

F.: Also, sie waren da schon irgendwie mitgedacht, bei diesen...?

A.: Ja, irgendwo schon. Aber sie sind nicht in herausragender Stellung.

F.: Und woanders? Ist Dir da schon mal was aufgefallen?

A.: Was?

F.: Daß Du schon andere Erfahrungen damit gemacht hast. Daß Du schon mal jemanden hast so reden hören.

A.: Da versuche ich mich eigentlich von fernzuhalten.

F.: Und wenn Du jetzt mal drüber nachdenkst, wie könnte das Bild von einer rechten Frau aussehen? Wie könnte die sein?

A.: Also, das hat ja nichts mit Aussehen zu tun. Das ist ja eine politische Einstellung, die eine Rolle spielt.

F.: Äußerlich also gar nicht?

A.: Das ist nicht äußerlich bedingt, gar nicht.

F.: Und die politische Einstellung? Wie würdest Du Dir die vorstellen?

A.: Einer rechtsradikalen Frau im Vergleich zum Mann? Ich würde sagen, das müßte dasselbe sein.

F.: Das heißt?

A.: Ja, „Ausländer raus". Und was dazu gehört jetzt. Kennt man ja.

F.: Ja, das stimmt. Und, was meinst Du, wie viele rechtsextreme Frauen gibt es so?

A.: Keine Ahnung, ich wüßte auch nicht, wie viele rechtsextreme Männer es gibt.

F.: Was meinst Du, wenn Frauen in solchen Parteien sind oder in solchen Gruppierungen, welche Rollen sie dort übernehmen, welche Aufgaben?

A.: Ja, Frau und Mutter wurde früher ja immer sehr propagiert.

F.: Du meinst nicht, daß sich das irgendwie geändert hat?

A.: Nein, das Gedankengut kommt ja aus dem Dritten Reich. Das war es ja nicht für
Frauen unbedingt vorgesehen, Führungsrollen zu übernehmen.

F.: Also, jetzt wirklich dann nur Hausfrau und Mutter? So um den Dreh.

A.: Würde ich so erwarten.

F.: Und was meinst Du, welchen Reiz die Frauen daran finden? Bei so was mitzumachen, bei solchen Gruppen dabei zu sein?

A.: Das könnte man sich auch bei den Männern fragen, also.

F.: Also, hast Du keine Vorstellung davon, wie...?

A.: Nein, nein.

F.: Und was ist Deine persönliche Meinung dazu?

A.: Rechtsradikale Frauen sollten sich fern von mir halten, wenn ich komme.

F.: Und was meinst Du, was es für Handlungsstrategien geben könnte, damit man da
intervenieren kann?

A.: Ich glaube, das ist zur Zeit sowieso nicht nötig, da irgendwo zu intervenieren. Es
ist ja nicht so besonders effektiv, die ganzen Vereinigungen.

F.: Du meinst, daß die im Moment gar nicht so präsent sind?

A.: Nein.

F.: Dann danke ich Dir.

Interview 9

Der Befragte studiert Wirtschaftsingenieurwesen.

Frage: Es geht um Rechtsextremismus, und die erste Frage wäre dann, welche
Personen Dir dazu einfallen? Zu dem Begriff.

Antwort:: Also, erst mal die ganzen Nazi - Größen natürlich, so Hitler, Himmler und
so weiter, Heß oder sonst wen. Und sonst so...? Also, meinst Du jetzt eher Namen
oder auch Personengruppen?

F.: Auch Personengruppen, aber auch auf heute bezogen.

A.: Auch auf heute bezogen?

F.: Ja.

A.: Auch Personengruppen? NPD fällt mir da noch ein, dann fällt mir generell ein
Ostdeutschland, da war ich nämlich letztens, und da ist mir aufgefallen, daß es da
ziemlich verbreitet ist, erheblich mehr als hier und, naja, Skinheads natürlich... .

F.: Sind das jetzt eher Männer, an die Du da denkst...

A.: Ja.

F.: ... oder sind das auch Frauen?

A.: Frauen und Rechtsextremismus bringe ich eigentlich nicht so in Verbindung.

F.: Was meinst Du, woran das liegt?

A.: Das liegt daran, daß es weniger Frauen gibt, die in der Öffentlichkeit als rechtsextrem auftreten, würde ich sagen.

F.: Und in den Medien? Ist Dir da schon mal was aufgefallen, ein Bericht über rechtsextreme Frauen?

A.: Noch nie, nein. Noch nie was davon gehört.

F.: Und jetzt woanders? Du hast gerade Ostdeutschland angesprochen, sind Dir da irgendwie auch solche Frauen aufgefallen?

A.: Auch nicht, nein.

F.: Und was meinst Du, wie eine solche Frau aussehen könnte, eine rechtsextreme Frau?

A.: Das ist ein seltsamer Gedanke, also, ich habe das noch nie gesehen, keine Ahnung. Ich stelle mir da auch gar nichts drunter vor.

F.: Auch von der Einstellung her, nicht nur vom Äußeren. Vielleicht fällt Dir dazu noch was ein.

A.: Eine Frau mit Springerstiefeln könnte ich mir gerade noch so vorstellen, aber mit Glatze, also, nein. Keine Ahnung, fällt mir gar nichts dazu ein, gar nicht.

F.: Wenn sie in solchen Gruppen oder Parteien sind, was meinst Du, was sie dann für Rollen oder Aufgaben dort haben?

A.: Also, ich denke nicht, daß sie da jetzt unbedingt andere Aufgaben übernehmen als die Männer dort, also, in solchen Parteien. Das einzige, was mir dazu einfällt, ist vielleicht, ja, bei der FPÖ die neue Vorsitzende, also, gut, das ist vielleicht jetzt nicht rechtsextrem, aber vielleicht so was irgendwie.

F.: Also, auch Führungspositionen?

A.: Ja, schon. Das könnte ich mir schon vorstellen.

F.: Und was meinst Du, wie viele rechtsextreme Frauen es so gibt?

A.: Also, wirklich rechtsextrem minimal, also, ich weiß nicht. In Deutschland jetzt, keine Ahnung, vielleicht 500. Ich weiß es nicht.

F.: Und was meinst Du, könnte der Reiz sein, bei so was mitzumachen?

A.: Bei Frauen?

F.: Ja.

A.: Für Frauen der Reiz, bei so was mitzumachen? Da fällt mir gar nichts zu ein. Keine Ahnung.

F.: Und was ist generell Deine Meinung dazu?

A.: Frauen und Rechtsextremismus? Also, ich finde, das paßt irgendwie überhaupt nicht zu dem Bild, was man normal von einer Frau hat. Also, rechtsextrem und Frausein schließt sich irgendwie ziemlich aus. Finde ich.

F.: Inwiefern?

A.: Ja, Rechtsextremismus hat was mit Aggression zu tun, mit Haß und mit Gewalt, und das sind halt so die Sachen, die man einer Frau normalerweise nicht zuordnen würde. So typischerweise.

F.: Kannst Du Dir auch Handlungsstrategien vorstellen, was man unternehmen könnte, um da einzugreifen? Es abzumildern?

A.: So generell?

F.: Beim Rechtsextremismus, ja.

A.: Naja, schauen, daß die Leute Arbeit haben und, ja, ein soziales Netz haben, was sie eben, ein bißchen davon abhält, aggressiv zu werden und Menschen zu hassen.

Und, daß die Leute eben eine gewisse Bildung haben. Ich finde, so was hilft gegen Rechtsextremismus.

F.: Und Du meinst, daß eben die Schule dort auch einfließen müßte?

A.: Ja.

F.: O.k.. Danke.

Interview 10

Die Befragte studiert Maschinenbau.

Frage: Es geht um Rechtsextremismus. Und die erste Frage wäre dann, was Du Dir für Personen darunter vorstellst. Was für Personen Dir einfallen.

Antwort: Ich finde, das können logischerweise die ganz Extremen sein, aber ich finde, die sehen auch ganz normal aus, also. Also, ich finde, das sieht man einem nicht so direkt an.

F.: Sind das jetzt eher Männer, die Dir da einfallen, oder auch Frauen?

A.: Nein, auch Frauen. Männer vielleicht etwas in Überzahl, aber Männer und Frauen können extrem sein.

F.: Also sind Frauen da schon in der Wahrnehmung mit drin?

A.: Ja, klar.

F.: Und in den Medien? Hast Du da auch schon mal irgendwas gesehen?

A.: In den Medien? Ja. Meinst Du jetzt von Leuten, die in den Medien sprechen, daß die rechtsextrem sind oder...?

F.: Oder, daß auch Berichte gekommen sind.

A.: Ja, Berichte habe ich schon gesehen. Aber das irgendwie der Rechtsextremismus bei den Leuten, die in den Medien arbeiten, das kann man nicht so sagen, also. Die dürfen das ja eigentlich nicht.

F.: Hast Du auch schon Erfahrungen außerhalb der Medien damit gemacht?

A.: Ja, ich weiß jetzt, also... . Ich kann das jetzt nicht so besonders einschätzen. Also, ich komme aus Portugal, und ich bin hier eigentlich eher angesehen als Ausländerin, aber... . Rechtsextremismus? Nein, eigentlich nicht. Höchstens Unfreundlichkeit, aber das kann man nicht sagen, daß das Rechtsextremismus ist.

F.: Ja, machen wir jetzt mal so ein kleines Gedankenexperiment. Wenn Du Dir jetzt eine rechtsextreme Frau vorstellst, wie sieht die dann aus, und welche Einstellung hat sie?

A.: Wie die aussieht? Ja, die sieht ganz normal aus, finde ich. So, für mich kann das jeder sein.

F.: Also, nicht auffällig?

A.: Überhaupt nicht auffällig. Was man vielleicht merkt, also, alleine sowieso nicht, aber höchstens, wenn man die Gedanken von den Menschen lesen könnte, dann vielleicht. Wenn man mit dem Menschen spricht, dann schon. Aber vom Aussehen her kann man das nicht so sagen.

F.: Und was wären das dann für Gedanken?

A.: Ja, also, ich finde, das ist, ja, Patriotismus ist wahrscheinlich da drin und, ja, „Mein Volk ist das Beste", so ungefähr. Aber in einem sehr extremen Maß. Ja, Rechtsextremismus. Und, ja, eigentlich jede rechte Ansicht von Politik auch, von der rechten

Warte. Ja, und das wäre es eigentlich auch. Aber sonst irgendwie physisch gar nicht, einfach nur die, wie sagt man das, die Ansicht von dem Menschen, daß die so ein bißchen anders ist wie normal.

F.: Und wenn Du Dir das jetzt mal vorstellst, was schätzt Du, wie viele rechte Frauen gibt es?

A.: Weiß ich nicht, so zwischen 20 und 40%? Glaube ich schon.

F.: Und wenn die in so Gruppierungen drin sind, oder in solchen Parteien, was meinst Du, welche Aufgaben oder Rollen sie dann haben?

A.: Meinst Du jetzt in der Politik, oder ganz normal im Leben?

F.: Ja, wenn sie in der Politik sind, in solchen rechten Parteien mit drin sind, ja, da auch.

A.: Also, ich finde, in der Politik werden sie wohl nicht sehr tätig sein. Also, ich glaube, das sind eher vielleicht Hausfrauen oder Angestellte, die vielleicht solche Gedanken haben könnten. Aber ich glaube, in der Politik sind Frauen sowieso sehr schlecht angesehen und kommen da sowieso sehr schlecht rein und bei den Extremisten eben sind wahrscheinlich so ziemlich auch, wie heißt das, ja, sind noch nicht so fortschrittlich, daß sie Frauen in die Politik lassen würden.

F.: Und andere Gruppierungen, die jetzt nicht unbedingt in der Politik tätig sind?

A.: Andere Gruppierungen? Ja, vielleicht, wenn das irgendwas mit der Natur zu tun hat, dann vielleicht schon. Weil, Frauen sind da ja sensibler. Da würde ich schon sagen, daß sie ein bißchen Führungskräfte, ja, in solchen Gruppen vielleicht, wenn die Frauen sich da überhaupt für interessieren, und ja, ansonsten sind es wohl eher Hausfrauen, die nicht so eine gute Ausbildung haben.

F.: Was, meinst Du, könnte der Reiz sein, bei so was mitzumachen? Für diese Frauen?

A.: Ganz ehrlich, ich weiß es nicht. Ich weiß es nicht, also. Ich kann es nicht verstehen, deshalb, ja. Vielleicht Selbstbestätigung, ich weiß es nicht so genau. Ja, vielleicht können sie sich sonst nicht durchsetzen und meinen halt eben, wenn sie sich in solchen Sachen mit beteiligen, daß sie dann eine Selbstbestätigung bekommen, daß sie angesehen werden. Weil, das sind weniger Leute als die meisten, also, als die ganzen, sagen wir mal auf der Welt, das sind weniger und in einer kleinen Gruppe ist es wahrscheinlich einfacher, sich zu bestätigen als in einer großen. Vielleicht deshalb, ich weiß es nicht.

F.: Und was ist Deine persönliche Meinung dazu?

A.: Ich finde, daß es eigentlich, es ist nicht o.k.. Weil... wir leben ja nun alle auf der Welt, wir sind alle gleich, manche haben mehr, manche haben weniger Glück, aber das heißt nicht, daß einer besser ist als der andere.

F.: Und kannst Du Dir auch Handlungsstrategien vorstellen, wie man dem entgegenwirken könnte?

A.: Aufklärung.

F.: Inwiefern? Wie kann die funktionieren?

A.: Ja, ich finde, Aufklärung in dem Maße, daß man andere Kulturen kennenlernt, andere soziale Schichten kennenlernt, ja.

F.: Wo könnte so was passieren?

A.: Wie bitte?

F.: Wo könnte so was passieren, daß man andere Kulturen oder andere Schichten kennenlernt?

A.: Ich finde, solche Sachen sollten schon in der Schule anfangen, damit man mit verschiedenen Leuten eigentlich aufwächst und sieht, daß sie alle gleich sind.

F.: Gut, das war es dann. Danke.

Frauen

Katrin Lehmann, Bettina Wilhelm (Hrsg.)

Männergewalt

Einmischen statt ignorieren!

Eine Stadt im Diskurs

Dagmar Scherf

Homburger Hexenjagd oder Wann ist morgen?

Fakten und literarische Texte zur „Hexenverfolgung" in einer hessischen Landgrafschaft
ISBN 3-88864-301-5 • 2000 • 211 S. • 22 €

Katrin Lehmann, Frauen für Frauen e.V.
Bettina Wilhelm, Frauenbeauftragte der Stadt Ludwigsburg (Hrsg.)

Männergewalt

Einmischen statt ignorieren!
Eine Stadt im Diskurs
ISBN: 3-88864-326-0 • 2001 • 320 S. • 18,50 €

In diesem Buch wird die Entwicklung und Durchführung einer regionalen Kampagne gegen Männergewalt einschließlich ihrer Bilanz aufgezeigt und Anregungen für weitere praktische Umsetzungen gegeben. Daneben kann beispielhaft ein Einblick in die durchgeführten Aktionen sowie Vorträge aus den Bereichen Pädagogik, Psychologie und Soziologie gewonnen werden. Die Kontroversen, Vermeidungsstrategien, Schwierigkeiten innerhalb der Kampagne sind in den Beiträgen ebenso hörbar wie auch der Mut und das Engagement welche erfolgreich zur Entwicklung von Handlungsansätzen gegen Männergewalt führten.

Jutta von Freyberg, Ursula Krause-Schmitt
Moringen • Lichtenburg • Ravensbrück

Frauen im Konzentrationslager 1933-1945

Lesebuch zur Ausstellung
ISBN 3-88864-215-9 · 1997 · 188 Seiten · 14 €

Mitte des 17. Jahrhunderts war in der Landgrafschaft Hessen-Homburg offenbar der Teufel los. Oder wie sonst ist es zu erklären, daß zwischen 1603 und 1656 am Fuße des Taunus mindestens 61 Frauen und 14 Männer wegen angeblicher Hexerei öffentlich verbrannt wurden?

Die Autorin Dagmar Scherf beschäftigt sich seit vielen Jahren mit der „Hexenverfolgung", die zu Beginn der Neuzeit, also zwischen dem 16. und 18. Jahrhundert, in Europa mindestens 80 000 Opfer forderte. Wichtig ist ihr vor allem die soziologisch-psychologische Aufklärung über die Hintergründe dieses Massenmords. Allerdings arbeitet sie dabei nicht mit dem didaktischen Zeigefinger. Sie erzählt vielmehr Geschichten – und zwar in den unterschiedlichsten literarischen Stilformen wie Chronik, Essay, Erzählung, Ballade, Hörspiel, Roman oder Drama.

Barbara Bromberger

Hexen und Madonnen

Spurensuche zwischen Wetterau und Rheingau
Mit Zeichnungen von Hans Mausbach (SRC)
ISBN 3-88864-245-0 · 1997 · 110 Seiten · 19,50 €

Verlag für Akademische Schriften
Wielandstraße 10 • 60318 Frankfurt am Main
Telefon (069) 77 93 66 • Fax (069) 7 07 39 67
eMail: info@vas-verlag.de • Internet: www.vas-verlag.de

Aus der Geschichte lernen

Karl Heinz Jahnke/Alexander Rossaint

Hauptangeklagter im Berliner Katholikenprozeß 1937:

Kaplan Dr. Joseph Cornelius Rossaint

ISBN 3-88864-345-7 • Juni 2002 • 186 Seiten 14,80 €

Im April 1937 fand einer der aufsehenerregendsten Prozesse der NS-Diktatur statt. Er ist als Berliner Katholikenprozeß in die Geschichte eingegangen. Hauptangeklagter war der 34-jährige Kaplan der Düsseldorfer Pfarrkirche Mariä Empfängnis, Dr. Joseph Rossaint. Das Ereignis erfuhr in Deutschland und im Ausland große Aufmerksamkeit. Drei Wochen lang berichteten Presse und Rundfunk über den vom Reichspropagandaminister Joseph Goebbels inszenierten Schauprozeß. Aus Anlaß des 100. Geburtstages von Dr. Joseph Rossaint, am 5. August 2002, erscheint mit diesem Buch erstmalig eine selbständige Publikation zu diesem Ereignis. Im ersten Teil stellt Karl Heinz Jahnke Ursachen, Verlauf, Ergebnisse, Hintergründe und Folgen des Prozesses dar. Der Anhang enthält zahlreiche Dokumente. Es handelt sich dabei um Reaktionen der katholischen Kirche, Tagebuchaufzeichnungen von Goebbels, Notizen von Rossaint zur Anklageschrift und Solidaritätsbeweise für die Angeklagten aus Frankreich, den Niederlanden und Deutschland. Weiter sind Briefe und Tagebuchaufzeichnungen aufgenommen, die zwischen 1937 und 1945 im Zuchthaus Lüttringhausen entstanden sind.

Jutta von Freyberg, Barbara Bromberger, Hans Mausbach

„Wir hatten andere Träume."

Kinder und Jugendliche unter der NS-Diktatur
ISBN 3-88864-0076-8 220 Seiten • 262 Abb. • 24,50 €

In Interviews mit Zeitzeugen, Dokumenten und Fotografien stellen die AutorInnen Aspekte der NS-Politik vor, die bisher nicht entsprechend ihrer Bedeutung Beachtung fanden.
Sie ermöglichen Einblicke in die damalige Politik der
– Erziehung zu Antisemitismus, Rassismus und Kriegsbereitschaft.
– Diskriminierung und Verfolgung von Kindern und Jugendlichen aus Deutschland und vielen europäischen Ländern bis zum Genozid.
Information und Aufklärung darüber ist auch angesichts wieder auflebender Rechtsentwicklung notwendig.
Daß es in der Nazizeit auch andere Haltungen und Möglichkeiten gab, zeigen Berichte von Kindern und Jugendlichen, die sich nicht beugten, von verweigerter Anpassung, Opposition und Widerstand.

Karl-Heinz Jahnke

Vergessenes?

Der europäische Widerstand 1939 bis 1945 in deutschen Geschichtsbüchern
ISBN 3-88864-143-8 • 105 Seiten • 2001 • 9 €

Der europäische Widerstand gegen Faschismus und Krieg 1939 bis 1945 gehört zu den bemerkenswertesten Leistungen der Geschichte des 20. Jahrhunderts.
Im Deutschland von heute ist darüber wenig bekannt. Im Zuge des sich gegenwärtig vollziehenden Prozesses des Zusammenwachsens der Völker Europas besteht die Chance zur Veränderung. Der Schule kommt dabei eine besondere Rolle zu. Einen Einblick in die gegenwärtige Situation vermitteln die Geschichtslehrbücher. Der Rostocker Historiker Karl Heinz Jahnke analysiert 27 Lehrbücher aus neun Verlagen, die in den Jahren 2000/2001 für den Unterricht von den Realschulen bis zu den Gymnasien in den verschiedenen Bundesländern zugelassen waren. Er zeichnet ein differenziertes Bild hinsichtlich der Darstellung des europäischen Widerstandes und der Behandlung des Widerstandes in Deutschland zwischen 1933 und 1945.

Verlag für Akademische Schriften
Wielandstraße 10 • 60318 Frankfurt am Main
Telefon (069) 77 93 66 • Fax (069) 7 07 39 67
eMail: info@vas-verlag.de • Internet: www.vas-verlag.de